程　贵　等◎著

新时代人民币国际化的
动力机制与战略优化研究

XINSHIDAI RENMINBI GUOJIHUA DE
DONGLI JIZHI YU ZHANLUE YOUHUA YANJIU

中国财经出版传媒集团

经济科学出版社
Economic Science Press

图书在版编目（CIP）数据

新时代人民币国际化的动力机制与战略优化研究/
程贵等著．－－北京：经济科学出版社，2023.3
ISBN 978－7－5218－4602－7

Ⅰ.①新…　Ⅱ.①程…　Ⅲ.①人民币-金融国际化-
研究　Ⅳ.①F822

中国国家版本馆 CIP 数据核字（2023）第 041380 号

责任编辑：杜　鹏　武献杰
责任校对：李　建
责任印制：邱　天

新时代人民币国际化的动力机制与战略优化研究

程贵　等◎著

经济科学出版社出版、发行　新华书店经销
社址：北京市海淀区阜成路甲 28 号　邮编：100142
编辑部电话：010-88191441　发行部电话：010-88191522
网址：www. esp. com. cn
电子邮箱：esp_bj@163. com
天猫网店：经济科学出版社旗舰店
网址：http：//jjkxcbs. tmall. com
北京时捷印刷有限公司印装
710×1000　16 开　19.75 印张　320000 字
2023 年 3 月第 1 版　2023 年 3 月第 1 次印刷
ISBN 978－7－5218－4602－7　定价：118.00 元

前　言

党的二十大报告提出，要有序推进人民币国际化。推进人民币国际化是实行高水平对外开放的必然要求，将为构建新发展格局添加新动力。当前国内外发展环境发生深刻变化，中国不仅面临着国内经济进入新常态、新冠肺炎疫情大流行等对实体经济复苏与转型的冲击，而且还承受着以美元为中心的国际货币体系对国际经济秩序、金融稳定的外部挑战。因此，中国需要结合新时代发展背景，深化经济金融体制改革与构建"双循环"新发展格局，稳慎有序推进人民币国际化，营造以人民币自由使用为基础的新型互利合作关系，维护国家金融安全，推动经济高质量发展。

自2007年美国爆发次贷危机以来，中国先后开展跨境贸易、境外直接投资等人民币结算投资改革试点，建立离岸人民币市场，完善跨境人民币信息管理与支付系统，扩大境外人民币清算行规模，不断提升人民币国际化水平。在政策推动与市场驱动下，人民币国际化水平在短时期内迅速提升，人民币得到越来越多国家的认可。据本书测算结果，2021年人民币使用程度超过日元，成为仅次于美元、欧元、英镑的第四大国际货币。尽管人民币国际化取得了较好的成绩，但是人民币国际化战略存在许多局限性。对此，本书结合新时代发展目标要求，反思当前人民币国际化战略的局限性，从国际政治经济学视角构建人民币国际化国家利益博弈模型，厘清人民币国际化的动力机制，结合主权国家货币国际化的经验和教训，提出人民币国际化战略优化策略，为政府部门优化调整人民币国际化推进政策提供理论指导和决策参考。本书主要包括五个方面内容。

第一，人民币国际化的理论基础。货币国际化不仅是市场自发形成的自然现象，还受到政治因素的影响。本书构建人民币国际化的国际政治经济学分析框架，从政治因素和经济因素分析人民币国际化过程中各国倾向采取的博弈均衡策略，采用MATLAB软件仿真模拟各国的策略演化。研究发现，该博弈系统仅存在一个演化稳定策略，即从长远来看，满足一定的条件，中国和除国际货币发行国之外的其他国家均倾向于采取合作策略，国际货币发行国倾向于采取不干涉的默许策略；同时，采用仿真模拟实验，研究得出国际货币发行国采取默许策略且中国和其他国家博弈策略选择会随着时间变化最终收敛于合作的策略集的结论。此外，围绕人民币国际化的动力机制，本书认为人民币国际化动力机制要与经济发展阶段相适应；在初始阶段人民币国际化宜采取"政策推动为主、市场驱动为辅"模式，但这一模式存在"重政策、轻市场""重规模、轻机制"的弊端。随着中国经济进入高质量发展阶段，需要转向"市场驱动为主、政策推动为辅"的模式，从而为市场主体使用人民币营造更加便利的环境，夯实人民币跨境流通和使用的基础。

第二，人民币国际化的战略演进及其反思。本书阐述人民币国际化的发展历程与面临的机遇，利用主成分分析法构建货币国际化指数，测算并比较人民币与美元、欧元、日元、英镑等世界主要货币的国际化程度。研究结果表明，近年来，人民币国际化综合指数稳步提高，但与美元、欧元等主要货币相比，人民币国际化程度仍然较低。当前人民币国际化战略在实施过程中也存在局限性与结构性困境：一方面，人民币国际化面临着侧重贸易投资结算功能忽略计价功能，离岸市场与在岸市场非协调发展，货币互换协议处于"休眠"状态，国内金融市场建设力度有待提高，对人民币的市场需求关注不足，对政治军事因素考虑不够等局限性；另一方面，逆全球化、大国政治博弈、国内金融体系不健全、人民币跨境流通风险增大等因素，构成新时代人民币国际化部署的结构性困境与潜在风险。本书强调新时代稳慎有序推进人民币国际化，对促进经济高质量发展、构建开放型经济、实现大国崛起、构建人类命运共同体以及维护金融安全具有重要战略意义。

第三，新时代人民币国际化的动力机制的实证检验。本书运用面板固定效应模型、广义最小二乘法（GLS模型）、系统广义矩估计（系统GMM模型）以及事件分析法（ESM），实证分析人民币国际化的动力因素及其动力机制转换问题。研究发现，在"政府＋市场"双轮驱动模式下政策和市场因素共同构成推动人民币国际化的重要驱动力；但长期来看，政策因素的推动力呈现显著下滑的趋势，而市场因素的驱动力却在稳健提升。同时，将人民币国际化问题置于9种不同情景下，对2022～2036年不同动力模式下人民币国际化路径进行模拟仿真，比较不同情景下人民币国际化指数的变动，评估不同动力模式的有效性。研究结果表明，人民币国际化水平呈现出"强化市场情景＞基准情景＞强化政策情景"的特点，即新时代"市场驱动为主、政策推动为辅"模式是一种最为有效的模式。然后，本书运用双重差分倾向得分匹配法（PSM－DID），实证分析"一带一路"倡议对人民币国际化的影响，以验证人民币国际化初期政策驱动效应的存在。研究发现，在"一带一路"倡议初期阶段，该倡议对人民币国际化具有显著推动作用；但随着时间的推移，其推动作用趋于减弱。

第四，主权货币国际化的实践与启示。本书以美元、欧元、日元为例，深入分析这些国家主权货币国际化的发展背景、历程以及运行机制，评价不同主权货币国际化的特点，为人民币国际化发展提供有益的经验启示与教训警示。研究发现，推动经济高质量发展是主权货币国际化的基石；掌握大宗商品定价权可以维持并强化国际货币地位；发达的国内金融市场可以提升本币的国际需求；强大的军事实力和良好的政治外交关系是主权货币国际化的重要保障。同时，单纯依靠政府政策推动难以实现主权货币国际化；货币国际化过程中要统筹金融开放与金融安全；货币国际化需要系统的战略规划。

第五，新时代人民币国际化的战略方案设计及保障措施。本书提出新时代推进人民币国际化的总体思路、战略框架和实施路径，分阶段、分区域、分功能地稳慎有序落实人民币国际化战略部署。总体上来说，人民币国际化需要坚持由近及远的顺序，拓展人民币国际化空间范围；坚持先易后难的次序，促进人民币国际化货币职能转换；坚持稳妥有序的节奏，循序推进人民币国际化时间部署；坚持市场为主、政策为辅，培育人民币国际化内生动力。在战略框架上，着力推进金融市场改革与对外开放，建设大宗商品和碳交易人民币计价结算机制，加强人民币国际化与"一带一路"倡议紧密衔接，构建以跨国企业为核心的全球产业链。在实施路径上，明确短期、中期、长期的人民币国际化目标、任务与步骤，即短期目标是服务实体经济、逐步摆脱美元"陷阱"，中期目标是基本实现金融系统现代化、构建中国主导的"一带一路"区域货币金融体系，长期目标是建成社会主义现代化经济金融强国、扮演全球银行角色，最终实现人民币国际化空间拓展与职能演进。此外，本书以"一带一路"沿线国家为样本，运用SOM神经网络聚类分析与因子分析法，检验人民币国际化空间布局影响因素在沿线国家所呈现出的聚类特征与差异。研究表明，人民币国际化布局在整体上呈现出自东向西、由近及远的聚类特点，在"一带一路"沿线国家应构建核心区、扩展区、辐射区与外围区。最后，本书从经济、金融、政治、军事、文化等层面，提出稳慎有序推进人民币国际化的保障措施。

本书是国家社会科学基金一般项目（18BJL107）的最终研究成果，由7章组成。其中：第一章由李英丽、顾乐琼撰写；第二章由王馨茹、程贵、王舒婷撰写；第三章由李英丽、程贵撰写；第四章由石婷、程贵撰写；第五章由王馨茹撰写；第六章由程贵撰写；第七章由姚佳、程贵撰写；全书由程贵统稿。董彦峰、曾磊松、李杰、张小霞参加了相关内容讨论并收集若干数据资料。本书初稿完成后，王连、郑周胜、马莹提出了一些修改建议。王馨茹、李英丽为本书的编辑校对做了大量繁杂的事务性工作。

由于我们的学识有限，特别是涉及人民币国际化的一系列问题，书中不妥之处难以避免，真诚欢迎广大读者的批评指正。

程　贵
2023 年 2 月

目　录

第一章

绪　论

当前国内外发展环境发生深刻变化，全面建成社会主义现代化强国不仅面临着国内经济进入新常态、新冠肺炎疫情大流行对实体经济复苏与转型升级所带来的冲击，而且还承受着以美元为中心的国际货币体系对国际经济秩序、金融稳定的外部挑战。现阶段中国需要积极参与全球金融治理，改革以美元为中心的国际货币体系，加快推动国内经济金融体制改革创新，建设更高水平开放型经济新体制，稳慎有序推进人民币国际化，营造以人民币自由使用为基础的新型互利合作关系，保障国家利益与维护战略安全。基于此，本章介绍研究的背景和意义；梳理、总结与评述国内外现有相关研究文献；提出本书的研究思路、结构安排与研究方法；指出研究可能的创新与不足。

第一节　研究背景和意义

一、研究背景

2008 年肇始于美国的国际金融危机给全球经济造成巨大冲击，暴露出当前以美元为本位货币的国际货币体系弊端，进而在全球范围涌现出改革国际货币体系的呼声。当前，国际货币体系可追溯到第二次世界大战后的布雷顿森林体系，即建立以美元为中心的"双挂钩"、汇率波动"上下限"、政府和国际机构共同干预的运行机制。布雷顿森林体系在推动战后经济复苏和发展过程发挥了巨大作用，但它也面临着以单一货币为基础的

"特里芬难题",即美国输出美元与美元币值稳定之间的矛盾。1976 年建立的"牙买加体系"推行黄金非货币化与储备货币多元化,降低美元"一家独霸"地位,但没有改变国际社会对美元的深度依赖,美元霸权地位并没有消失,一直延续至今。美国货币政策、金融监管仍然会通过国际货币体系传导机制对全球经济金融带来影响(宣文俊,2012)。2008 年由美国低利率、监管宽松和鼓励金融创新等政策共同引发的次贷危机,不仅造成房地产资产及其衍生金融工具价格下跌,瞬间爆发大范围的流动性危机,而且其还转化为辐射全球的全面金融危机和经济危机。由于当时美国是中国的最大贸易伙伴,次贷危机对中国进出口行业造成严重冲击,许多外贸企业倒闭,社会失业率上升,而且中国金融市场受到牵连,银行资产不良率上升,融资规模下降,外汇储备资产面临贬值风险。

面对次贷危机的负面冲击,2009 年周小川在其发表的《关于改革国际货币体系的思考》中提出,美国次贷危机反映出储备货币发行国的国内政策目标与各国对储备货币需求之间矛盾,如果不深入改革国际货币体系,将会对储备货币发行国和使用国造成沉重打击。为维护本国经济可持续发展与金融安全稳定,中国积极参与国际货币体系改革,加快推动人民币国际化战略部署,使人民币在世界范围行使价值尺度、交易媒介、贮藏手段等职能,降低对美元的依赖程度,为实现经济高质量发展与构建"双循环"新发展格局奠定基础。一是便利跨境贸易投资人民币使用。2009 年,中国率先在广州、深圳、珠海、东莞启动人民币贸易试点,然后持续扩大范围,涵盖境内外所有企业。2011 年,中国启动境外直接投资和外商直接投资人民币结算。2011 年和 2014 年,先后启动人民币合格境外机构投资者(RQFII)和人民币合格境内机构投资者(RQDII)机制,并且开通了"沪港通""深港通"和"债券通",推动跨境资金有序流动。二是建立本币互换网络。中国先后与韩国、马来西亚、印度尼西亚、新加坡、英国等国家或地区货币当局签订双边本币互换协议。截至 2021 年末,中国人民银行与累计 40 个国家和地区的中央银行或货币当局签署过双边本币互换协议,总金额超过 4.02 万亿元,有效金额 3.54 万亿元①。三是完善人民币

---

① 中国人民银行.2022 年人民币国际化报告〔EB/OL〕.〔2022 - 09 - 24〕.http://www.gov.cn/xinwen/2022 - 09/24/5711660/files/003 e0 bd04 d4742 a5 a068 69fdc37 ea8 c8. pdf.

基础设施。为促进跨境人民币结算，中国在境外建立人民币跨境结算的代理行和清算行，更好地实现境外市场人民币资金调剂和平衡，推动人民币国际化发展。四是推动人民币加入 SDR。2015 年 11 月，国际货币基金组织认定人民币为自由使用货币，将其纳入 SDR 货币篮子，并在 2016 年 10 月正式生效，奠定了人民币的储备货币地位。

在政策推动与市场驱动下，人民币国际化水平在短时期内迅速提升，人民币得到越来越多国家的认可。据本书课题组测算，2021 年人民币国际化指数 5.88，同比增长 8.49%，创下历史新高。此时美元、欧元、日元、英镑国际化指数分别为 43.96、26.24、4.86 和 6.18，人民币使用程度超过日元，成为第四大国际货币。尽管如此，人民币国际化程度与美元、欧元等国际货币相比还有较大差距，并且与中国综合实力不相匹配。2021 年 12 月，人民币国际支付份额为 2.7%，而美元和欧元占比分别为 40.51% 和 36.65%[①]。截至 2021 年第四季度，人民币在全球外汇储备中占比为 2.79%，远低于美元的 58.81%[②]。显然，当前人民币国际化战略部署面临着多方面的局限。例如，人民币国际化侧重跨境贸易投资结算功能，对人民币的计价货币功能重视不足；人民币离岸市场与在岸市场非协调发展，加剧市场投机行为；货币互换协议处于"休眠"状态，尚未发挥流动性释放作用；人民币国际化策略重视实现经济金融目标，对影响人民币国际化的政治、军事等非经济因素考量不足；人民币国际化重视货币对外职能提升，对国内金融市场的建设力度有待提高；人民币国际化存在"重政策、轻市场"现象，即重视政府推动解除政策束缚，对人民币国际化的市场需求关注不足。

对此，党的二十大报告提出，有序推进人民币国际化。站在新的历史方位，人民币国际化迎来了新的发展目标和推进节奏。在内部看，中国经济高质量发展、构建"双循环"新发展格局对人民币国际化提出更高要求；在外部看，地缘政治冲突导致的中美博弈与脱钩压力、倒逼人民币国际化再上新台阶，重塑国际货币体系，发挥中外市场整合与资源互补功能。2020 年 10 月，党的十九届五中全会审议通过了《中共中央关于制定

---

① 2021 年 12 月在国际支付中占比上升至第四——人民币全球地位稳步提升［EB/OL］.［2022 - 02 - 10］. http：//www. gov. cn/xinwen/2022 - 02/10/content_ 5672832. htm.

② 国际货币基金组织 COFER 数据库。

国民经济和社会发展第十四个五年规划和二〇三五年远景目标的建议》，提出"稳慎推进人民币国际化，坚持市场驱动和企业自主选择，营造以人民币自由使用为基础的新型互利合作关系"。也就是说，随着中国经济由高速增长阶段步入高质量发展阶段，人民币国际化需要结合国家战略部署，加速推进动力机制转变，实现从"政策推动为主、市场驱动为辅"向"市场驱动为主、政策推动为辅"转换，在坚持市场主导的基础上，发挥政府的搭台、引导作用，共同培育人民币国际化内生发展动力（中国人民大学国际货币研究所，2019；董彦峰、程贵等，2022）。因此，在新时代背景下，分析人民币国际化发展现状，反思人民币国际化现有战略存在局限性，基于国际政治经济学视角研究人民币国际化动力机制的形成和转换，在总结主要货币国际化经验与教训的基础上，提出新时代人民币国际化的战略优化策略和保障措施，从而深化人民币国际化与"一带一路"倡议融合、突破人民币跨境使用障碍、构建"双循环"新发展格局以及实现经济高质量发展。

二、研究意义

当前中国面临着全球经贸秩序重构、经济转型和结构优化升级的历史叠加期，推进人民币国际化部署不仅有助于推进国际货币体系改革，减缓对美元的依赖程度，维护国家经济金融安全，为国际社会贡献"中国方案"和"中国智慧"，而且将深入推进金融体制改革与金融市场对外开放，提升跨境贸易投资便利性，实现经济高质量发展与大国崛起。本书结合新时代背景，反思当前人民币国际化战略的局限性，探索人民币国际化演进动力机制与路径优化选择，构建人民币国际化战略优化方案，对深化金融体制改革、增强金融服务实体经济能力与促进"一带一路"建设具有重要意义，为相关部门有针对性地完善人民币国际化战略提供理论指引和决策参考。

第一，构建人民币国际化的国际政治经济学分析框架。人民币国际化不仅受到市场力量支配，还受到国内外政治因素的影响，如政治稳定、货币外交、国际合作等均会影响国际社会对人民币的信心与认可度。现有文献往往侧重市场或政治等单一维度剖析人民币国际化的战略实现路径，较少对人民币国际化动力机制进行系统分析。本书将国际政治和国际经济两种宏观的分析视野结合起来，尝试构建人民币国际化的国际政治经济学分析框架，建立基于政治经济因素的人民币国际化的国家利益博弈模型、动力机制和实现路径。这将超越纯金融内涵理解人民币国际化，将思维空间拓展到以金融为核心的经济，以大国关系为核心的政治，以强军兴军为核心的军事等方面，使人民币国际化有一个更加全面系统的理论分析框架。

第二，剖析人民币国际化动力机制与转换问题。近十年来，人民币国际化水平实现"井喷式"发展，与中国放松政策限制，推行跨境贸易投资人民币结算、资本市场开放、本币互换等有密切关系。然而，从长远来看人民币国际化需要以市场供求为基础，坚持市场驱动和企业自主选择，培育形成稳固的发展动力。目前，学界对人民币国际化动力机制的研究成果寥寥无几，研究脉络不够清晰。对此，本书系统性剖析在不同发展阶段我国人民币国际化的动力机制，提出当前人民币国际化需要结合新时代特点，以顺应市场需求为导向，加速推进动力机制转变，实现从"政策推动为主、市场驱动为辅"向"市场驱动为主、政策推动为辅"转换，为市场主体使用人民币营造更加便利的环境，对促进区域经济协同与本国实体经济发展具有重要意义。

第三，完善新时代人民币国际化战略部署。党的二十大报告提出了"全面建成社会主义现代化强国"的总体战略安排，人民币国际化实质上是做大做强金融、打造经济强国的过程。事实上，当前人民币国际化虽然取得了较好的成绩，但是也出现过发展动力不足、发展速度放缓等问题。究其原因是人民币国际化存在一定局限性。例如，侧重跨境贸易投资结算功能，忽略计价货币功能；人民币离岸市场与在岸市场非协调发展；人民币国际化重视政府推动，对市场需求关注不足；等等。对此，本书紧扣新时代发展要求，从战略目标、战略任务、战略步骤、战略框架以及战略保障措施等方面研究设计一套"五位一体"的人民币国际化战略优化方案，对"倒逼"国内金融体系改革，提升金融服务实体经济效能，重构国际金融治理体系，维护国际经济金融安全具有重要价值。

第四，推进人民币在"一带一路"沿线国家布局。"一带一路"倡议与人民币国际化是国家重大战略部署。在"一带一路"倡议下，推进人民币国际化将有力发挥人民币跨境支付结算、投融资以及储备功能，支持"一带一路"进出口贸易、产业融合、园区建设及金融合作等，构建"双循环"新发展格局。对此，本书将人民币国际化部署与"一带一路"倡议有机结合，深入研究人民币国际化在"一带一路"空间布局，并且从政治、经济、金融、军事等角度探讨影响人民币国际化的因素，这对有针对性地推进人民币国际化部署具有重要指导意义。

第二节　文献述评

随着人民币国际化进程的加快，人民币在国际市场上发挥的作用日益显著，国内外关于人民币国际化的研究成果越发丰富。本节首先梳理货币国际化的研究现状；其次以时间为线索，将人民币国际化的研究分为了三个阶段，对相关研究成果进行梳理，归纳总结了人民币国际化研究的三个特点；最后对现有文献进行述评，以明确本书的研究方向和思路。

一、货币国际化研究现状

19世纪20年代以来，随着英镑、美元等国际货币的变迁及布雷顿森林体系的形成，货币国际化问题日益受到了学术界的关注，相关研究主要从以下方面展开。

（一）货币国际化的内涵

关于货币国际化，国内外学者给了多种不同的界定。一是从货币职能扩张的角度定义货币国际化。科恩（Cohen，1971）最早从该角度定义货币国际化，他认为货币国际化是货币国内职能在国外的扩展。哈特曼（Hartmann，1998）进一步明确了国际货币的职能，认为货币国际化是一国货币突破国别界限，在国际资本流动和贸易中发挥交易媒介、价值尺度、价值储藏手段等职能。他对国际货币职能的划分，如表1-1所示。塔夫拉斯（Tavlas，1997）则不考虑货币是否跨出国界，只要一种货币在没有该货币发行国参与的国际交易中充当记账单位、交换媒介和价值储藏手段，该货币就实现了国际化。二是从货币流通的角度定义货币国际化。蒙代尔（Mudell，2003）提出只要货币的流通领域超出了国家规定的区域，就可以被称作国际化货币。马齐亚等（Maziad et al.，2011）和李晓

（2021）均认为货币国际化是一国货币突破国界在境外流通，被境外私人和官方普遍接受、使用乃至储藏的过程。三是从静态或动态视角定义货币国际化。周林和温小郑（2001）从静态的视角阐述了货币国际化的内涵。他们认为狭义的货币国际化是指对第三国所发行货币的使用；广义的货币国际化是指一国货币在国外发挥价值尺度、交易媒介和价值储藏这三种职能的情形。徐奇渊和刘力臻（2009）则从动态视角出发界定货币国际化。他们认为狭义的货币国际化是指某国货币的部分或全部职能向国外不断拓展，最后成为国际范围通用货币的动态过程；广义的货币国际化则忽略国际货币职能是否向外拓展，只强调货币作为获取利润的资本从最初的使用区域向外扩展的动态过程。李晓（2015）提出的货币国际化概念同时包含了动态和静态视角，他认为货币国际化是指一国货币发展为国际货币或成为国际货币后的强化性动态过程（阶段）以及由这些动态阶段所形成的相对稳定状态。

表1-1　　　　　　　　　　　　国际货币职能

职能	部门	
	私人部门	官方部门
交易媒介	贸易和金融交易结算	外汇干预的货币工具及官方国际结算
价值尺度	贸易和金融交易计价	表示汇率关系和作为其他货币的锚
价值储藏	货币替代和外汇资产货币	国际储备

（二）货币国际化的实施条件和影响因素

货币国际化程度受多种因素的影响，它需要一定的实施条件。一是国家经济实力。科波拉（Coppola，1967）分析归纳了国际货币的三个共同特征，其中之一就是由具有世界影响力的经济强国发行。钦恩和弗兰克尔（Chinn and Frankel，2007）、曹勇（2010）指出经济实力是决定货币国际地位的基本因素。汉斯（Hans，2011）提出国家的长期经济增长趋势是货币国际化的主要影响因素。二是币值稳定。塔夫拉斯（Tavlas，1998）指出价格稳定是一国货币发展和维护国际地位的重要先决条件。哈耶克（Hayek，1970）和库珀（Cooper，1986）认为作为一种资产持有形式，货币国际地位的变化在很大程度上取决于这种货币的稳定性。三是金融市场发展水平。赫莱纳（Helleiner，2005）认为发达的金融市场为一国货币成为国际货币提供潜力保障和制度支持。威廉姆斯（Williams，1968），克鲁兹等（Cruz et al.，2014），雷达和马俊（2019）均认为金融市场的发展程度是影响货币国际化程度的关键性因素。王珊珊、黄梅波、陈燕鸿（2018）提出进入市场的效率对货币国际化的影响大于进入市场规模带来的影响。四是政治实力。伯格斯滕（Bergsten，1975）、科什纳（Kirshner，1995）、波森（Posen，2008）和田涛、刘侣萍、许泱（2021）均认为政治实力是影响国际货币地位的重要因素。李巍和朱艺泓（2014）进一步提出确立国际货币地位需要的坚实的国际政治基础包括国际货币制度和国际货币盟友。五是军事实力。筱原三代平（1984）提出军事力量对一国货币能否成为国际货币具有决定作用。斯特兰奇（Strange，1971）认为军事力量能够为货币发行国以本币计价的金融资产提供安全保障。

除上述共同因素外，货币国际化的影响因素还包括对外贸易和网络外部性。库巴里奇（Kubarych，1978）和沙姆斯（Shams，2005）认为对外贸易是影响货币国际化的重要因素。前者认为一国贸易规模越大，本币外汇交易需求越大，会加强本国货币的定价能力；后者提出在全球贸易份额中占比越高，货币国际化的程度将越高。切伊（Chey，2013）认为货币使用便利程度是影响货币国际化水平的重要经济因素，而货币使用便利程度包括货币的流动性和网络外部性。彭红枫、谭小玉、祝小全（2017）认为网络外部性是一国推动货币国际化的关键因素。

（三）货币国际化的产生机制

学界从不同角度解读了货币国际化的产生机制。一是从货币交易的信息效率角度分析。布鲁纳和梅尔茨（Brunner and Meltzer，1971）提出随着资产被使用频率的提高，获得该资产信息的边际成本会逐渐降低，因此国际贸易中国内货币的信息效率要低于国际货币。二是基于货币搜寻模型分析。克里斯特尔（Chrystal，1984）认为国际货币的选择是由外汇交易预期所需的搜寻时间决定的，预期搜寻时间最短的货币将成为国际货币。松山、约塔基和松井（Matsuyama，Kiyotaki and Matsui，1993）运用"两国货币"模型分析了两国货币的竞争机制，得出当满足一定条件时，货币可以突破国界在境外使用的结论。三是从货币交换网络和交易成本角度分析。哈特曼（1998）认为国际贸易、资本流动和外汇市场三者的结构是影响货币交换网络的重要因素。因规模效应的存在，具有较大交易量且汇率波动较小的货币交易成本相对较低，有利于其成为国际媒介货币；网络外部性和网络建设成本低是形成国际货币使用惯性的原因。科恩（1998）同样认为货币国际化产生于规模经济或交易成本的减少。四是从国际分工体系角度分析。徐奇渊和李婧（2008）认为国际货币是由需求主导的，即一国通过国际分工的地位优势，使其他国家产生对本国商品的需求，从而引致外国居民对本币的需求，进而不断提升本国货币的国际地位，成为国际货币。五是从交易效率角度分析。夏雨（2015）指出国际货币是由交易网络的扩展需求产生的，交易效率的提高促进了贸易与金融活动的发展，进而使一国货币跨越国界并逐步发展为国际货币。

（四）货币国际化的成本收益

货币国际化的收益主要体现在为货币发行国带来铸币税收入、降低交易成本、改善货币发行国福利水平等方面。一是带来铸币税收入。阿利伯（Aliber，1964）、科恩（1971）、伯格斯滕（1975）的研究均证明了国际货币能够为其发行国带来铸币税收入，但是该收入受多种因素影响。例如，阿利伯（1964）认为随着美国黄金存量的增加，美元为美国带来的国际铸币税收入会减少。科恩（1971）认为货币垄断地位越高，铸币税收入越大。二是降低交易成本。马齐亚等（2011）认为货币国际化将显著降低交易成本和汇率风险。三是改善货币发行国福利水平。坎南（Kannan，2006）指出当更多外国人使用本国货币时，该货币的国际购买力将增强，货币发行国的贸易条件会改善，该国福利会明显提高。四是带来政治收益。除了上述的经济方面收益，刘越飞（2020）提出货币国际化还可以为国际货币发行国带来国际政治方面的收益，主要包括提升该国在国际金融体系中的话语权，减少主要货币发行国政策溢出效应、增强抵御外部冲击能力；科什纳（2003）提出国际货币发行国还可以通过货币操纵、货币依赖和体系破坏对其他国家实现危机转嫁、权力控制等目的。

货币国际化在为货币发行国带来收益的同时，也会形成一定的成本。一是面临特里芬难题。特里芬（Triffin，1960）最早提出在布雷顿森林体系下，美元无法在保证按照官价兑换黄金的同时向世界提供足够的清偿力，两者是相互矛盾的，这被称为特里芬难题。二是降低货币政策的独立性和有效性。阿利伯（1964）和伯格斯滕（1975）认为美元不仅面临特里芬难题，其国际货币职能的发挥也降低了美国货币政策的独立性和有效性。夏（Xia，2018）认为货币国际化后将难以确定本币需求量，而且政府通过利率手段实施货币政策调控经济难以达到预期效果。三是影响出口企业在世界市场的竞争力。弗兰克尔（Frankel，1991）提出货币国际化会引起本币升值，使本国出口企业商品在世界市场中的竞争力降低。

（五）货币国际化的程度度量

学界对货币国际化程度的度量主要是从国际货币职能角度展开的。部分学者从国际货币的某一职能出发，选取一项指标来衡量货币国际化程度，称为单项指标法。钦恩和弗兰克尔（2005）、阙澄宇和黄志良（2019）、龚秀国和于恩锋（2020）、杨丹丹和沈悦（2021）从国际货币的价值储藏职能出发，以一国货币占官方外汇储备的份额来代表货币国际化程度。张和马（Zhang and Ma，2015）从国际货币的交易媒介出发，选取货币在国际外汇市场上的交易占比衡量国际化程度。白晓燕和邓明明（2016）认为，国际债券的货币份额指标能够很好地反映国家信用背后的货币价值，可以作为货币国际地位的衡量指标。单项指标法操作简便，但只考虑了国际货币三大职能中的一种，准确性和代表性不足。

为解决单项指标法准确性和代表性不足的问题，李稻葵和刘霖林（2008），李建军、甄峰、崔西强（2013），王春桥和夏祥谦（2016）从国际货币的三大职能出发，分别选取一些代表指标反映货币在该项职能中的国际化程度，称为分职能测度法。他们均选用各国中央银行外汇储备中的币种份额来衡量价值储藏职能的国际化水平，选用国际贸易中的结算币种构成衡量交易媒介职能的国际化水平，但选取了不同的指标来度量计价单位职能的国际化水平。李稻葵和刘霖林（2008），王春桥和夏祥谦（2016）选取了国际债券中的币种结构，李建军、甄峰、崔西强（2013）选取了外汇市场交易占比。分职能测度法提高了货币国际化程度的代表性和准确性，但将国际货币的三大职能割裂开分别测度，忽视了三大职能的密切关系，无法综合评估货币的国际化水平，科学性和准确性仍然不够。

为综合测度货币的国际化水平，学者们纷纷构建货币国际化指数。李瑶（2003）选取一国货币在境外的流通范围、在境外的流通数量及其占国际官方储备货币比重作为指标，构建了货币国际度综合指数。人民币国际化研究课题组（2006）在此基础上新加入在国际贸易中支付数量、在国际贷款市场计价数量、在国际债券市场计价数量、直接投资计价数量四个指标，构建了货币国际化综合指数。蒂曼（Thimann，2008）构建了涵盖基本面因素（经济、金融市场规模等）和结构性因素（金融市场管制、贸易壁垒等）两方面指标的货币全球地位指数。上述文献在构建货币国际化指数时，均采用加权平均法，在确定各指标权重时缺乏明确标准。董等（Tung et al.，2012）以货币三大职能为基础，选取 7 大指标构建货币国际化程度指数，并运用主成分分析法确定各指标权重。主成分分析法较好地解决了构建货币国际化指数时难以客观确定各指标权重的问题。后续彭红枫和谭小玉（2017），沈悦、戴士伟、樊锦琳、张蕾（2019），沙文兵、钱圆圆、程孝强等（2020）均采用该方法构建货币国际化指数，但具体指标选取略有差异。

（六）货币国际化的体系演化

国际货币体系的演化是一个缓慢的过程，当前的货币体系很难在短期内发生大的变迁（Carbaugh and Hedrick，2009；李育、肖柏高、刘凯，2020）。对于未来货币国际体系的演化结果，学界主要形成了以下观点：一是建立超主权货币。周小川（2009）提出将 SDR 作为国际货币，来解决特里芬难题和激励不相容问题。贺曲夫、徐习景、彭容（2017）认为比特币具有超主权和去中心化的特点，建议将比特币作为超主权货币。二是由单极体系变为双极体系。伯格斯滕（1997）认为随着欧元区的发展，国际货币体系将在 3 ~ 5 年内从以纯美元为中心的单极体系转变为以美元和欧元并重的双极体系。姚大庆（2019）借鉴进化生物学在社会科学中的应用，建立了一个基于二倍体种群的 Markov 链模型，解释了欧元诞生后国际货币体系从美元主导转化为美元为主和欧元为次的准双极体系。三是由单极体系变为三极体系。弗雷兹策尔和梅尔（Fratzscher and Mehl，2011）认为随着人民币地位的提升，人民币将与欧元一起推动国际货币体系多极化，最终可能形成美元、欧元和人民币的三极化国际货币体系。李骏和李俊荨（2022）支持未来会形成美元、欧元、人民币"三分天下"的国际货币体系，并认为这是缓解特里芬难题的现实方案。四是由单极体系变为"一超两强"体系。袁志刚和林燕芳（2021）提出在新冠肺炎疫情冲击下，中国和欧盟经济发生重大变化，国际货币体系格局进入战略拐点，未来对世界更有利的国际货币体系变革应当是由美元独霸的格局逐渐转向"一超两强"的（即美元一超，欧元、人民币两强）格局。

二、人民币国际化的研究现状

随着人民币在国际市场上发挥着越来越重要的作用，国内外学者对人民币国际化的研究日渐丰富。本部分从时间维度梳理了人民币国际化的相关研究，归纳总结现有研究的特点，力争为后续部分明确研究方向和思路奠定相应的文献基础。

（一）人民币国际化的研究阶段

随着经济全球化和改革开放的发展，我国与世界的经贸联系日益紧密，人民币逐步走出国门，经历了周边化、区域化和迈向国际化三个发展阶段。本书通过梳理、总结现有人民币国际化相关文献，发现学界对人民币国际化的研究也大致遵循了类似的演进轨迹。因此，本书按照时间线索，将学界对人民币国际化的研究大体分为以下三个阶段。

1. 人民币国际化研究初探阶段（1989～2000年）。20世纪80年代末，随着我国改革开放的持续推进与市场经济地位的逐渐确立，人民币逐步走出国门，在我国与周边国家或地区的边境贸易中被大量使用，学者们开始探讨人民币国际化的相关问题。胡定核（1989）提出"人民币国际化是我国对外开放的要求，人民币国际化已存在一定可能性"的观点在学界引起了广泛而深入的讨论，拉开了人民币国际化的研究序幕。本阶段对人民币国际化的研究主要集中于以下几个方面。

一是人民币国际化的必要性。学者对我国是否应该推行人民币国际化展开了争论。周凯（1989）、李翀（1991）认为人民币还不能自由兑换、币值不稳定，国内金融市场和金融机构远不能适应人民币国际化要求，人民币国际化的时机远未成熟，贸然推行人民币国际化会严重影响国内经济。而胡定核（1990）、姜凌（1997）则认为人民币国际化有其必要性，是我国实现对外开放的客观需要，将促进我国对外贸易的发展和金融体制的完善，便利外商投融资，改善国际收支，倒逼我国经济与国际接轨，我国推行人民币国际化已具备一定的现实基础。姜波克（1994）认为我国与周边国家边境贸易的快速发展，使人民币与这些周边国家或地区的货币能够自由兑换，客观上催生了人民币的周边化。

二是人民币国际化的必要条件。人民币国际化的必要条件主要包括经济、政治两方面因素。郑木清（1995）、韩强（2000）、李翀（1991）认为货币国际化是经济国际化的产物，一国货币成为国际货币需要满足货币价值稳定、金融市场发达、外贸进出口在世界进出口贸易中占比较高等条件。此外，姜波克（1994）、郑木清（1995）、陈彪如（1998）还提出了人民币国际化需要具备的政治条件，即政治长期稳定和在国际政治格局中具有较强的地位。

三是人民币国际化的经济收益。大部分学者认为人民币国际化虽然需要付出一定的成本，但能够为我国带来诸多的收益，推行人民币国际化利大于弊。姜波克（1994）认为人民币国际化可以通过输出人民币换取实际资源，提高我国在世界事务中影响力。郑木清（1995）、陈彪如（1998）、崔光庆和惠峰（1997）均认为人民币国际化能够使我国获得铸币税收入、促进对外贸易和金融行业的发展，扩大海外直接投资，进而提高我国在世界中的经济、政治地位。

四是人民币国际化的实现路径。学者们普遍认为人民币国际化是一个渐进的发展过程，进而提出了分阶段实现人民币国际化的构想。郑木清（1995）提出地域上的三阶段发展构想，认为我国与周边国家或地区之间存在着广阔的经贸合作前景，因此，人民币国际化应首先实现在部分周边国家或地区的国际化，其次实现在亚洲地区的国际化，最后实现在全球范围内的国际化。姜凌（1997）进一步提出人民币国际化在空间上可考虑首先从中国香港和澳门、东南亚国家或地区，以及与我国边境贸易较为密切的周边国家和地区着手；同时提出在步骤上应分阶段逐步实现人民币自由兑换和国际化。李翀（1991）提出职能上的三步走构想，认为人民币国际化首先应把人民币变为可兑换货币，其次使人民币成为区域性的计价标准和结算手段，最后使人民币成为国际储备货币。

2. 人民币区域化研究阶段（2001～2008 年）。由于入世后中国与东亚、东南亚等国家的经贸联系日趋紧密，人民币结算需求随之大幅上升，加上欧元区建立所产生的示范效应，学者们将人民币区域化作为研究重点，深入分析人民币区域化的可行性、竞争博弈、地域选择等问题，为推进人民币国际化研究做了深入的拓展。

一是人民币区域化的可行性。本阶段虽然有个别学者将人民币区域化理解为欧元或亚元模式，认为这样复杂、耗时、难实现，因此建议人民币直接实现国际化（赵海宽，2003）。但是多数学者认为人民币区域化是国际化的重要阶段或途径，人民币区域化可行的主要依据有：中国政治稳定，经济实力和综合国力不断增强（陈沐，2001；李华民，2002；郭翠荣和张凤云，2002；戴小平，2003；贺玲、徐景峰、李晓艳，2003；金发奇，2004）；人民币币值稳定（程恩富和周肇光，2002；李裕，2003；曹勇，2004）；人民币在区域内流通不断增多，具备了一定范围内的国际可接受性（李晓、李俊久、丁一兵，2004；Hefeker and Nabor，2005；范柞军和关伟，2008；张群发，2008）等。

二是人民币区域化的竞争博弈。曹红辉（2008）认为亚洲存在复杂的区域货币主导权之争，人民币在亚洲区域化必然会与区域内其他国际货币如美元和日元存在明显的竞争关系。范祚军和关伟（2008）认为实力较强的货币将在区域货币竞争中胜出，成为未来货币同盟中的核心货币，在推动区域内贸易和投资活动、稳定各国货币之间的汇率等方面发挥主导作用。

三是人民币区域化的地域选择。学者们普遍认为人民币区域化应该首先在与我国经贸联系密切的周边国家或地区实现（陶士贵，2002；巴曙松，2003；陈炳才，2008）。李晓、李俊久、丁一兵（2004）建议选择东亚地区；覃延宁（2003）建议选择东盟自由贸易区，先选部分国家试点，再在自贸区内推开；中国人民银行广州分行课题组（2006），李稻葵和刘霖林（2008）建议选择港澳地区。

3. 人民币"脱区域化"研究阶段（2009年至今）。金融危机爆发后，国际社会关于改革现有国际货币体系的呼声日益高涨。受此影响，学者们的研究重点从原先的人民币区域化转向人民币国际化，对人民币国际化战略部署及人民币国际化对国际货币体系的影响等方面进行系统剖析，形成了比较丰富的研究成果。

一是人民币国际化的战略部署。2013 年中国提出了"一带一路"倡议，为人民币国际化的研究提供了新方向，如两者的协同关系研究（张一平，2015；陈雨露，2015；孟刚，2019）；"一带一路"倡议给人民币国际化带来的机遇和挑战（保建云，2015；叶前林和刘海玉，2019；马小芳和李佳杰，2022）；"一带一路"建设对人民币国际化的影响机制（周天芸，2017；杜婕和胡世丽，2021）。除了上述规范性分析外，在"一带一路"倡议与人民币国际化两大领域还出现了一批实证分析，如"一带一路"倡议对人民币国际化的作用（张原和宋晓玲，2020；程贵和张小霞，2020）；人民币在"一带一路"沿线国家的影响力（祁文婷、刘连营、赵文兴，2018；曹伟和冯颖姣，2020）；中国与"一带一路"沿线国家的货币合作（朱小梅和汪天倩，2020）；人民币国际化在"一带一路"沿线国家的空间布局设计（程贵和李杰，2021）；等等。

二是人民币国际化对国际货币体系的影响。学者们普遍认为当前以美元为主导的国际货币体系具有内在缺陷，是金融危机频频爆发的原因，必须推动国际货币体系改革（宣文俊，2012；金莹和张二震，2019；刘伟，2022）。人民币国际化对国际货币体系的影响表现为以下几点：（1）有助于推动国际货币体系改革。刘伟（2022）主张建构超主权货币充当国际货币，认为人民币将成为超主权国际货币体系的重要组成部分。但许多学者认为超主权货币不具备现实基础，主张推动国际货币多元化改革，认为人民币国际化是建立多元化国际货币体系的重要手段，有助于推动国际货币体系多元化改革（宣文俊，2012；高海红，2018；沈炳熙和沈剑岚，2021；李骏和李俊荜，2022；袁志刚和林燕芳，2021）。（2）有助于增强国际货币体系的稳定性。人民币国际化有助于协调储备货币的供求矛盾，缓解特里芬难题，增强国际货币体系稳定性（庄太量和许愫珊，2011；阿兰 M. 泰勒和徐奇渊，2012；范小云、陈雷、王道平，2014；翁东玲，2016；金莹和张二震，2019；张发林，2019）。

（二）人民币国际化研究的特点

通过梳理发现，国内外对人民币国际化的研究具有三个特点：一是从研究视角来看，以经济学研究为主，政治学研究为辅；二是从研究方法来看，以规范分析为主，实证分析为辅；三是从研究内容来看，先前侧重人民币国际化的可行性，现在注重人民币国际化的发展路径。

1. 研究视角：以经济学研究为主，政治学研究为辅。该特点在人民币国际化的影响因素研究中体现最为明显。长期以来，学界把人民币国际化视作市场自发选择的结果（Maziad and Kang，2012；霍颖励，2017；孙少岩，2022；李俊久，2022），注重从经济学视角对人民币国际化的影响因素进行分析，主要包括交易网络规模（李婧和徐奇渊，2010；He and Yu，2016；林乐芬和王少楠，2016；毕燕君和李晓璐，2020；王孝松、刘韬、胡永泰，2021）、货币价值信心（徐建国，2012；叶芳，2017；彭红枫和谭小玉，2017）、币值稳定性（孙海霞和杨玲玲，2010）、金融市场流动性（Cohen，2007；丁一兵，2015；曹远征和郝志运，2016）、货币使用惯性（孙海霞和杨玲玲，2010；Eichengreen，Chitu and Mehl，2016；沙文兵、钱圆圆、程孝强等，2020）等。基于对上述因素发展情况的判断，学者们普遍认为我国稳步推进人民币国际化的时机已经成熟（黄益平，2009；盛松成，2017）。

随着研究的深入，学者们发现国际货币的形成不仅是自发的市场现象，还有赖于坚实的政治基础（Strange，1971；Helleiner，2008；李巍，2016；张发林、杨明真、崔阳，2022）和强大的军事实力（孙海霞和谢露露，2010；张焕明和杨子杰，2018）。推动人民币国际化，一方面，需要夯实国内政治基础，赢取全社会对本国货币国际化的支持（刘玮，2014；Cohen，2017；沙文兵、钱圆圆、程孝强等，2020）。另一方面，需要积极开展货币伙伴外交（曹勇，2010；李巍，2014；胡弘志和左海聪，2020），改革现行国际货币制度（黄梅波和熊爱宗，2009；熊爱宗和戴金平，2012；刘伟，2022），强化与新兴国家货币外交合作（Mudell，2003；张志敏，2014；蒋序怀，2015；李艳丰，2015；李晓，2022），提升国际政治领导力（许勇和张焕明，2017；陈若愚、霍伟东、王维禹，2021）。

2. 研究方法：以规范分析为主，实证分析为辅。目前，学者对人民币国际化的研究采取以规范分析为主、实证分析为辅，定性与定量相结合的研究方法。规范分析的内容主要包括：人民币国际化的战略目标（潘英丽，2016；沈炳熙和沈剑岚，2021；孙少岩，2022；李俊久，2022）、人民币国际化的成本收益（张宇燕和张静春，2008；董丽娃和李增刚，2009；Cohen，2012；王国刚，2014；原翠萍，2021）、人民币国际化的制约因素（Kawai and Takagi，2011；Bottelier and Dadush，2011；Prasad and Ye，2011；Prasad and Ye，2012；张发林、杨明真、崔阳，2022；马小芳和李佳杰，2022）、人民币国际化的国际经验借鉴（王博和范小云，2015；Ito and Kawai，2016；陈炳才，2019；谭小芬和王睿贤，2020；丁文丽和胡列曲，2021）、人民币国际化的利益博弈（刘玲，2012；刘辉和巴曙松，2014；张志远、王姝妍、齐天贺，2020；曹璐琦和戴巍，2021；代高琪、刘赫、纪尚伯等，2021；李俊久，2022）、人民币加入 SDR 的意义（丁志杰和赵家悦，2015；郑联盛，2016；何正全和韦颖，2017）等。

而实证分析主要涉及人民币国际化程度测度（He，Luk and Zhang，2016；彭红枫和谭小玉，2017；钱圆圆和沙文兵，2018；沙文兵、钱圆圆、程孝强等，2020）、人民币国际化前景指数及预测（李稻葵和刘霖林，2008；石巧荣，2011；沈悦、戴士伟、樊锦琳等，2019）、人民币国际化离岸市场与在岸市场互动机制（王泽，2013；刘辉，2014；单杨杰，2019）、资本项目开放对人民币国际化的影响（杨荣海和李亚波，2017；李梦阳，2020；杨海荣和杜林丰，2021）、"一带一路"建设对人民币国际化的影响（林乐芬和王少楠，2015；张原和宋晓玲，2020；程贵和张小霞，2020）等。

3. 研究内容：先前侧重人民币国际化的可行性，现在注重人民币国际化的发展路径。在起始阶段，学者侧重分析人民币国际化的可行性。一些学者通过分析经济体量、外贸规模、外汇储备、货币合作、政治军事实力等因素，认为人民币已经具备国际化条件（刘曙光，2009；Eichengreen，2011；Maziad and Kang，2012；顾海峰和王倩，2012；刘艳靖，2012；曹远征，2013）。另一些学者对国内金融市场、宏观调控、国际分工体系、离岸金融市场进行论证，认为人民币国际化时机还不成熟（Cohen，2012；张明和何帆，2012；Troutman and Gagnon，2014）。

随着人民币国际化的持续推进，学者们越来越关注人民币国际化的路径选择，提出"先区域后国际"（李晓，2011；郭明和李保林，2016；原翠萍，2021）、"先贸易结算货币后投资货币、储备货币"（王元龙，2009；

韩骏和朱淑珍，2015；曹誉波和刘猛，2021；陶士贵、胡静怡、周冠男，2021）、"先内后外"（余永定，2011；石磊和李明泽，2018）、"先跨境结算人民币化后人民币国际化"（孙杰，2014）、"先'贸易结算＋离岸市场'后'资本输出＋跨国企业'"（殷剑峰，2011）、"先贸易驱动后贸易金融双驱动"（涂永红和吴雨微，2017）、"先'物质扩张'实现世界货币职能，后'大国博弈'实现货币权力转化，最后通过'金融扩张'维护货币霸权"（余振和李钟慧，2019）等发展路径。

三、文献述评

综上可见，国内外学者对货币国际化和人民币国际化问题进行了比较深入的研究，为新时代优化人民币国际化战略、推进人民币国际化战略实施提供了有益的思路和见解。但相关研究还可以从以下方面加以拓展与完善。

一是在研究视角上，应构建人民币国际化的国际政治经济学分析框架。现有研究大多是单一的经济学或政治学视角，忽略了人民币国际化兼具经济、政治双重属性的特点。实际上，人民币国际化不仅受到市场力量支配，还受到国内外政治因素的影响。本书将突破单一经济学或政治学视角，把国际政治和国际经济两种宏观的分析视野结合起来，构建人民币国际化的国际政治经济学分析框架。

二是研究背景上，应将人民币国际化放在新时代背景下加以研究。近年来，新冠肺炎疫情持续蔓延，地缘政治博弈加剧，逆全球化和贸易保护主义盛行，金融市场震荡，当今世界正在经历百年未有之大变局。在这样复杂的国际背景下，中国贯彻新发展理念，构建新发展格局，持续推动金融业改革开放，中国经济进入高质量发展阶段，中国特色社会主义进入新时代，这给人民币国际化带来了许多新的机遇和挑战。而现有文献较少将人民币国际化放在新时代背景下进行系统研究，本书将人民币国际化放在新时代背景下，系统研究新时代人民币国际化的重要意义、动力机制，有针对性地提出新时代人民币国际化的总体思路、基本原则、战略框架及实施路径。

三是研究内容上，应更加关注人民币国际化动力机制转换问题。近年来，人民币国际化发展动力不足、发展速度放缓问题已经显现，人民币国际化动力机制转换势在必行。现有研究对人民币国际化动力机制转换问题关注不足，未能深入分析在不同发展阶段市场驱动与政策推动的差异化作用；较少对人民币国际化动力机制进行系统分析，往往侧重市场或政治等单一维度剖析其对人民币国际化的影响；未结合新时代背景下稳慎有序推进人民币国际化的要求探讨人民币国际化的动力机制安排。因此，本书聚焦人民币国际化的动力机制形成及其转换必要性，提出现阶段人民币国际化的市场驱动与政策推动机制，为深入推进人民币国际化提供决策参考。

四是学术观点上，提出的人民币国际化的战略目标、任务、步骤和保障措施须增强针对性和可操作性。现有研究提出的人民币国际化的战略目标、任务、步骤和保障措施不够细化，研究的系统性、针对性不强。本书结合新时代中国特色社会主义发展战略，研究设计一套"五位一体"的新时代人民币国际化战略优化方案，明确短期、中期、长期的人民币国际化目标、任务与步骤，以解决当前人民币国际化发展动力不足、推进战略不清晰以及战术不明等问题。

第三节 研究思路、结构安排与研究方法

一、研究思路

本书立足中国特色社会主义新时代的背景，聚焦"人民币国际化的动力机制与战略优化"这一主题，按照"提出问题、分析问题、解决问题"的思路开展研究。首先，阐述了本研究的背景和意义，并归纳梳理了货币国际化和人民币国际化相关文献。其次，运用理论分析、实证分析、历史归纳和逻辑推演等方法，对人民币国际化的战略演进和动力机制进行反思，提出人民币国际化战略和动力机制存在的困境和问题。最后，在总结美元、欧元和日元国际化实践的基础上，得出货币国际化具有共同性的经验以及需要予以重视的教训，并提出了新时代稳慎有序推进人民币国际化的战略路径和保障措施。本书的技术路线如图 1-1 所示。

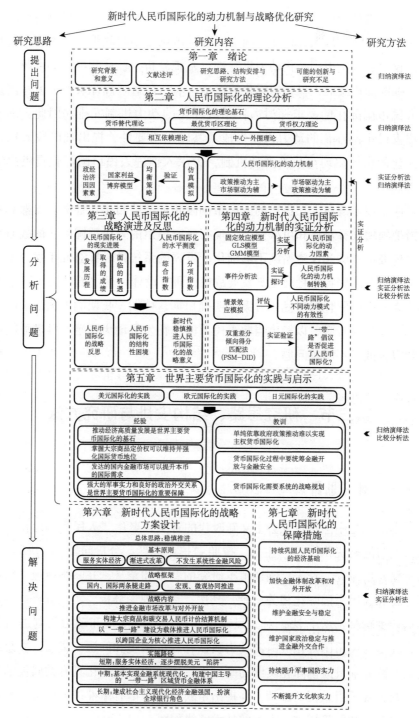

图 1-1 技术路线

二、结构安排

基于上述研究思路，本书共包括七章内容，具体结构安排如下：

第一章，绪论。本章主要介绍了本书的研究背景和意义，在对国内外货币国际化和人民币国际化的相关文献进行述评的基础上，提出本书的研究思路、结构安排、研究方法、可能的创新与不足。

第二章，人民币国际化的理论分析。本章首先梳理了货币替代理论、最优货币区理论、货币权力理论、相互依赖理论、中心—外围理论等货币国际化的相关理论；其次基于动态演化博弈理论，构建基于经济因素和政治因素的国家利益博弈模型，探讨各国在人民币国际化过程中所倾向的博弈均衡策略，借此评估人民币国际化的发展前景；最后基于国际政治经济学视角对人民币国际化动力机制进行理论分析，探讨不同阶段人民币国际化的动力机制与转换趋势，提出新时代人民币国际化的动力机制。

第三章，人民币国际化的战略演进及反思。本章在梳理人民币国际化历程的基础上，阐述人民币国际化取得的成绩，分析人民币国际化的机遇，测算并比较人民币与美元、欧元、日元、英镑等世界主要货币的国际化程度，反思当前人民币国际化战略的局限性，分析该战略实施过程中面临的结构性困境，剖析新时代稳慎有序推进人民币国际化的战略意义。

第四章，新时代人民币国际化的动力机制的实证分析。本章首先运用面板固定效应模型（fixed effects model）、广义最小二乘法（GLS 模型）以及系统广义矩估计（系统 GMM 模型）实证分析新时代人民币国际化动力影响因素，运用事件分析法实证探讨了人民币国际化动力机制的转换；其次，设置 9 个情景仿真模拟新时代人民币国际化动力机制转换的情景效应；最后，以"一带一路"倡议对人民币国际化影响为例，验证早期人民币国际化政策驱动效应的存在。

第五章，世界主要货币国际化的实践与启示。本章通过回顾美元、欧元与日元国际化的历史背景与实现路径，对世界主要货币国际化的特点予以归纳评价、对比分析，得出其中具有共同性的经验以及需要予以重视的教训，以期为人民币国际化的发展提供有益借鉴。

第六章，新时代人民币国际化的战略方案设计。本章重点论述了新时代稳慎有序推进人民币国际化总体思路、基本原则与战略框架，提出新时代人民国际化的战略实施路径，特别是以"一带一路"建设为载体设计新时代人民币国际化部署，为深入推进人民币国际化发展提供案例支持。

第七章，新时代人民币国际化的保障措施。本章着重从经济、金融、政治、军事、文化五大方面分别提出新时代推进人民币国际化的保障措施，为深入推进人民币国际化发展保驾护航。

三、研究方法

本书在研究过程中主要采用了以下研究方法。

（一）归纳演绎法

本书首先在系统梳理货币国际化和人民币国际化文献的基础上，总结出了货币国际化的内涵、条件、影响因素、产生机制、成本收益、度量、体系演化和人民币国际化的研究阶段、研究特点等共性结论，归纳出了货币替代理论、最优货币区理论、货币权力理论、相互依赖理论、中心—外围理论等货币国际化等五大货币国际化的理论观点，为本书研究人民币国际化问题奠定理论基础；其次，在归纳演绎人民币国际化发展历程的基础上，总结人民币国际化取得的成绩、面临的机遇，分析了人民币国际化的战略反思和结构性困境，阐释了人民币国际化的动力机制形成与转换问题；最后，回顾分析了美元、欧元和日元国际化的实践，并在借鉴其经验教训的基础上，设计了新时代稳慎有序推进人民币国际化总体思路、基本原则与战略框架，提出新时代人民币国际化的战略实施路径和保障措施。

（二）实证分析法

本书多次运用了实证分析法。一是构建人民币国际化的国际利益博弈模型分析中，运用演化博弈法探讨了各国在人民币国际化过程中所倾向的博弈均衡策略，借此评估人民币国际化的发展前景。二是利用主成分分析法构建了货币国际化综合指数和分项指数，测算了人民币、美元、欧元、日元、英镑等世界主要货币的国际化程度；三是运用面板固定效应模型（fixed effects model）、广义最小二乘法（GLS 模型）以及系统广义矩估计（系统 GMM 模型）对人民币国际化的动力因素进行实证分析，并运用事件分析法（ESM）实证探讨了人民币国际化动力机制的转换；四是通过情景模拟法对 2022～2036 年不同动力模式下人民币国际化路径进行模拟仿真，评估不同动力模式的有效性。五是运用双重差分倾向得分匹配法（PSM - DID），实证检验"一带一路"倡议对人民币国际化的平均影响效应与动态影响效应。六是运用自组织特征映射神经网络方法得出"一带一路"沿线国家的聚类结果，并对中国与"一带一路"沿线国家在政治、经济、文化、军事等联系以及沿线国家自身经济基础进行因子分析，探讨不同类别国家在人民币国际化空间布局影响因素上的异质性。

（三）比较分析法

本书通过对人民币、美元、欧元、日元、英镑等世界主要货币的国际化综合指数和分项指数的比较分析，以准确判断人民币在国际市场上的国际化水平。同时，在对人民币国际化动力机制转换的情景模拟中，通过分析比较不同情景下人民币国际化指数的变动，评估不同动力模式的有效性。

第四节　可能的创新与不足

一、可能的创新

本书可能的创新主要体现在研究视角、研究内容、研究方法和学术观点等方面，具体如下。

（一）研究视角的创新

本书从国际政治经济学视角构建了人民币国际化的分析框架。现有对人民币国际化的研究一般是从单一的经济学或政治学视角展开的。事实上，人民币国际化兼具政治和经济双重属性，尤其挖掘人民币国际化的动力及制定人民币国际化的发展战略需要综合政治、经济、军事、文化等因素。本书将国际政治和国际经济两种宏观的分析视野结合起来，尝试构建人民币国际化的国际政治经济学分析框架，提出了基于政治经济因素的人民币国际化的国家利益博弈模型、动力机制和实现路径，以改变过去单一的经济学或政治学分析框架。

（二）研究内容的创新

本书在研究内容上的创新主要体现在：一是剖析了人民币国际化动力机制转换问题。现有对人民币国际化的研究较少关注动力机制问题，本书不仅详细论述了人民币国际化动力机制的形成与转换必要性，说明了现阶段人民币国际化应采取的动力机制；而且通过实证分析了新时代人民币国际化的动力影响因素、仿真模拟了新时代人民币国际化动力转换的情景效应，具有一定的新颖性。二是以"一带一路"建设为载体设计人民币国际化的空间布局。本书将人民币国际化与"一带一路"两大国家战略紧密结合，探讨新时代人民币国际化在不同因素影响下的空间布局，为深入推进人民币国际化发展指出案例思路与启示。

（三）研究方法的创新

本书对研究方法的创新主要体现在：一是运用动态博弈分析法和仿真模拟构建并验证国家利益博弈模型。本书不仅基于动态演化博弈理论，构建了国家利益博弈模型，探讨各国在人民币国际化过程中所倾向的博弈均衡策略；而且采用 MATLAB 软件进行仿真模拟，检验各博弈参与主体的策略选择是否随着时间的推移最终向合作策略演化，对博弈模型均衡解进行了检验，这弥补了现有文献的不足。二是运用实证分析法研究人民币国际化的动力机制。目前对人民币国际化动力机制的研究不仅很少，采用实证分析方法进行论证更是凤毛麟角。本书运用面板固定效应模型（fixed effects model）、广义最小二乘法（GLS 模型）以及系统广义矩估计（系统 GMM 模型）对人民币国际化的动力因素进行实证分析，运用事件分析法（ESM）实证探讨了人民币国际化动力机制的转换，并运用双重差分倾向得分匹配法（PSM - DID）实证检验了"一带一路"倡议对人民币国际化的影响效应，以此作为政策驱动人民币国际化的事实验证。

（四）学术观点的创新

本书在学术观点上的创新主要体现在：一是提出了新时代人民币国际化的动力机制。人民币国际化动力机制要与经济发展阶段相适应。现阶段人民币国际化需要主动顺应国内外形势变化，继续深化体制机制改革，扩大对外开放，发挥市场驱动与政策推动的双重作用，推动由"政策推动为主、市场驱动为辅"转换为"市场驱动为主、政策推动为辅"的动力模式，满足市场真实需求，稳慎有序推进人民币国际化发展。二是设计了新时代人民币国际化的战略方案。新时代推进人民币国际化要贯彻"稳慎有序推进"的总体思路，坚持"服务实体经济、渐进式改革、不发生系统性金融风险"的基本原则，按照"国内、国际两条腿走路，宏观、微观协同推进"的战略框架，分阶段分区域分功能逐步实施。短期目标是服务实体经济，逐步摆脱美元"陷阱"；中期目标是基本实现金融系统现代化，构建中国主导的"一带一路"区域货币金融体系；长期目标是建成社会主义现代化经济金融强国，扮演全球银行角色。同时，提出了新时代人民币国际化的六大保障措施，即持续巩固人民币国际化的经济基础，加快金融体制改革和对外开放，维护金融安全与稳定，维护国家政治稳定与推进金融外交合作，持续提升军事国防实力，不断提升文化软实力。

二、研究不足

本书在研究中还存在一些不足：一是提出的人民币国际化战略路径的可操作性有待加强。人民币国际化属于国家层面的宏观战略，受时间和笔者学识、实践经验限制，本书提出的人民币国际化战略方案设计的可操作性有待进一步加强。二是研究内容与国际政治经济学的融合有待进一步深入。本书虽然尝试从国际政治经济学视角构建人民币国际化的分析框架，但在实际相关问题的分析中，没有全面系统地运用国际经济政治经济学的理论加以分析，与国际政治经济学的融合有待进一步深化。三是部分模型设置需要更加精准。例如，在第二章第二节构建人民币国际化的国家利益博弈模型中，模型的参数设计带有一定的主观性，缺乏相关文献的理论支撑和经验支持。

第二章

人民币国际化的理论分析

随着经济全球化的纵深推进，国内外学者对货币国际化进行了深入研究，涌现出许多有关货币国际化的相关理论。本章首先梳理了货币替代理论、最优货币区理论、货币权力理论、相互依赖理论、中心—外围理论等货币国际化的相关理论，在此基础上，构建基于经济因素和政治因素的国家利益博弈模型，探讨各国在人民币国际化过程中所倾向的博弈均衡策略；并结合该理论模型，从国家和市场两个方面剖析人民币国际化的动力机制形成及转换。

第一节 货币国际化的理论基石

货币国际化的过程既是非储备货币发行国基于成本收益原则的选择过程，也是竞争货币同在位国际货币之间就经济、政治、军事实力展开博弈竞争的过程。本节对现有货币国际化重要理论加以阐述分析，为人民币国际化相关问题的研究提供理论指导。

一、货币替代理论

货币替代理论的核心是揭示不同货币之间的竞争关系，并表现为一种货币部分或完全地替代另一种货币发挥交易媒介、价值储藏等职能。早在16世纪，英国经济学家格雷欣就提出"格雷欣法则"，指出名义价值相同但实际价值不同的货币共同流通时，实际价值高的货币（良币）将被实际价值低的货币（劣币）取代，并退出流通市场。随着信用货币的出现，

1969 年，切提（Chetty，1969）在研究美国国内货币与准货币的替代关系时，首次提出了货币替代的概念。此后，布雷顿森林体系崩溃，国际货币体系进入浮动汇率时代，国家主权货币之间的竞争与替代引起了更为广泛的关注与研究。陈（Chen，1973）在对固定汇率制度和浮动汇率制度的讨论中，率先提出了国别间的货币替代理论，该理论认为在浮动汇率制度下，由于汇率可以对国际收支失衡进行自发调节，官方对外汇储备的需求可能会下降，但对于一国居民而言，情形却相反。由于浮动汇率制度下各国间汇率波动幅度提高，导致一国货币以可贸易商品衡量的实际价值波动迅速扩大，提高了一国居民持有本币的风险水平，从而迫使其持有多样化的货币资产组合以降低汇率波动风险。并且，固定汇率制度下官方储备的"自动缓冲"功能也将由私人部门多元化的货币持有所承担。因此，只要一国政府并未禁止他国货币进入本国流通，那么一国居民出于交易需求和预防需求的考虑，就会产生相应外币需求，并基于其自身预算约束条件，以部分外币替代其所持有的本币，从而实现自身效用最大化。货币替代的具体表现为一种货币在价值尺度、支付手段、交易媒介和价值储藏等货币职能方面部分或全部地取代了另一种货币，并且根据外币对本币货币职能的替代范围可以将货币替代划分为狭义的货币替代和广义的货币替代，其中，狭义的货币替代是外币在除价值储藏职能以外的各项职能中替代本币发挥作用，主要反映持有货币的流动性需求，受通货膨胀变化影响较大。而外币替代本币发挥价值储藏职能又称为资产替代，两国之间利率水平差异是影响外币和本币之间资产替代的重要因素。

货币替代理论提出后，学者们对其进行了深入的理论研究，主要从货币替代的内涵、货币替代的发生机制、货币替代的影响因素以及货币替代的经济效应四个方面展开。第一，从货币替代的内涵来看，主要是从货币替代的影响因素视角（Marquez，1985；姜波克，1999）、直接替代与间接替代视角（Mckinnon，1982；Mizen and Pentecost，1996；Sahay and Vegh，1995）、货币职能视角（Cuddington，1983；Calvo and Vegh，1992；Handa，1988）出发对货币替代的内涵加以界定。第二，从货币替代发生机制来看，当前基于货币需求理论形成了四个主要理论机制。货币服务的生产函数理论（Miles，1978）认为一国居民在对本外币提供服务水平和持币成本衡量的基础上，对持有本外币数量进行调整，由此产生了货币替代。货币需求的边际效用理论（Bordo and Choudhri，1982）则对货币服务生产函数理论进行了进一步修正，从货币需求的交易动机出发，认为本币和外币不同的边际效应是产生货币替代的原因。货币需求的资产组合理论（King，1978；Thomas，1985）则是将货币视为一种资产，持币人根据本币和外币的收益以及风险水平来实现最优资产配置，进而产生货币替代。在这一理论下债券等金融资产的替代也被纳入考虑，拓宽了货币替代的范围。货币的预防需求理论（Poloz，1986）则在货币需求资产组合理论基础上，从经济主体的谨慎性动机出发，认为经济主体为实现个人收益最大化，会在应对未来不确定性而保有的流动性与交易成本的权衡中决定持有本外币的数量，由此产生货币替代。第三，从货币替代的影响因素来看，主要认为经济金融实力（石巧荣，2011；罗斌和王雅楠，2018）、汇率水平（范从来和卜志村，2002；尤佳，2020；张荔和张庆君，2010）、通货膨胀与利率水平（Rogers，1990；Sturzenegger，1994；吴锦顺，2013；刘玲，2019）、网络外部性（Dowd and Greenaway，1993）等因素是引起货币替代的主要原因。第四，从货币替代的经济效应来看，货币替代的发生会对一国的汇率波动（He and Sharma，1997；Boyer and Kingston，1987）、货币政策独立性（Jones，1985；Bergstrand and Bundt，1990）、金融稳定性（Rodriguez，1992）通货膨胀（Harrison and Vymyatnina，2007）以及产出福利（Gupta，2011）等多方面产生影响。

人民币国际化的发展过程，即是人民币替代他国主权货币以及在位国际货币的过程。货币替代理论为深入认识人民币国际化的发生机制、影响因素以及经济效应提供了很好的理论视角，为分析人民币国际化推进过程中各方利益博弈提供了有效的理论支撑。

二、最优货币区理论

20世纪60年代，"特里芬难题"给布雷顿森林体系所带来的问题越发难以协调，在对于浮动汇率与固定汇率孰优孰劣的争论中，诞生了最优货币区理论。1961年，蒙代尔在其发表的文章《最优货币区理论》最早提出了这一理论，该理论认为在满足一定经济金融条件，如生产要素自由流动、商品贸易联系紧密十分紧密的区域，采取区域内部各国使用固定汇率或放弃各自主权货币使用单一货币，而对区域外各国货币保持浮动的汇率制度安排，可以更好地实现就业以及国际收支平衡等目标。具体而言，该理论假设世界存在 A、B 两国，当对 B 国的商品需求转移到了 A 国，就会出现 A 国的通货膨胀、B 国失业以及 A、B 两国的国际收支失衡。但如果 A 国和 B 国的劳动力、资本等各类生产要素可以自由流动，则可以通过两国间的生产要素流动来消除因需求转移所产生的国际收支失衡，而无须对汇率作出调整，从而降低经济的不确定性。因此在蒙代尔的最优货币区理论下，生产要素能否在各国间自由流动是判断一个区域是否适合组建货币区的关键标准。

蒙代尔的最优货币区理论提出后，对其的发展主要从最优货币区的单一标准、成本—收益分析、内生性分析以及实证分析几个方面展开。第一，早期研究主要针对最优货币区判断的单一标准方面展开。除蒙代尔的生产要素自由流动外，麦金农（Mckinnon，1963）提出以贸易品与非贸易品比值所衡量的一国经济开放程度作为判断标准，经济开放度高的国家利用汇率调节国际收支失衡时所需要付出的成本更高，效果更差，因此采取货币区将会是更为有利的选择。凯恩（Kenen，1969）将产品多样化程度作为判断标准，认为产品多样化程度高的国家本身抵御外部需求冲击的能力较强，因此对于汇率调节机制的需求不高。英格拉姆（Ingram，1973）则将金融一体化程度作为标准，认为金融一体化程度高的区域国际收支失衡可以由利率变动所带来的资本流动加以纠正，因而无须借助汇率调节。哈伯勒（Haberler，1971）和弗莱明（Fleming，1971）则进一步提出货币联盟的前提条件是区域内国家通货膨胀水平的趋同。第二，针对最优货币区的成本—收益的研究。随着欧洲货币合作的进展以及单一标准存在以定性为主且不易衡量的局限性，对最优货币区的研究转向了成本—收益分析，即一个国家是否应该加入某一货币区的判断，其中最有影响力的是克鲁格曼（Krugman，1992）提出的 GG－LL 模型。用 GG 曲线代表加入货币区的收益，货币区内各国要素流动水平高，经济联系越紧密，加入货币区的收益越高，而 LL 曲线则代表加入货币区的成本，诸如货币政策主权丧失以及对经济稳定性的影响，而 GG 曲线和 LL 曲线的交点则决定了一国是否应该加入货币区。第三，针对最优货币区的内生性的研究。此前的单一指标和成本—收益分析主要考虑了最优货币区的外生条件，而弗兰克尔和罗斯（Frankel and Rose，1998）提出了内生性理论，即从历史条件看一国在加入货币区之时可能未满足相关条件，但货币区的建立会改变成员国的情况，使其在加入后经济周期等逐渐趋同并满足最优货币区的相关条件。第四，有关最优货币区的实证分析。20 世纪 90 年代后，对最优货币区的实证研究不断深入。巴尤米和艾肯格林（Bayoumi and Eichengreen，1997）建立 OCA 指数以通过实证方法对最优货币区理论进行检验，并基于该指数对欧元区国家的趋同情况进行检查。除此之外，部分国内学者也基于最优货币区理论研究了中国推进人民币区域化的相关问题（范爱军和冯栋，2014；田巧雨，2017）。

从国际经验看，形成稳定的货币区是主权货币国际化的关键环节，人民币国际化同样需要经历周边化—区域化—国际化的渐进式发展历程，因此必须处理好同利益相关国的关系。最优货币区理论为人民币区域化发展提供很好的理论支撑，即通过不断加强同周边国家的货币金融合作，构建基于共同利益的货币合作伙伴网络，从而实现多方共赢，为人民币国际化提供稳定有效的区域基础。

三、货币权力理论

最早对国际货币给其发行国所带来特权的讨论主要基于 20 世纪 30 年代英镑和美元国际化的背景。到了 20 世纪 70 年代，随着布雷顿森林体系瓦解以及关于美元霸权衰落的讨论中，大批政治学家开始关注国际货币及国际货币体系，并奠定了货币权力理论的基础。斯特兰奇（1971）在其著作中对货币权力进行了深入的讨论，该理论认为货币权力可以分为联系性权力和结构性权力两种类型，联系性权力是指一国利用直接压力与胁迫的方式强迫他国去做其本不愿意做的事情，而结构性权力则是一种规则制定的权力，拥有货币结构性权力的国家，可以对国际规则和惯例加以设计，进而改变其他国家和私人部门的可选择范围，促使其作出符合国际货币发行国意愿的政策决策。该理论认为，在国际货币关系中相比联系性权力，货币结构性权力的作用更为关键，其所强调的国际货币发行国通过国际货币关系影响他国行为。这一货币权力表现形式具体包含宏观和微观两个层面的实施途径。宏观层面主要表现为国际货币发行国利用系统规则，通过铸币税、货币贬值等方式实现对他国的财富榨取以及提高自身的对外赤字融资能力。此外，国际货币发行国可以借助国际货币体系，对全球范围的利率、汇率等宏观经济政策导向以及资金流向产生影响，使之符合自身宏观经济偏好。而微观层面则体现在与融资相关的各项制度上，例如美元的国际货币地位赋予了美联储全球最后贷款人角色，而危机期间，面对美元流动性紧缺，美国通过对其盟国以及非盟国有选择的信贷安排，推动其他国家按美国利益行事等。

此后对货币权力理论的发展主要从货币权力的内涵、货币权力的实现机制、货币权力的来源等方面展开。就货币权力的内涵，科什纳（2013）认为国际货币具有直接权力和间接权力双重性质，间接权力同结构性权力概念类似，而直接权力则强调一国以主动的安排和行为来获取强制力。科恩（2004）则进一步丰富了货币权力的内涵，提出货币权力不仅包含一国通过直接或间接的方式使他国顺从的外在尺度，同时还包含保持自身决策不受外界干扰的独立性这一内在尺度。就货币权力的实现机制，科什纳（2013）从货币权力的工具性应用角度，提出了货币操控、货币依赖和体系破坏三种货币权力的运用方式。货币操控通过影响目标国货币稳定性实现，包括对目标国货币的攻击或撤销对其货币的支持，从而使得目标国为维护本国政治经济稳定以及声誉而被迫采取防卫措施。货币依赖主要通过形成货币区的方式实现，除了强迫、驱逐、榨取三种基本方式外，诱陷这一间接权力对货币结构性权力实施途径进行了补充，即一国加入货币体系后交易成本变化带来国家的利益转型，进而提升对主导国的依赖。而体系操控则指通过破坏现有国际货币体系实现权力的重新分配或从中攫取利益。科恩（2004）则强调货币权力在一国外部失衡调整中的作用，即对外部失衡延迟调整的能力和转嫁调整成本的能力。此外还包括在微观层面影响利益分配和构建行为体身份（Andrews，2016），重建地理经济版图（Helleiner，2003）等机制。就货币权力的来源，早期研究主要阐释货币权力的定义及作用，而未涉及货币权力的来源，此后研究针对该方面进行了补充。从宏观基础角度认为一国的国际流动性，即其自有储备和借款能力、单一经济体的开放度和适应性、保守且可信的经济政策以及有助于金融市场发展的制度安排（Andrews，2016）是国际货币主导权力的重要来源，而网络外部性带来的交易成本下降以及军事保护等因素也刺激着不同国家对主导货币的追随。货币权力除来自宏观层面外，微观层面一国货币发挥国际货币职能所具有的优势同样是货币权力的重要来源（Andrews，

2016)。

　　货币权力理论提供了从国际政治经济学视角看待货币国际化的方向，探讨了国际货币体系中的主导国家通过国际货币关系来对他国施加影响，以实现自身目标和获取政治经济收益的方式。人民币国际化会对现有国际货币的货币权力造成削弱，进而可能引发冲突，货币权力理论有助于理解当前以美元为代表的国际货币权力，从而做好美元体系下推进人民币国际化的风险防范。更重要的是，货币权力理论可以帮助厘清人民币国际化通过提升我国货币权力给我国以及美元霸权下第三方国家所带来政治等方面收益，挖掘人民币国际化所隐藏的政治动力，从而更全面地考量人民币国际化的成本与收益。

四、相互依赖理论

　　第二次世界大战后，主要工业国家间的国际交往得到空前发展，彼此之间的联系日益提升。在这一背景下，理查德·库珀（Richard Cooper，1968）首先提出经济相互依赖，此后，基欧汉和奈（Keohane and Nye，1977）对其加以发展完善并形成了相互依赖理论。库珀在其《相互依赖经济学》中提出国际经济交往的扩大以及全球化的发展，虽然促进了各国经济发展，但在这一过程中所形成的经济相互依赖也对各国内外政策的制定自主权产生影响，影响程度并非简单取决于国际贸易体量水平，而是对一国国际贸易对外部经济变化敏感性的反应，敏感性越强，经济相互依赖水平越高。经济相互依赖带来的经济问题的政治化，其他国家的情况逐渐成为一国政策制定的重要考虑因素，由此政治外交手段也开始在国际货币体制变化等经济领域问题上发挥重要作用，欧洲货币联盟的推进是其中的典型。基欧汉和奈在库珀提出的相互依赖概念基础之上，认为各国在跨国经贸、人员、信息往来等方面存在相互联系，当其需要为此类联系付出代价时则形成相互依赖，并按照不同国家之间资源不对称程度将相互依赖划分为均等依存、绝对依存和介于前两者之间的相对依存；而其中绝对依存和相对依存因为存在非对称性，即依赖性小的国家在变化发生时所需付出的代价相对较低，因此依赖性小的国家会利用这一优势，通过推动变化或威胁实施变化来达成目的，从而利用相互依赖关系获取权力。具体而言，相互依赖按性质可划分为敏感性相互依赖和脆弱性相互依赖。敏感性相互依赖是指一国的变化对另一国产生影响的速度以及由此所产生的代价，这一敏感性既体现在国际交易规模等经济方面，也体现在社会和政治方面。布雷顿森林体系下，各国对美国货币政策变动存在敏感性，同样美国对各国是否会将其持有的美元兑换为黄金存在敏感性。敏感性相互依赖建立在面对外部事件时一国政策框架不发生改变这一前提条件下，但从国际货币体系发展看，20 世纪 70 年代的布雷顿森林体系崩溃是美国以一定代价改变既有美元兑换规则的做法，这属于另一类相互依赖，即脆弱性相互依赖的具体体现。脆弱性相互依赖放松了敏感性相互依赖的假设，即面对外部事件时，一国可以通过付出一定的代价而转向替代选择，替代选择的可得性及相应的成本反映了相互依赖的脆弱性程度。

此后对相互依赖理论的发展主要从相互依赖水平的度量以及相互依赖的意义两个方面展开。第一，就相互依赖水平的度量而言，早期衡量主要从对外贸易角度出发，罗斯克兰斯等（Rosecrance et al.，1977）从相互依赖敏感性的构成角度区分了水平相互依赖和垂直相互依赖，利用对外贸易相关指标对前者加以衡量，并利用各国之间要素价格指数及其变动之间的相关性衡量后者。奥尼尔等（Oneal et al.，1996）用对外贸易占总产出的比例来衡量相互依赖敏感性和脆弱性程度。加西奥洛夫斯基（Gasiorowski，1986）则进一步在对外贸易外引入通货膨胀传播机制以探讨相互依赖中的代价效应。21 世纪以来，随着国际金融货币联系开始在各国经济相互依赖中表现出更加重要的作用，单纯利用国际贸易数据难以有效衡量经济相互依赖水平（Gartzke，2001；Mansfield，2001）。基于此，基欧汉和奈（2001）对相互依赖的含义进行了扩充，将不同国家之间利率水平的相互影响、不同股票市场之间的相互影响以及危机在金融市场之间的传染和蔓延纳入相互依赖的敏感性，而各国为应对货币冲击所推出的相应政策以及由此所产生的成本则成为经济相互依赖脆弱性的重要来源。对于相互依赖衡量的另一重要途径是通过建立宏观经济模型对各国间相互依赖水平进行刻画，如 IMF 研发的 MULTIMOD 模型、OECD 的 INTERLINK 模型等，此类模型通过模拟外部冲击所造成的偏离程度来衡量不同国家之间的相互依赖水平。第二，就经济相互依赖的意义而言，部分学者认为经济相互依赖所带来的相互利益与制约将会极大推动政治合作，进而带来世界和平（Cooper，1968；卢林，1990；Mansfield，1993；Oneal，1996；Rogowski，

1989）。但基于地区性冲突不断爆发这一现实，也有部分学者认为非对称性相互依赖实质为一种权力来源，使依赖程度较低国家可以对资源实施有效控制并对影响结果朝有利于自身方向发展（Keohane and Nye，1977；Gilpin，1977），因此相互依赖使得其并不必然带来合作，不平等的贸易存在引发冲突的可能（Wallensteen，1973；Gasiorowski，1986；Waltz，2003）。

多年来，我国加工制造业出口同美国的经济结构形成有效互补，但也出现了"金融恐怖平衡"现象。地缘政治风险积累和美国近年来在科技等多个领域开始与我国脱钩等现实情况，对两国过往所形成相互依赖关系产生冲击，也使我国在美元体系下推进人民币国际化所面临的金融安全问题升级。相互依赖理论有助于厘清我国同美国之间在经济金融、政治军事、科技文化等多个方面的非对称相互依赖关系，理解双方推动国际货币制度变革的权力来源，为人民币国际化的战略与路径选择提供指引，并从中找出对我国推进人民币国际化发展的有益启示。

五、中心—外围理论

中心—外围概念早在第二次世界大战前便已被提出，马克思的《资本论》认为在资本主义扩张过程中，落后国家沦为给发达国家生产初级产品的附庸。但对中心—外围理论首次作出系统阐述的是阿根廷经济学家劳尔·普雷维什（Raul Prebisch，1949），该理论认为世界经济结构是一种以工业化程度作为划分标准的二元经济结构，即由处于中心、技术先进且具有资本优势的发达资本主义国家与为发达国家提供初级产品的外围国家共同构成。在这一结构下，两类国家之间的国际分工并非互利而是不平等的。对中心国家而言，国民经济各部门具备先进的生产技术和较高的劳动生产率水平，商品和服务生产多样，其经济结构体现出均质化和多样化特征，与之相对应，外围国家各部门劳动生产率水平表现出明显差异性。自由贸易理论下，外围国家通过出口初级产品实现资本积累，推动本国工业结构以及经济水平发展。但中心—外围理论认为，在中心—外围世界经济格局下，技术进步由中心国家所掌握，外围国家对此有较高依赖，这使外围国家在国际贸易中地位低下，缺少对其主要出口产品定价权。此外，出口所带来的资本积累也被其对中心国家的先进技术及工业品的需求所消耗，外围国家难以建立起现代化工业体系，对中心国家的依赖不断加强，二者之间的不平等也不断加剧。中心—外围结构下，外围国家受制于中心国家的经济状况，自身抵御外部冲击能力较低，且中心国家为维护既得利益，也会通过经济、政治甚至军事等多种手段维护既有结构，进而损害外围国家自主发展。但世界中心—外围结构也并非无法改变，外围国家受制于资本、技术方面的落后地位以及现有中心国对其抑制，若想突破中心—外围结构限制，应着力发展进口替代工业化，即通过发展本国供应，以国内生产替代进口，从而降低对中心国家的依赖。

此后研究从成因、结构以及划分标准等多个方面对普雷维什（Prebisch）的中心—外围理论进行了扩展和补充。基于国际贸易视角出发形成了依附理论和世界体系理论，而随着国际金融角色日益重要，中心—外围理论也被引入国际货币体系的分析中。第一，就国际贸易视角而言，保罗·巴兰在其《增长的政治经济学》中对中心—外围结构的成因进行扩展，认为中心国家的殖民掠夺造成外围国家大量剩余价值外流，打断了后者资本主义及工业发展进程，并造成外围国家投资不足、技术落后以及对中心国家较强的依附性。弗兰克对中心—外围理论中国家间关系进一步扩展，认为中心国和外围国之间并非单一链条，而是一种多层次的宗主—卫星结构，即在中心国和外围国内部均还存在更次一级的中心—外围结构。其中卫星国受到宗主国对剩余价值的剥削，且同宗主国中心关系越紧密，受到的影响也越严重。阿明认为中心—外围结构的形成源自殖民主义时期的不平等贸易，此后虽然外围国家实现了民族解放，但在商业、金融以及技术三方面仍对中心国存在依赖，就各自产业结构及发展前景而言，中心国与外围国之间的差距并未缩小。沃勒斯坦将世界视为一个由中心国和外围国组成的整体体系，从而将中心—外围问题内部化，并认为除中心—外围二元结构外，认为还存在一个介于这两者之间的缓冲区域，即世界体系为中心—半外围—外围三元结构。其中，外围国家不仅对中心国家存在经济上的依附，同时由于历史殖民等因素，其国家即便获得独立，政府能力也十分有限，因此从政治上也表现出对中心国家的依赖，中心国家是世界体系的政治经济中心。第二，就国际货币体系分析而言，随着金融自由化发展、国际资本流动加速，金融渠道逐渐成为中心国家施加影响的主要方式，国际货币体系是以美元为中心的中心—外围结构体系。布雷顿森林体系的崩溃并未改变美元在国际货币体系中的中心地位，还使美元的发行摆脱了黄金储备约束，美国通过发行美元在世界范围内获取铸币税收入，而商品美元回流又为美国提供了低息贷款。而与之对应的是外围国家不断积累的外汇储备只能获取较低收益。而中心国家的国际收支失衡也表现为资本项目顺差和经常项目逆差（Eichengreen，2004；殷剑锋，2009；温铁军，2004；孙小娟，2015）。

中心—外围理论自提出之后，其研究的重点就在于理解中心国家和外围国家之间的关系及其成因以及外围国家如何打破这一不平等关系，摆脱中心国家对其抑制，从而实现自身经济发展。虽然随着欧洲、日本、中国的崛起，无论是国际贸易领域还是国际货币体系领域，世界出现了多极化的发展趋势，但美国依然是世界的政治、经济、文化、科技中心。人民币国际化需要在美元体系下实现崛起，中心—外围理论有助于理解国际货币体系的中心—外围结构下，人民币同美元以及其他国际货币之间的关系。此外，我国改革开放后经济高速增长、各项金融体制改革的实施以及经济高质量增长阶段的到来，人民币的国际地位稳步提升，更类似于准中心货币，中心—外围理论同样有助于认识国际货币体系的发展趋势以及其中不同主权货币的地位变化，为我国把握人民币国际化机遇提供指引。

第二节　人民币国际化的国家利益博弈模型[①]

在人民币国际化过程中，人民币势必会与其他国家货币产生货币竞争与利益博弈。本节基于动态演化博弈理论，围绕各国对人民币国际化合作意愿的选择，构建基于经济因素和政治因素的国家利益博弈模型，探讨各国在人民币国际化过程中所倾向的博弈均衡策略，借此评估人民币国际化的发展前景。

---

① 本部分笔者以"丝绸之路经济带建设与人民币区域化的前景——以中亚地区为例的研究"为题，发表于《财贸经济》2018 年第 6 期，在此有所修改。

一、基本假设

人民币国际化的进程实际上是人民币参与国际货币竞争的过程，这一过程会触及在位国际货币发行国和非国际货币发行国（其他国家）的利益，而这两类主体对待人民币的态度将直接关系到人民币国际化的推进效果。如果两类利益相关主体支持或默认人民币在国际范围内的推行，人民币国际化的步伐将会快速迈进；如果两类利益相关主体对此采取抵制态度，将加大人民币国际化的推进难度。两类利益相关主体在人民币国际化博弈中的成本与收益不一致，因此它们对人民币国际化的策略选择自然会有所差别。为此，本节将基于人民币国际化进程中的成本收益分析，构建人民币、主要国际货币与其他国家货币的动态演化博弈模型，分析在有限理性假设下各博弈参与主体的策略选择。

二、模型建立

人民币国际化是人民币参与国际货币竞争并替代非国际货币发行国本国货币与当前在位国际货币的过程，需要综合考虑中国、主要国际货币发行国、其他国家的收益和成本，才能对人民币国际化进程作出准确判断。本部分在现有研究基础上，充分考虑人民币国际化进程中存在的各种效应，从政治和经济两方面选取人民币国际化进程中各方博弈的成本收益变量，探究博弈过程中各方进行的策略选择。

从经济角度来看，人民币国际化进程中最直接最主要的收益为铸币税收益，除此之外，人民币国际化有助于降低我国汇率风险和货币兑换成本，促进我国对外贸易与投资的持续稳定发展；有助于加快我国金融行业的国际化发展，提升其全球竞争力。毫无疑问，人民币国际化给我国带来经济收益的同时，也会存在一些潜在的经济成本，主要包括影响货币政策独立性、增加跨境投机套利风险、增加金融稳定的难度等。

从政治角度来看，一国货币完成国际化进程的过程也是大国崛起的过程，中国作为世界第二大经济体，在货币金融领域的成长空间和潜力巨大，人民币国际化稳步推进，不仅有助于我国提升综合国力和国际影响力，而且对于推动全球治理体系的完善具有重要意义。但是，人民币国际化水平的提高，必然会使现有国际货币地位受到挑战，从而会产生与在位货币的竞争冲突，产生一定程度上的政治成本。

（一）相关变量选取

在人民币、在位国际货币和其他国家货币的博弈过程中，中国的策略集为｛合作，不合作｝，记为｛A_1，A_2｝，其他国家的策略集为｛合作，不合作｝，记为｛B_1，B_2｝，在位国际货币发行国的策略集为｛默许，阻挠｝，记为｛C_1，C_2｝。参与博弈各方采取不同的策略会得到不同的收益。在收益矩阵中 U_1、U_2 和 U_3 分别代表中国、其他国家和主要在位国际货币发行国在博弈初始时的收益情况。

当现有国际货币发行国对人民币国际化持默许态度时，从经济收益角度来看，M_2 为人民币替代其他国家主权货币而获取的铸币税收益，M_3 为人民币替代其他国家所持有的现有在位国际货币份额而所获取的铸币税收益，M_2、$M_3 \geq 0$，中国获取的铸币税收益相应为其他国家或现有国际货币发行国的铸币税损失。对于现有在位国际货币势力范围内的国家，由国际货币替代主权货币行使货币职能，其他国家无法获取铸币税收益，故 $M_2 = 0$，同理，现有国际货币无法在非其势力范围内国家通过美元或其他主要国际货币获取铸币税收益，故对此类国家 $M_3 = 0$。T 为中国因人民币国际化而降低汇率风险、货币兑换成本等所获得的国际贸易和投资收益。国际贸易具有双向性，因此，对其他国家而言该收益水平为 αT，$0 \leq \alpha \leq 1$，其中，与中国双边经贸联系越紧密，人民币国际化对其国际贸易结算以及投资所获收益提高的作用越大，相应地，α 越大。I_1 为中国成功推行人民币国际化所获得的隐性收益，包含两方面内容：一是人民币国际化背景下推动国内经济领域改革所产生的隐性收益，二是人民币国际化有助于促进中国金融业发展和提升金融机构的竞争力，从而获得的隐性收益。I_2 表示其他国家因人民币国际化而获得的隐性收益，即人民币国际化水平的提升将使得越来越多的其他国家将人民币纳入其储备货币范畴，这有助于降低其他国家由于过多储备美元等国际货币而导致的外汇贮藏风险，促进该国的金融稳定。从政治收益角度来看，E 代表人民币国际化所带来的全球治理体系完善的相关收益。具体来说，人民币国际化有助于中国在全球治理体系中贡献"中国方案"和"中国智慧"，使国际治理体系朝着更加开放包容、合作共赢的方向发展。B 为中国自身因人民币国际化而获取的政治收益，即人民币国际化赋予中国的货币权力，使中国可以通过货币操控、货币依赖以及体系破坏等手段利用人民币达成经济以外相关目标，扩大自身影响力，例如提供有利于自身政治目标达成的人民币对外援助，构建以人民币为中心的货币伙伴网络以培养伙伴国的政治支持等。从经济成本角度来看，C 为人民币成功实现国际化后中国所面临的宏观经济稳定性成本，即人民币国际化的实现将使中国更容易受到跨境资金流动的冲击，减弱国内宏观调控政策的有效性，货币逆转风险提高以及金融监管难度上升等。A_1 为当其他国家选择合作而中国选择不合作时，中国因人民币国际化推进受阻而造成的隐性损失；A_2 表示为当中国选择合作而其他国家选择不合作时，因未能达成人民币国际化，无法摆脱对现有国际货币体系依赖，不能在更大程度上提升经济自主性而产生的损失。从政治成本角度来看，D_1、D_2 为推动人民币国际化过程中，中国和其他国家积极寻找合作伙伴相应所需要付出的外交协调成本等。

当现有国际货币发行国对人民币国际化持阻挠态度时，中国和其他国家合作所带来的各项收益小于在位国际货币发行国采取默许策略时的收益，即在国际贸易与投资方面有 $T' < T$；在中国和其他国家因人民币国际化获取的隐性收益方面有 $I'_1 < I_1$；$I'_2 < I_2$。在铸币税方面，在国际货币发行国进行阻挠时，人民币对其他国家以及国际货币发行国的替代份额下降，有 $M'_2 < M_2$；$M'_3 < M_3$。在政治收益方面，人民币同在位国际货币竞争的过程中所引发的国际政治环境动荡以及双方就货币权力展开的较量会降低人民币国际化的政治收益，即 $E' < E$；$B' < B$；在政治成本方面，在位国际货币发行国的阻挠会降低人民币国际化程度，进而降低宏观调控难度跨境流动等隐性成本，即 $C' < C$。P_1，P_2 分别为当中国与其他国家均选择合作推进人民币国际化时，在位国际货币发行国对中国和其他国家所施加的诸如贸易限制等惩罚。但此类惩罚势必会对双边贸易以及国际关系带来负

面冲击，进而给国际货币发行国带来的相应惩罚成本 $\beta P_1 + \theta P_2$，$0 < \beta$，$\theta < 1$，且双方关系越紧密则 β，θ 越接近于 1。R 为中国选择合作而其他国家选择不合作时，在位国际货币发行国给予其他国家的奖励补偿，即通过加深双方贸易合作或通过货币互换支持伙伴国货币，在这一过程中，在位国际货币发行国自身因经贸关系所产生的利益或通过货币互换得以进一步巩固其货币伙伴网络，而产生的相应收益为 θR。

（二）演化博弈系统的建立

当国际货币发行国采取默许策略时，根据中国和其他国家的不同策略，存在四种不同收益情况。第一种情况，中国和其他国家均采取合作策略，人民币国际化顺利推进，中国的总体收益为 $U_1 + M_2 + M_3 + T + I_1 - C + E + B$，其他国家总体收益为 $U_2 - M_2 + I_2 + E + \alpha T$，国际货币发行国的总体收益为 $U_2 - M_3 + E$，这一情形下，对于其他国家而言，美国等在位国际货币发行国利用美元等国际货币霸权割全球经济利益并对通过货币政策改变全球资本流动和债务成本，对其他国家经济金融稳定造成负面影响。而人民币国际化可以提升其他国家的经济自主性，改善双边贸易条件，有效降低其当前国际货币的依赖。对于中国而言，人民币国际化可以有效降低我国对外贸易汇率风险，使人民币国际化可以有效服务实体经济发展；此外，人民币国际化还可以提升我国国际地位，特别是在当前中美大国博弈日趋激烈背景下，在西方国家主导的国际货币体系下有效保护我国利益。综上所述，在推进人民币国际化进程中，双方合作的收益总体上远大于成本，即对于非国际货币发行国而言，有 $M_2 < I_2 + E + \alpha T$，对中国而言，$C < M_2 + M_3 + T + I_1 + E + B$。第二种情况，中国采取合作策略，其他国家采取不合作策略，此时，中国总体收益为 $U_1 - D_1$，其他国家总体收益为 $U_2 - A_2$，国际货币发行国总体收益为 U_3，中国和其他国家收益减少，而国际货币发行国不变。第三种情况，中国采取不合作策略，而其他国家采取合作策略，此时中国的总体收益为 $U_1 - A_1$，其他国家总体收益为 $U_2 - D_2$，国际货币发行国收益不变仍为 U_3。第四种情况，中国与其他国家均采取不合作策略，国际货币体系维持现行状态，中国、其他国家和国际货币发行国收益水平均不发生变化。博弈收益矩阵如表 2 - 1 所示。

表 2 – 1　　　　国际货币发行国选择默许时的动态演化博弈收益矩阵

		其他国家	
		合作 B_1（y）	不合作 B_2（1 – y）
中国	合作 A_1（x）	$a_1 = U_1 + M_2 + M_3 + T + I_1 - C + E + B$ $b_1 = U_2 - M_2 + I_2 + E + \alpha T$ $c_1 = U_3 - M_3 + E$	$a_2 = U_1 - D_1$ $b_2 = U_2 - A_2$ $c_2 = U_3$
	不合作 A_2（1 – x）	$a_3 = U_1 - A_1$ $b_3 = U_2 - D_2$ $c_3 = U_3$	$a_4 = U_1$ $b_4 = U_2$ $c_4 = U_3$
		国际货币发行国选择默许 C_1（z）	

　　当国际货币发行国采取阻挠策略时，同样存在四种不同收益情况。第一种情况，中国和其他国家都采取合作策略，人民币国际化得以顺利推行，中国总体收益为 $U_1 + M'_2 + M'_3 + T' + I'_1 - C' + E' + B' - P_1$，其他国家总体收益为 $U_2 - M'_2 + I'_2 + E' + \alpha T' - P_2$，国际货币发行国总体收益为 $U_3 - M'_3 + E' - \beta P_1 - \theta P_2$，虽然由于国际货币发行国进行阻挠，并对中国和其他国家进行惩罚，但人民币国际化可以扩大中国和其他国家之间的贸易往来以及金融投资，降低现行国际货币的威胁，抵消西方制裁产生的损失，整体看，总收益依然大于总成本，即对中国而言，有 $C' + P_1 < M'_2 + M'_3 + T' + I'_1 + E' + B'$，对于其他国家而言，$M'_2 + P_2 < M'_2 + I'_2 + E' + \alpha T'$。第二种情况，中国采取合作策略，而其他国家采取不合作策略，中国总体收益为 $U_1 - D_1 - P_1$，较此前有所下降，其他国家总体收益为 $U_2 - A_2 + R$，在位国际货币发行国总体收益为 $U_3 - \beta P_1 + \theta R$。第三种情况，其他国家采取合作策略，而中国采取不合作策略，中国总体收益为 $U_1 - A_1$，其他国家收益为 $U_2 - D_2 - P_2$，国际货币发行国总体收益为 $U_3 - \theta P_2$，较之前均有所下降。第四种情况，中国和其他国家均采取不合作策略，三类主体维持现有国际货币体系，收益水平不变。博弈收益矩阵如表 2 – 2 所示。

　　假设在博弈的初始时刻，中国选择合作策略的概率为 x，其他国家选择合作策略的概率为 y，国际货币发行国选择默许策略的概率为 z。可推出三方采取不同策略的期望收益及平均收益。

表 2 - 2　　　国际货币发行国选择阻挠时的动态演化博弈收益矩阵

		其他国家	
		合作 B_1（y）	不合作 B_2（1-y）
中国	合作 A_1（x）	$a_5 = U_1 + M'_2 + M'_3 + T' + I'_1 - C' + E' + B' - P_1$ $b_5 = U_2 - M'_2 + I'_2 + E' + \alpha T' - P_2$ $c_5 = U_3 - M'_3 + E' - \beta P_1 - \theta P_2$	$a_6 = U_1 - D_1 - P_1$ $b_6 = U_2 - A_2 + R$ $c_6 = U_3 - \beta P_1 + \theta R$
	不合作 A_2（1-x）	$a_7 = U_1 - A_1$ $b_7 = U_2 - D_2 - P_2$ $c_7 = U_3 - \theta P_2$	$a_8 = U_1$ $b_8 = U_2$ $c_8 = U_3$
		国际货币发行国选择阻挠 C_2（1-z）	

中国选择两种策略的期望收益及平均期望收益分别为：

$$U_1(A_1) = a_1 yz + a_2(1-y)z + a_5 y(1-z) + a_6(1-y)(1-z)$$
$$= (U_1 + M_2 + M_3 + T + I_1 - C + E + B)yz + (U_1 - D_1)(1-y)z + (U_1 + M'_2 + M'_3 + T' + I'_1 - C + E' + B' - P_1)y(1-z) + (U_1 - D_1 - P_1)(1-y)(1-z)$$

$$U_1(A_2) = a_3 yz + a_4(1-y)z + a_7 y(1-z) + a_8(1-y)(1-z)$$
$$= (U_1 - A_1)yz + U_1(1-y)z + (U_1 - A_1)y(1-z) + U_1(1-y)(1-z)$$

$$\overline{U_1} = xU_1(A_1) + (1-x)U_1(A_2)$$

中国采取合作策略的复制动态方程为：

$$dx/dt = x[U_1(A_1) - \overline{U_1}] = x(1-x)[U_1(A_1) - U_1(A_2)]$$
$$= x(1-x)[(M_2 + M_3 + T + I_1 - C + E + B + A_1)yz - D_1(1-y)z + (M'_2 + M'_3 + T' + I'_1 - C' + E' + B' + A_1 - P_1)y(1-z) - (D_1 + P_1)(1-y)(1-z)]$$

其他国家选择合作策略或不合作策略时的期望收益及平均期望收益为：

$$U_2(B_1) = b_1 xz + b_3(1-x)z + b_5 x(1-z) + b_7(1-x)(1-z)$$
$$= (U_2 - M_2 + I_2 + E + \alpha T)xz + (U_2 - D_2)(1-x)z + (U_2 - M'_2 + I'_2 + E' + \alpha T' - P_2)\cdot x(1-z) + (U_2 - D_2 - P_2)(1-x)(1-z)$$

$$U_2(B_2) = b_2 xz + b_4(1-x)z + b_6 x(1-z) + b_8(1-x)(1-z)$$

$$
\begin{aligned}
&= (U_2 - A_2) \ xz + U_2 \ (1-x) \ z + (U_2 - A_2 + R) \ x \ (1-z) \ + \\
&\quad U_2 \ (1-x) \ (1-z)
\end{aligned}
$$

$$\overline{U_2} = yU_2 \ (B_1) \ + \ (1-y) \ U_2 \ (B_2)$$

其他国家采取合作策略的复制动态方程为：

$$
\begin{aligned}
dy/dt &= y \ [U_2 \ (B_1) \ - \overline{U_2}] \ = y \ (1-y) \ [U_2 \ (B_1) \ - U_2 \ (B_2)] \\
&= y \ (1-y) \ [\ (-M_2 + I_2 + E + \alpha T + A_2) \ xz + \ (-D_2) \ (1-x) \ z + \\
&\quad (-M'_2 + I'_2 + E' + \alpha T' - P_2 + A_2 - R) \ x \ (1-z) \ + \ (-D_2 - \\
&\quad P_2) \ (1-x) \ (1-z)]
\end{aligned}
$$

国际货币发行国选择默许策略或阻挠策略时的期望收益及平均期望收益为：

$$
\begin{aligned}
U_3 \ (C_1) \ &= c_1 xy + c_2 \ (1-y) \ x + c_3 y \ (1-x) \ + c_4 \ (1-x) \ (1-y) \\
&= (U_3 - M_3 + E) \ xy + U_3 \ (1-y) \ x + U_3 y \ (1-x) \ + U_3 \ (1- \\
&\quad x) \ (1-y)
\end{aligned}
$$

$$
\begin{aligned}
U_3 \ (C_2) \ &= c_5 xy + c_6 \ (1-y) \ x + c_7 y \ (1-x) \ + c_8 \ (1-x) \ (1-y) \\
&= (U_3 - M'_3 + E' - \beta P_1 - \theta P_2) xy + (U_3 - \beta P_1 + \theta R) \ (1-y) x + \\
&\quad (U_3 - \theta P_2) \ y \ (1-x) \ + U_3 \ (1-x) \ (1-y)
\end{aligned}
$$

$$\overline{U_3} = zU_3 \ (C_1) \ + \ (1-z) \ U_3 \ (C_2)$$

国际货币发行国采取默许策略的复制动态方程为：

$$
\begin{aligned}
dz/dt &= z \ [U_3 \ (C_1) \ - \overline{U_3}] \ = z \ (1-z) \ [U_3 \ (C_1) \ - U_3 \ (C_2)] \\
&= z \ (1-z) \ [\ (-M_3 + E + M'_3 - E' + \beta P_1 + \theta P_2) \ xy + \ (\beta P_1 - \\
&\quad \theta R) \ (1-y) \ x + \theta P_2 \cdot y \ (1-x)]
\end{aligned}
$$

（三）演化稳定策略的分析与求解

令 $dx/dt = dy/dt = dz/dt = 0$，联立中国、其他国家和在位国际货币发行国的复制动态方程，得到一个复制动态系统。

若某一个演化博弈均衡点是渐进稳定均衡点，则该均衡点一定是严格纳什均衡，而严格纳什均衡又一定是纯策略纳什均衡，因此对于上述复制动态系统只需讨论 $E_1 = (0, 0, 0)$，$E_2 = (1, 0, 0)$，$E_3 = (0, 1, 0)$，$E_4 = (0, 0, 1)$，$E_5 = (1, 1, 0)$，$E_6 = (1, 0, 1)$，$E_7 = (0, 1, 1)$，$E_8 = (1, 1, 1)$ 这八个点是否为渐进稳定点，其他点均不是渐进稳定点。

显然这八个点均为演化稳定策略的均衡解。下面根据雅克比矩阵判断其稳定性，上述系统的雅克比矩阵为：

$$J = \frac{\partial \ (dx/dt, \ dy/dt, \ dz/dt)}{\partial \ (x, \ y, \ z)}$$

$$= \begin{bmatrix} \dfrac{dx/dt}{dx} & \dfrac{dx/dt}{dy} & \dfrac{dx/dt}{dz} \\ \dfrac{dy/dt}{dx} & \dfrac{dy/dt}{dy} & \dfrac{dy/dt}{dz} \\ \dfrac{dz/dt}{dx} & \dfrac{dz/dt}{dy} & \dfrac{dz/dt}{dz} \end{bmatrix}$$

由动力系统理论可知，任何线性系统的解的稳定性问题都可以转化为对应的线性齐次系统的零解的稳定性问题。根据威布尔（Weibull）的证明可知，对于线性齐次常系数系统 $dx/dt = Ax$ [$t \in (-\infty, +\infty)$, $x \in R$, A 为 $n \times n$ 常值矩阵]，其解是局部渐近稳定的充分必要条件是 A 的一切特征值都有负实部。

当 $E_1 = (1, 0, 0)$ 时，复制动态系统的雅克比矩阵为：

$$J = \begin{bmatrix} a_8 - a_6 & 0 & 0 \\ 0 & b_5 - b_6 & 0 \\ 0 & 0 & c_2 - c_6 \end{bmatrix}$$

矩阵 J 的特征值为：$\lambda_1 = a_8 - a_6 = D_1 + P_1$，$\lambda_2 = b_5 - b_6 = -M'_2 + I'_2 + E' + \alpha T' - P_2 + A_2 - R$，$\lambda_3 = c_2 - c_6 = \beta P_1 - \theta R$，此时存在非负特征根，故 $E_2 = (1, 0, 0)$ 为不稳定点。

同理，分别对 $E_2 = (0, 1, 0)$，$E_3 = (0, 0, 1)$，$E_4 = (1, 1, 0)$，$E_5 = (1, 0, 1)$，$E_6 = (0, 1, 1)$，$E_7 (0, 0, 0)$ 进行验证，可知它们均不是稳定点。

当 $E_8 = (1, 1, 1)$ 时，复制动态系统的雅克比矩阵为：

$$J = \begin{bmatrix} a_3 - a_1 & 0 & 0 \\ 0 & b_2 - b_1 & 0 \\ 0 & 0 & c_5 - c_1 \end{bmatrix}$$

矩阵 J 的特征值为：$\lambda_1 = a_3 - a_1 = -M_2 - M_3 - T - I_1 - E - B - A_1 + C$，$\lambda_2$

$= b_2 - b_1 = M_2 - I_2 - E - \alpha T - A_2$，$\lambda_3 = c_5 - c_1 = -M'_3 + E' + M_3 - E - \beta P_1 - \theta P_2$，此时所有特征根为负，故 $E_8 = (1, 1, 1)$ 为稳定点。

所有稳定性分析的分析结果如表 2 - 3 所示。

表 2 - 3　人民币、国际货币与其他国家货币的动态演化博弈均衡点的稳定性分析

局部均衡点	特征值符号	稳定性分析结果
E_1（1, 0, 0）	存在非负特征根	不稳定点
E_2（0, 1, 0）	存在非负特征根	不稳定点
E_3（0, 0, 1）	存在非负特征根	不稳定点
E_4（1, 1, 0）	存在非负特征根	不稳定点
E_5（1, 0, 1）	存在非负特征根	不稳定点
E_6（0, 1, 1）	存在非负特征根	不稳定点
E_7（0, 0, 0）	存在非负特征根	不稳定点
E_8（1, 1, 1）	所有特征根为负数	ESS

由表 2 - 3 可知，该博弈系统仅存在一个演化稳定策略，为 E_8（1, 1, 1），即从长远来看，当其他国家和国际货币发行国获得的隐性收益与补偿大于自身的铸币税损失且博弈三方的总体收益达到最大时，中国和除国际货币发行国之外的其他国家均倾向于采取合作策略，国际货币发行国倾向于采取不干涉的默许策略。

三、仿真模拟

根据上述博弈分析，采用 MATLAB 软件进行仿真模拟，检验各博弈参与主体的策略选择是否随着时间的推移最终向合作策略演化，以验证博弈模型的准确性。

（一）人民币替代其他国家主权货币的情形

1. 各项参数赋值。结合现实情况及前述各参数大小关系，对参数进行如下赋值。当国际货币发行国采取默许策略、中国和其他国家均采取合作策略时，人民币国际化顺利推进。经济收益方面，设人民币替代部分其他国家货币获得铸币税收入 M_2 为 3，替代在位国际货币所获取铸币税 M_3 为

0。由于汇率风险降低，双边国际贸易投资扩大所带来收益 T 为 7，α 为 0.5。中国推行人民币国际化过程中我国国内经济领域改革以及金融领域的发展所带来的隐性收益 I_1 为 5，其他国家因人民币国际化而减少现行国际货币在外汇储备方面可能带来的安全隐患，提高自身金融市场稳定性所获得的隐性收益 I_2 为 4。政治收益方面，设人民币国际化带来的全球治理体系完善收益 E 为 4，中国因人民币国际化而获得的货币权力收益 B 为 2。成本方面，设人民币国际化所带来的中国宏观经济稳定性隐性损失 C 为 3，一方不合作导致人民币国际化未达成时，中国付出的外交成本 D_1 为 2，其他国家 D_2 为 1，同时中国因此未能推进人民币国际化造成的隐性损失为 A_1 为 2，其他国家因未能通过人民币国际化提高经济自主性所造成的损失 A_2 为 1。

当在位国际货币发行国采取阻挠政策，中国和其他国家均采取合作策略时，由于国际货币发行国进行阻挠，人民币国际化程度相对较低，中国和其他国家的合作收益也小于国际货币发行国采取默许策略时的收益，设此时中国替代其他国家货币所获得铸币税收入 M'_2 为 2，替代现有国际货币所获得铸币税 M'_3 为 0，人民币国际化给中国所带来的贸易投资相关收益 T' 为 5，给中国和其他国家所带来的隐性收益分别为 I'_1 为 4 和 I'_2 为 3，相应政治收益分别为 E' 为 3 和 B' 为 1，给中国宏观经济稳定所带来的隐性成本 C' 为 2。国际货币发行国对中国所施加的惩罚 P_1 为 2，对其他国家施加的惩罚 P_2 为 1，当其他国家对人民币国家化采取不合作策略时，国际货币发行国给予其他国家奖励 R 为 0.5，由于惩罚和奖励存在对国际货币发行国总体收益产生影响的系数分别为 θ 为 0.6，β 为 0.3。

2. 仿真分析。将相关参数代入式中，当 $M_2 = 3$ 时，可得：

$$dx/dt = x [U_1 (A_1) - \overline{U_1}] = x (1-x) [U_1 (A_1) - U_1 (A_2)]$$
$$= x (1-x) [16yz - 2 (1-y) z + 13y (1-z) - 4 (1-y) (1-z)]$$

$$dy/dt = y [U_2 (B_1) - \overline{U_2}] = y (1-y) [U_2 (B_1) - U_2 (B_2)]$$
$$= y (1-y) [9.5xz - (1-x) z + 6x (1-z) - 3 (1-x) (1-z)]$$

$$dz/dt = z\left[U_3\left(C_1\right) - \overline{U_3}\right] = z\left(1-z\right)\left[U_3\left(C_1\right) - U_3\left(C_2\right)\right]$$
$$= z\left(1-z\right)\left[2.2xy + 0.3x\left(1-y\right) + 1.2y\left(1-x\right)\right]$$

联立上式，可构建人民币、国际货币发行国及其他国家的货币动态演化博弈模型的微分方程组，如下所示：

$$\begin{cases} dx/dt = x\left(1-x\right)\left[16yz - 2\left(1-y\right)z + 12y\left(1-z\right) - 4\left(1-y\right)\left(1-z\right)\right] \\ dy/dt = y\left(1-y\right)\left[9.5xz - \left(1-x\right)z + 6x\left(1-z\right) - 3\left(1-x\right)\left(1-z\right)\right] \\ dz/dt = z\left(1-z\right)\left[2.2xy + 0.3x\left(1-y\right) + 1.2y\left(1-x\right)\right] \end{cases}$$

利用 MATLAB 对上式进行仿真分析，假设模拟时间为 5 年，具体仿真结果如图 2 - 1、图 2 - 2 和图 2 - 3 所示。其中，横轴表示均为时间，纵轴表示的分别为是中国采取合作策略的可能性、其他国家采取合作策略的可能性以及国际货币发行国采取默许策略的可能性。从图中可以看出，图 2 - 1 和图 2 - 2 大部分线条趋向于 1，少部分线条趋向于 0，代表着中国和其他国家均采取合作策略的可能性更大，图 2 - 3 中大部分线条趋向于 1，其他线条保持初始状态，即国际货币发行国倾向于采取默许策略。

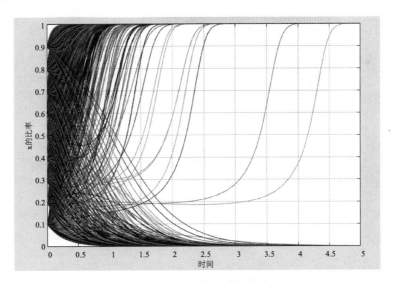

图 2 - 1　中国策略选择仿真

图 2 - 4 为中国、国际货币发行国与其他国家博弈策略交互仿真，在此图中，x 轴代表中国采取合作策略的可能性，y 轴代表其他国家采取合作策略的可能性，z 轴代表国际货币发行国采取默许策略的可能性。初始状态

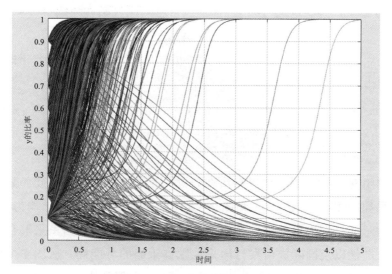

图 2 - 2　其他国家策略选择仿真

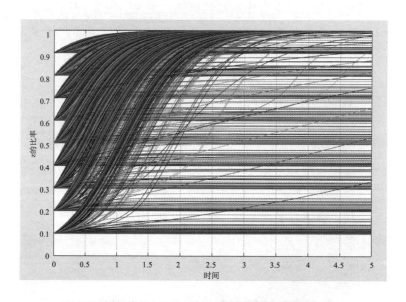

图 2 - 3　国际货币发行国策略选择仿真

趋向于（合作，合作，默许）的策略组合明显更多，表明国际货币发行国
采取默许策略且中国和其他国家采取合作策略的可能性更大，仿真图中存
在过渡区域，可以看出，该仿真结果与博弈模型演化分析所得到的结果
一致。

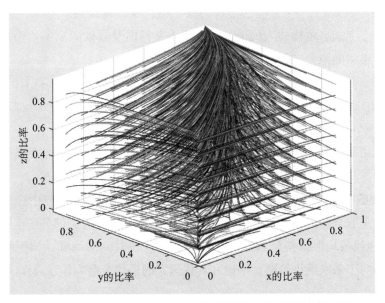

图 2 - 4 中国、国际货币发行国与其他国家博弈策略交互仿真

（二）人民币替代其他国家持有主要在位国际货币份额的情形

1. 各项参数赋值。当国际货币发行国对人民币国际化采取默许策略时，中国和其他国家采取合作策略时，设人民币替代现有国际货币份额所获铸币税收益为 $M_3 = 3$，人民币替代其他国家主权货币所获铸币税收益为 $M_2 = 0$。当国际货币发行国对人民币国际化采取阻挠策略时，中国和其他国家采取合作策略，设人民币替代现有国际货币份额所获铸币税收益为 $M'_3 = 2$，人民币替代其他国家主权货币所获铸币税收益为 $M'_2 = 0$，其余各参数保持不变。

2. 仿真分析。当 $M_3 = 3$ 时，可得：

$$dx/dt = x \left[U_1 (A_1) - \overline{U_1} \right] = x (1-x) \left[U_1 (A_1) - U_1 (A_2) \right]$$
$$= x (1-x) \left[16yz - 2 (1-y) z + 13y (1-z) - 4 (1-y) (1-z) \right]$$

$$dy/dt = y \left[U_2 (B_1) - \overline{U_2} \right] = y (1-y) \left[U_2 (B_1) - U_2 (B_2) \right]$$
$$= y (1-y) \left[12.5xz - (1-x) z + 8x (1-z) - 3 (1-x) (1-z) \right]$$

$$dz/dt = z \left[U_3 (C_1) - \overline{U_3} \right] = z (1-z) \left[U_3 (C_1) - U_3 (C_2) \right]$$

$$= z (1-z) [1.2xy + 0.3x (1-y) + 1.2y (1-x)]$$

联立上式，可构建人民币、国际货币发行国及其他国家的货币动态演化博弈模型的微分方程组，如下所示：

$$\begin{cases} dx/dt = x(1-x) [16yz - 2(1-y)z + 12y(1-z) - 4(1-y)(1-z)] \\ dy/dt = y(1-y) [12.5xz - (1-x)z + 8x(1-z) - 3(1-x)(1-z)] \\ dz/dt = z(1-z) [1.2xy + 0.3x(1-y) + 1.2y(1-x)] \end{cases}$$

利用 MATLAB 对上式进行仿真分析，假设模拟时间为 5 年，具体仿真结果如图 2-5、图 2-6 和图 2-7 所示。随着时间的推移，图 2-5 和图 2-6 中的大部分线条趋向于 1，少部分线条趋向于 0，代表着中国和其他国家均采取合作策略的可能性更大，图 2-7 中，明显有大部分线条趋向于 1，其他线条均保持初始状态，即证明经过一段时间的博弈，国际货币发行国倾向于采取默许策略，中国和其他国家的最佳策略为相互合作。

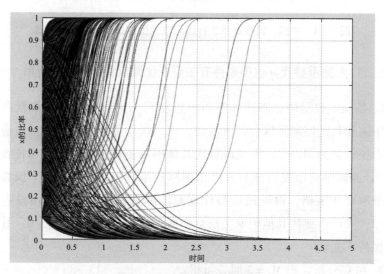

图 2-5 中国策略选择仿真

图 2-8 为中国、国际货币发行国与其他国家博弈策略交互仿真，在该博弈系统中，初始状态向（合作，合作，默许）收敛，表明国际货币发行国采取默许策略且中国和其他国家采取合作策略的策略组合出现的可能性更大，与此前结论一致。

中国正处于百年未有之大变局下，外部环境更加复杂，大国博弈更加激烈，人民币国际化的过程与现有国际货币的竞争在所难免，这也在一定

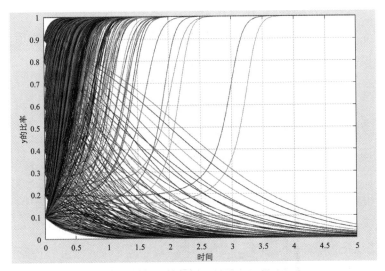

图2-6 其他国家策略选择仿真

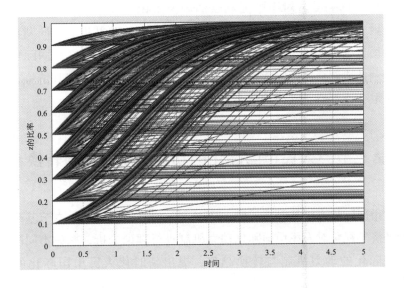

图2-7 国际货币发行国策略选择仿真

程度上加剧了人民币国际化的不确定性。但是，这并不能掩盖在位国际货币发行国对中国的利益需求，加强彼此合作更有利于实现各方利益最大化。例如，对于中国与美国而言，双方在打击恐怖主义和极端主义、防治疾病、气候变化、食品安全、跨国犯罪、维护全球金融体系稳定等方面存

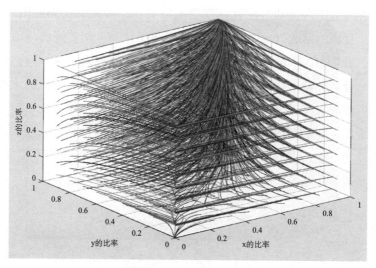

图 2 - 8　中国、国际货币发行国及其他国家博弈策略交互仿真

在巨大的共同利益。对于中国和欧洲国家来说，双方在抗疫、绿色、数字、金融、科技等方面开展务实合作，具有广泛战略共识和共同利益。因此，中国在推进人民币国际化的进程中，应进一步加强与在位国际货币发行国的利益协调，使国际货币发行国正视人民币国际化的现有情势，推进双方采取合作策略，共同构建多元化的国际货币新秩序。

第三节　人民币国际化的动力机制形成与转换①

货币国际化不仅是经济问题，还受到政治因素的影响。本节基于国际政治经济学视角对人民币国际化动力机制进行理论分析，探讨不同阶段人民币国际化的动力机制与转换趋势，提出新时代人民币国际化的动力机制。

一、人民币国际化动力机制的国际政治经济学分析框架

由于经济全球化和区域一体化发展迅速，各国商品、劳务、技术、资

---

① 笔者以"人民币国际化的动力机制形成与转换——基于国际政治经济学视角"为题，发表于《亚太经济》2022 年第 4 期。本部分收录时略有增减。

金等在全球范围内流动与配置，产生了以英镑、美元为代表的国际货币。关于国际货币的形成与发展问题，主流经济学认为，随着经济活动在全球范围的扩展延伸，市场主体为了追求利益最大化与规避交易风险，往往会自发地选择某种价值稳定且共同接受的货币作为国际货币（穆勒，1991）。一国货币要成为广泛接受的国际货币，通常受到该国经济体量、对外贸易与投资占比、金融市场深度与广度、货币稳定性等因素影响。当该货币使用范围越加广泛，它就会在国际货币竞争中替代其他弱势货币发挥计价、结算与储藏等功能，形成自我强化的货币网络效应，持续巩固其强势货币地位。自发性的经济过程只是货币国际化的动因，政治因素可以改变货币国际化的方向与进程。20 世纪 70 年代，国际政治经济学理论诞生，它既聚焦国内的市场与政治之间的关系，也关注民族国家与世界市场之间的联系。1971 年，斯特兰奇基于国际政治经济学视角，将国际货币划分为"宗主国货币""顶级货币""协商货币""中性货币"四种类型，阐释不同货币的内涵及政治经济因素所扮演的角色。科什纳（2020）指出，货币国际化既能为发行国带来铸币税、通货膨胀税等收益，又能通过货币操纵、体系破坏等方式，对其他国家施加强制性权利，进而实现危机转嫁、权利控制等目标。因此，立足市场与政治视角的国际政治经济学分析框架，给探索国际货币地位的兴衰及人民币国际化发展提供了有益借鉴。

近年来，随着中国经济实力的日益提升，人民币国际化成为社会各界关注的热点。通常而言，当一国金融越发达，该国在世界经济体系的重要性越突出，其货币的国际影响力就越大。这一点从英镑、美元的国际化可以看出，它们无一例外均有强大的经济实力作为支撑。在 18 世纪中后期，英国爆发了工业革命，经济实力得到空前提升，使英国成为当时的世界头号强国。1821 年，英国正式启用金本位制，建立"黄金—英镑"本位，英镑成为无可争议的国际货币。20 世纪 40 年代，美国在创建以美元为核心地位的"布雷顿森林体系"时，其工业产量在资本主义世界中占比超过50%，出口占比将近 1/3，黄金储备达到 75%①。改革开放以来，中国加速推进经济金融体制改革，经济保持长期快速发展，成为仅次于美国的全

---

① 巴里·艾肯格林. 嚣张的特权：美元国际化之路对中国的启示［M］. 陈召强译. 北京：中信出版社，2019.

球第二大经济体与全球第一大贸易国。截至 2021 年末，中国国内生产总值为 114 万亿元人民币，比上年增长 8.1%，人均 GDP 超过 1.2 万美元，外汇储备达 3.2 万亿美元①。为进一步推进经济高质量发展，中国也加快对外开放步伐，推进金融体系改革，带动了人民币国际化的发展。一方面，中国逐步取消阻碍人民币国际化的政策法规限制，开展跨国贸易、投资人民币结算试点，建立人民币跨境支付系统（CIPS），促进跨境贸易、投资使用人民币。另一方面，稳步放开人民币证券投融资，促进跨境资本市场对接，建立自贸区内的离岸人民币交易市场，为境外居民提供更多的人民币计价金融资产，鼓励非居民长期持有与投资人民币资产。

人民币国际化不仅受到市场力量支配，还受到国内外政治因素的影响。首先，政治稳定是人民币国际化发展的重要基础。政治稳定即在国家政治制度、权力主体、政策法规、政治秩序等方面保持相对稳定或者平缓变化，政治生活按照既定程序运转，将社会冲突控制在安全范围之内。改革开放以来，中国汲取历史经验与教训，着力构建中国特色社会主义制度，全面深化改革与对外开放，提升国家治理体系和治理能力现代化水平，维护国家政治与社会稳定，使人民对未来抱有稳定预期（王文章，2021）。鉴于中国政治稳定与社会和谐，国际社会对中国经济保持稳定信心，更加愿意持有人民币和购买人民币资产，进而为人民币国际化提供坚实基础。其次，货币金融外交建立有利于人民币国际化的国际政治基础。中国积极与全球许多国家开展货币互换、本币结算、金融机构互设、债券市场联通等金融合作，构建人民币交易、清算的海外网络，大大提升人民币海外流通使用的便利性。同时，中国积极推动国际货币基金组织改革，推进人民币被纳入 SDR 货币篮子，成立亚洲基础设施投资银行、金砖国家新开发银行，提升货币金融合作水平，增强国际社会对人民币的信心与认可度（李巍，2014）。

综上所述，货币国际化不仅是市场自发形成的自然现象，也是国际政治经济学问题。本书认为需要立足国际政治经济学视野，持续夯实人民币国际化的政治与经济基础，培育人民币国际化的真实市场需求，深化国际金融合作，提升人民币投资储备和金融交易功能，形成国际社会持有使用

---

① 资料来源：《中华人民共和国 2021 年国民经济和社会发展统计公报》。

人民币的公信力与向心力。

二、人民币国际化动力机制的形成与转换必要性

改革开放以来，人民币国际化在市场驱动与政策推动下，经历了从无到有、从小到大的蜕变与演化。人民币国际化总的来说始于政策驱动，即在政策"活水"下实现了蓬勃发展。改革开放以后，我国政策转向以经济建设为中心，推进社会主义商品经济改革，逐步扩大边境贸易、出境旅游观光，使人民币在越南、俄罗斯、蒙古国、中国香港等周边国家（地区）得到广泛使用。亚洲金融危机爆发后，中国在其他国家货币竞争性贬值的情况下，立足长远利益，坚持人民币不贬值，为亚洲经济复苏创造了有利条件，赢得了国际社会对人民币的信心。2009 年 7 月，上海、广州、深圳、珠海、东莞启动了跨境贸易人民币结算试点。2011 年 8 月，人民币跨境贸易结算试点扩大到全国范围，涵盖货物贸易、服务贸易和其他经常项目跨境人民币结算。接着，中国逐步开展直接投资的人民币结算，逐步放开银行间债券市场、RQFII、沪港通、深港通、债券通等，建立更加透明的离岸人民币市场定价机制，为境外居民持有和使用人民币开辟多样化通道。继 2016 年 10 月人民币被正式纳入国际货币基金组织的 SDR 货币篮子后，2022 年 5 月，国际货币基金组织执董会调整 SDR 篮子货币中的人民币权重，由 2016 年的 10.92%上升至 12.28%，人民币权重保持在第三位。

人民币国际化在政策推动的红利下在短时期内迅速发展，但是与美元、欧元等国际货币相比，人民币国际化程度还有较大差距。2021 年 12 月，人民币国际支付份额为 2.7%，而美元和欧元占比分别为 40.51%和 36.65%[1]。截至 2021 年第四季度，人民币在全球外汇储备中占比为 2.79%，远低于美元的 58.81%[2]。显然，人民币的国际地位与中国综合实力不相匹配，顶多算是"初级货币"，与美元、欧元为代表的"顶级货币"还有很大差距。这与中国实施渐进式改革、依赖政府政策推动有密切关系（刘伟，2018）。人民币国际化存在"重政策、轻市场""重规模、轻机

---

① 2021 年 12 月在国际支付中占比升至第四——人民币全球地位稳步提升［EB/OL］.［2022 - 02 - 10］. http：//www. gov. cn/xinwen/2022 - 02/10/content_ 5672832. htm.

② 资料来源：国际货币基金组织 COFER 数据库。

制"的局限性,即注重从供给侧角度研究人民币国际化问题,对非居民持有与使用人民币的市场需求关注不足;注重解除对人民币使用的法律法规限制,国内金融市场改革与离岸金融市场发展较为迟滞。

在人民币跨境使用政策基本到位、各类渠道初步打通的情况下,市场需求正在成为人民币国际化的内源动力。随着中国不断深化供给侧结构性改革、经济由高速增长阶段步入高质量发展阶段,人民币国际化需要结合国家战略部署,加速推进动力机制转变,实现从"政策推动为主、市场驱动为辅"向"市场驱动为主、政策推动为辅"转换(中国人民大学国际货币研究所,2019)。也就是说,在市场化程度比较低时,人民币国际化可通过政策推动构建良好的发展环境;随着我国综合实力持续提升,人民币国际化需要转向以市场驱动为主,以市场供求为基础,培育内生发展动力。现阶段,人民币国际化动力机制转换既是借鉴先行国家货币国际化成功经验的应有过程,也是国内经济金融体系建设的必然要求。

第一,人民币国际化动力机制转换是货币国际化发展的必然过程。世界主要货币国际化均注重发挥市场作用。18世纪60年代,英国率先爆发工业革命,钢铁、化工、机械等工业产品迅速增加,国内产品供过于求,私人企业在自由贸易政策下积极开拓国际市场。工业革命带动英国金融市场发展,英镑随着对外贸易、对外投资和殖民活动源源不断流向海外,使英镑成为国际货币(于永臻和李明慧,2013)。人民币国际化需要借鉴欧美发达国家货币国际化的成熟经验,依托由中国—东盟"10+1"、上海合作组织、《区域全面经济伙伴关系协定》、中阿合作论坛等多边合作机制推动形成以"一带一路"建设为支撑的合作平台,在平等互利的基础上建立以中国为主导的自由贸易投资体系,充分激发国内外市场潜力,促进跨境贸易投资与产能合作,构建创新稳定的全球产业链条,发挥人民币的国际计价、国际结算与价值储藏功能。

第二,人民币国际化动力机制转换是经济市场化改革的必然选择。长期以来,中国始终在实践拓展和认识深化中探寻市场与政府的科学定位。党的十八大报告提出,"更大程度更广范围发挥市场在资源配置中的基础性作用";党的十九大报告把市场在资源配置中的"基础性作用"改为"决定性作用",即"使市场在资源配置中起决定性作用"。这个全新定位标志着中国特色社会主义市场经济发展进入了新阶段。前十多年的人民币国际化主要是在政策推动下实现的，现阶段国际市场对人民币的国际需求开始不断增多，具体表现为人民币在各国官方外汇储备中保持增长、人民币的国际市场支付份额十分稳定、境外机构和个人所持有的人民币金融资产不断增长（翁东玲，2020）。这表明，当前人民币国际化必须顺应市场需求，实现政策推动向市场驱动转变。人民币国际化动力机制要响应中国经济市场化改革部署，通过深化经济体制改革，推动利率市场化和汇率形成机制改革，减少政府对金融市场的直接干预，完善货币调控政策体系，发挥汇率调节宏观经济和国际收支自动稳定器的作用，为跨境产业链、供应链、价值链深度融合提供人民币综合服务。

第三，人民币国际化动力机制转换是服务实体经济的必然要求。习近平强调，金融是实体经济的血脉，为实体经济服务是金融的天职与宗旨。人民币国际化不是投机交易主导下的短期爆发，而是在尊重市场需求、服务实体经济发展的基础上，深入参与全球分工、实现国际贸易投资互惠互利的过程。推进人民币国际化动力机制转换将进一步深化外汇管理体制改革，更加紧密地对接国内外市场需求，构建高质量的跨境贸易投资便利化环境，吸引企业等市场主体通过使用人民币国际化服务，实现规避汇率风险、降低兑换成本与提高经营效率，培育新形势下中国参与国际合作和竞争新优势，为实体经济带来了实实在在的好处。此外，人民币国际化动力机制转换有助于建立面向全球的高水平金融市场开放，倒逼构建与国际接轨的现代金融政策与监管体系，完善"宏观审慎管理＋微观行为监管"金融风险防控体系，有效预警及阻断国际金融风险传播，提高服务实体经济和防范金融风险的能力①。

三、现阶段人民币国际化的动力机制

党的十九届五中全会审议通过的《中共中央关于制定国民经济和社会发展第十四个五年规划和二〇三五年远景目标的建议》，提出"稳慎推进人民币国际化，坚持市场驱动和企业自主选择，营造以人民币自由使用为基础的新型互利合作关系。"人民币国际化基调从"稳步"变成"稳慎"，

---

① 吴晓求，金辉. 构建现代金融体系两大核心：建设国际金融中心和人民币国际化 [EB/OL].[2018－07－25]．http：//finance. people. com. cn/n1/2018/0725/c1004－30168293. html.

是因为当前中国面临着新冠肺炎疫情、中美竞争、俄乌冲突等内外部不确定因素，国内经济稳增长压力大，人民币国际循环路径和金融监管能力还不健全。当前人民币国际化需要兼顾发展与安全问题，避免资本大进大出、汇率大起大落，守住不发生系统性风险的底线。对此，人民币国际化需要结合国家战略部署，发挥市场与政府的协同作用，坚持市场驱动和企业自主选择，进一步发挥市场的资源配置作用，深化经济金融体系改革与对外开放，减少制度变迁的风险和成本，不断夯实人民币广泛流通和使用的基础（陶士贵等，2021）。一方面，发挥市场的主要驱动作用，推进经济高质量发展，创新推动制造业国际化经营，建立金融业高水平开放，增加人民币国际化的真实市场需求；另一方面，重视政策的辅助推动功能，开展基于人类命运共同体的货币金融外交，保持政治稳定与构建法治社会，推进国防与军队现代化，夯实人民币国际化的政治基础。现阶段人民币国际化动力机制如图2-9所示。

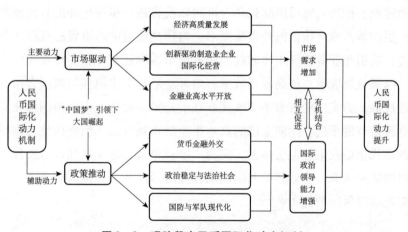

图2-9 现阶段人民币国际化动力机制

（一）人民币国际化的市场驱动

第一，经济高质量发展。经济实力是货币国际化的基础，美元成为世界主要货币凭的就是美国在第二次世界大战后奠定的经济、军事等领域的领先地位。改革开放以来，中国经济保持长期健康平稳发展，成为世界第二大经济体、第一大贸易国，但也存在着外部环境复杂严峻、内部结构性矛盾亟待解决、经济面临下行压力的局面。经济高质量发展要求转变原先粗放型的经济发展模式，增强经济发展的新动能与塑造发展新优势，构建绿色低碳循环发展的经济体系。经济高质量发展将有效推动中国传统产业的转型，助力高技术、装备制造、新能源等新兴产业的崛起，促进国内产业向全球产业链的中高端演进，从而提升企业的国际竞争力与市场份额。一方面，经济高质量发展可以强化境外居民对中国经济和企业的信心，提升对人民币国际化的接受度与认同感；另一方面，经济高质量发展通过国际产能对接与资源整合，提升国内企业的国际话语权与议价能力，加速形成人民币国际化网络效应，吸引境外居民持有与使用人民币。

第二，创新驱动制造业企业国际化经营。制造业是立国之本、强国之基，一国货币国际化需要强有力的制造业基础和国际贸易地位。德国制造企业处于国际产业链高端，德国制造的品牌和技术优势赋予德国企业较强的议价能力，提升了马克在国际贸易中的计价和结算地位（刘玮，2014）。中国也正在大力实施创新驱动发展战略，出台了《国家创新驱动发展战略纲要》，提出了创新、协调、绿色、开放、共享的新发展理念，强调立足于科技创新，不断释放创新驱动的原动力，打造发展新引擎。同时，推动制造业创新发展，推进智能、绿色、低碳制造，强化制造业基础能力，突破技术瓶颈，实现从制造业大国向制造业强国的转型。2012～2020 年，中国货物贸易跨境人民币结算共涉及 96 个行业，其中，计算机、通信和其他电子设备制造业跨境人民币结算量始终居前列。2020 年，计算机、通信和其他电子设备制造业跨境人民币结算量为 9 972.66 亿元，同比增长 8.4%[①]。中国制造业国际化经营将树立中国制造的国际品牌与优势产品，夯实人民币国际化的微观基础，增加人民币国际市场需求的载体，构筑人民币国际化的内生动力，增强出口企业在国际贸易投资中的货币选择权与议价能力，助推人民币成为国际货币。

第三，金融业高水平开放。虽然金融市场开放并不是一国货币国际化的必要条件，但是国际货币流通需要依托金融市场开放来实现。美国、英国、德国的金融市场开放均在不同程度上推动了本国货币的国际化（吴婷婷等，2018）。通过推进金融业高水平开放倒逼国内金融体系改革，完善利率市场化与汇率形成机制的改革，引导金融机构加强金融产品与服务创

---

① 中国人民银行 . 2021 年人民币国际化报告［R］. 2021.

新，培育形成人民币对外使用需求，拓宽人民币的国际使用场景，促进更多市场主体在国际贸易投资中自由使用人民币。2019 年以来，中国持续推进银行业、保险业、证券业以及外汇市场、债券市场、股票市场的对外开放，拓展外资参与境内金融市场活动的渠道和方式，有力推动了人民币国际化的发展。截至 2021 年上半年，外资银行在中国共设立 41 家外资法人银行、115 家外国银行分行和 139 家代表处，营业性机构总数达 930 家，外资银行总资产 3.73 万亿元；境外保险机构在中国共设立 66 家外资保险机构、85 家代表处和 17 家保险专业中介机构，外资保险公司总资产 1.94 万亿元。2021 年 1～10 月，境外投资者通过 QFII、沪深股通等渠道累计净流入约 2 409.76 亿元。截至 2021 年 10 月末，外资持有 A 股流通市值 3.67 万亿元，占比约 4.97%①；国际投资者持有中国债券规模达 3.9 万亿元②。此外，现阶段推进金融业对外开放需要建立健全相关配套制度设计，优化监管政策，稳妥推进资本项目开放，避免资本大进大出、汇率大起大落引发外部输入性风险，保障人民币流动性畅通，守住不发生系统性风险底线。

（二）人民币国际化的政策推动

第一，货币金融外交。长期以来，西方国家掌握国际秩序体系主导权，中国作为国际秩序的"后来者"往往缺少外交话语权与规则制定权，不利于构建有利于人民币国际化的制度环境。近年来，中国积极开展货币金融外交，参与全球金融治理，构建以合作共赢为核心的新型国际关系，实现包括人民币国际化在内的大国崛起目标。中国需要以积极姿态参与到国际货币金融体系的"改制"和"建制"中来，保障自身的金融利益和金融安全，提升人民币国际影响力（李巍，2013）。在全球层面，主动参与二十国集团（G20）活动，推动国际货币基金组织（IMF）、世界银行等国际金融机构改革，争取到更大的货币发言权。在区域层面，以东盟"10 + 3"、金砖国家和上海合作组织为区域性制度平台，发挥亚洲基础设施投资

---

① 方星海副主席在 2021 中新（重庆）战略性互联互通示范项目金融峰会上的讲话［EB/OL］.［2021 － 11 － 23］. http：//www.csrc.gov.cn/csrc/c100028/c1556036/content.shtml.

② 金融市场对外开放取得新进展：中国国债正式纳入富时世界国债指数［EB/OL］.［2021 － 10 － 29］. http：//www.gov.cn/xinwen/2021 － 10/29/content_ 5647664.htm.

银行、金砖国家新开发银行等区域性金融机构作用，推进区域贸易投资人民币支付结算。在双边层面，继续开展双边货币互换、本币结算等金融合作，不断增加人民币需求，不断加强其他国家对人民币价值的信心。截至2021年末，中国人民银行与累计40个国家和地区的中央银行或货币当局签署过双边本币互换协议，总金额超过4.02万亿元，有效金额3.54万亿①。

第二，政治稳定与法治社会。经济活动无法脱离政治和社会环境而独立存在，如果没有政治稳定与法治社会环境，就无法实现经济高质量发展。党的十八大以来，我国统筹推进"五位一体"总体布局、协调推进"四个全面"战略布局，推动国家治理体系和治理能力现代化水平明显提高，实现政治稳定、经济繁荣、社会安宁、人民幸福，为促进人民币国际化创造稳定动力。当前，稳定的政治环境与不断完善的法治社会，使我国较好地应对了新冠肺炎疫情冲击，有序推动复产复工，保障国际供应链、产业链上"中国段"不掉链、不断链，助推全球经济复苏，巩固跨境贸易投资合作，提升境外居民使用人民币的信心。此外，良好的政治、法治环境还有助于构筑良好的营商环境，推进惠企政策落地，减轻企业负担，引导企业加强技术创新，实施产业基础再造工程，为人民币国际化奠定微观基础。

第三，国防和军队现代化。军事实力是一国政治经济影响力的延伸与保障，构成货币国际化的重要支撑。新兴国际货币崛起会打破世界金融格局，影响原有国际货币的货币国际份额，进而引发激烈的大国竞争。这需要崛起国不断充实军事实力，为货币国际化部署保驾护航。2020年7月，习近平总书记在中央政治局第二十二次集体学习中强调，强国必须强军，强军才能国安。坚持和发展中国特色社会主义，实现中华民族伟大复兴，必须统筹发展和安全、富国和强军，确保国防和军队现代化进程同国家现代化进程相适应，军事能力同国家战略需求相适应②。一方面，加强国防和军队现代化将以更强大的能力、更可靠的手段，坚决打败一切来犯之敌，捍卫国家主权、安全、发展利益，维护地缘政治稳定与世界和平，为

---

① 2022年人民币国际化报告［EB/OL］.［2022 - 09 - 24］. http：//www. gov. cn/xinwen/2022 - 09/24/5711660/files/003e0bd04d4742a5a06869 fdc37ea8c8. pdf.

② 习近平：奋力推进国防和军队现代化建设［EB/OL］.［2020 - 07 - 31］. https：//baijiahao. baidu. com/s？id = 1673736766358313322&wfr = spider&for = pc.

人民币国际化创造良好的外部环境，增强国际社会持有使用人民币的信心。另一方面，加强国防和军队现代化有助于保障中国对外贸易通道畅通，保护中国海外利益，促进人民币国际化发展。因为中国是世界上第一大贸易国，对外贸易总额的90%通过海上运输，强大军事实力能够切实保障中国对外贸易通道畅通，维护跨境供应链、产业链安全，为人民币国际化提供坚实条件。

过去十多年，人民币国际化实现从无到有、从小币种成为全球第五大储备货币，取得了辉煌的成就，但是也面临着国内外环境复杂多变、经济结构转型等挑战。现阶段人民币国际化需要主动顺应国内外形势变化，继续深化体制机制改革，扩大对外开放，发挥市场驱动与政策推动的双重作用，推动由"政策推动为主、市场驱动为辅"转换为"市场驱动为主、政策推动为辅"的动力模式，满足市场真实需求，稳慎有序推进人民币国际化发展。一方面，推进对内改革与对外开放，加快经济金融体制改革，完善金融市场机制，激发国内企业创新活力，促进对外贸易投资合作，提升非居民对人民币的市场需求，发挥人民币的计价、结算、融资、储备等职能。另一方面，在加强内政治理与法治环境建设、加快推进国防和军队现代化的同时，积极开展货币金融外交，深化与"一带一路"沿线国家货币金融合作，夯实人民币国际化政治基础，不断提升人民币国际影响力，使其成为跨境贸易与投资领域的关键币种。需要指出的是，当前人民币国际化并非颠覆既有的美元体系，而是在现有国际货币体系下不断提升人民币的国际地位，减少美元体系所产生的风险与成本。与美元等国际货币相比，人民币国际化进程还面临着较大的制度性难题、存在许多亟待化解的阻碍，中国更需要立足长远、多措并举，稳慎有序地推进人民币国际化发展。

第三章

人民币国际化的战略演进及反思

近年来，美国为维护其全球霸权地位，频频对其他国家实施贸易战，进行经济金融制裁，特别是俄乌冲突爆发后，以美国为首的西方国家对俄罗斯实施了全方位金融制裁，让许多国家心生畏惧，加速"去美元化"进程。为应对美元体系的风险，我国主动作为，于 2009 年推出跨境贸易人民币结算试点，拉开了人民币国际化的序幕。十多年来，人民币国际化在市场需求驱动和政策引导的共同作用下，取得了较好的成绩。

本章在论述人民币国际化现实进展的基础上，比较人民币与其他世界主要货币的国际化程度，反思当前人民币国际化战略的局限性，分析该战略实施过程中面临的结构性困境，剖析新时代稳慎有序推进人民币国际化的战略意义。

第一节　人民币国际化的现实进展

改革开放以后，我国坚持以经济建设为中心，推进社会主义市场经济体制改革，逐步扩大边境贸易、出境旅游观光，使人民币在越南、俄罗斯、蒙古国、中国香港等周边国家或地区被广泛使用，为我国正式启动人民币国际化奠定了基础。2008 年全球金融危机后，我国正式启动人民币国际化战略，经过起步阶段、快速发展阶段、停滞阶段之后，从 2018 年起进入了稳步发展阶段。本节在梳理人民币国际化历程的基础上，论述人民币国际化取得的成绩和面临的机遇。

一、人民币国际化的发展历程

2009 年 7 月，中国人民银行、财政部、商务部、海关总署、国家税务总局、银监会共同出台《跨境贸易人民币结算试点管理办法》，标志着人民币国际化正式启动。本部分将 2009 年作为人民币国际化的元年，并根据人民币国际化的发展变化，将人民币国际化的发展历程大致分为四个阶段，具体如下。

(一) 第一阶段：人民币国际化的起步阶段 (2009～2012 年)

受金融危机和欧债危机影响，全球经济低迷，美元、欧元等主要国际货币汇率大幅波动，新兴经济体饱受美元体系之"殇"。为了规避美元汇率风险，新兴经济体开始寻求其他国际货币替代美元。2009 年以来，中国政府调控有力，经济快速企稳回升，2010 年中国 GDP 超过日本成为世界第二大经济体；对外贸易快速反弹并持续增长，2009 年中国成为全球货物贸易第一大出口国和第二大进口国①；外汇储备增长迅速，人民币升值预期强烈，国际市场对人民币的需求快速增加。在此背景下，中国顺势而为，积极出台了推动人民币国际化的相关政策措施。

1. 实施跨境贸易人民币结算。为满足国内外市场对人民币的需求，促进跨境贸易便利化，降低交易成本，我国逐步实施跨境贸易人民币结算。2009 年 7 月，中国人民银行、财政部、商务部、海关总署、国家税务总局、银监会共同出台《跨境贸易人民币结算试点管理办法》，准许指定的、有条件的企业以人民币进行跨境贸易的结算，鼓励商业银行为企业提供跨境贸易人民币结算服务，正式启动跨境人民币结算试点。2010～2021 年，试点地区由上海、广州等 5 个城市相继扩大到北京、天津等 20 个省（自治区、直辖市）和全国；境外地域范围由中国香港、澳门，以及东盟地区扩展至全球。2012 年，我国全面推行跨境贸易人民币结算业务，经常项目下人民币结算不再限制。跨境贸易人民币结算的政策措施具体如表 3－1 所示。

---

① 11.3 亿美元到 4.6 万亿美元 70 年我国成长为全球货物贸易第一大国［EB/OL］.［2019－08－27］. http：//www. gov. cn/shuju/2019－08/27/content_ 5425032. htm.

表 3 – 1　　　　　　　　　　跨境贸易人民币结算的政策

时间	政策要点
2009.4.8	国务院第 56 次常务会议决定在上海市和广东省广州、深圳、珠海和东莞 5 个城市先行开展跨境贸易人民币结算试点，境外地域范围暂定为港澳地区和东盟地区
2009.7.1	中国人民银行、财政部、商务部、海关总署、国家税务总局和银监会联合发布了《跨境贸易人民币结算试点管理办法》，我国跨境贸易人民币结算试点正式启动
2009.7.3	中国人民银行发布了《跨境贸易人民币结算试点管理办法实施细则》
2010.6.22	中国人民银行、财政部、商务部、海关总署、国家税务总局和银监会联合发布《关于扩大跨境贸易人民币结算试点有关问题的通知》，跨境贸易人民币结算试点地区扩大到北京、天津等 20 个省（自治区、直辖市）。同时，跨境贸易人民币结算的境外地域由中国香港、澳门，以及东盟地区扩展到所有国家或地区
2011.8.23	中国人民银行、财政部、商务部、海关总署、国家税务总局和银监会联合发布《关于扩大跨境贸易人民币结算地区的通知》，明确河北、山西、安徽、江西、河南、湖南、贵州、陕西、甘肃、青海和宁夏的企业可以开展跨境贸易人民币结算；吉林、黑龙江、西藏、新疆的企业开展出口货物贸易人民币结算的境外地域范围从毗邻国家拓展到境外所有国家或地区。至此，跨境贸易人民币结算境内地域范围扩大至全国
2012.2.3	中国人民银行、财政部、商务部、海关总署、国家税务总局和银监会联合发布了《关于出口货物贸易人民币结算企业管理有关问题的通知》，放开跨境贸易人民币结算试点企业，明确所有具有进出口经营资格的企业均可开展出口货物贸易人民币结算业务，并对出口贸易人民币结算企业实行重点监管名单管理
2012.6.5	中国人民银行、财政部、商务部、海关总署、国家税务总局和银监会联合发布《关于出口货物贸易人民币结算企业重点监管名单的函》，确定了重点监管企业 9 502 家。名单下发后，我国境内所有具有进出口经营资格的企业均可依法开展出口货物贸易人民币结算业务

资料来源：中国人民大学国际货币研究所《人民币国际化报告（2012）》和《人民币国际化报告（2013）》。

2. 试点跨境人民币资本流动。为配合跨境贸易人民币结算试点，拓宽人民币回流渠道，便利人民币跨境投资，中国人民银行开始试点跨境人民币资本流动，主要表现在以下两个方面。

一是试点人民币直接投资。2010 年 10 月，中国人民银行在新疆试点开展境内企业人民币对外直接投资业务。2011 年 1 月，中国人民银行发布《境外直接投资人民币结算试点管理办法》，规定跨境贸易人民币结算试点地区的企业经境外直接投资主管部门核准可开展人民币境外直接投资（ODI），银行可依据境外直接投资主管部门的核准证书或文件直接为企业办理人民币结算业务。2011 年 6 月，中国人民银行发布《关于明确跨境人民币业务相关问题的通知》，首次明确了外商直接投资（FDI）人民币结算业务的试点办法。2011 年 10 月，商务部和中国人民银行相继公布《关于跨境人民币直接投资有关问题的通知》和《外商直接投资人民币结算业务管理办法》，我国正式启动外商直接投资人民币结算。

二是试点人民币证券投资。2010 年 8 月，中国人民银行发布《关于境外人民币清算行等三类机构运用人民币投资银行间债券市场试点有关事宜的通知》，准许境外中央银行、港澳人民币清算行和跨境贸易人民币结算的境外参与行在核定额度内在银行间债券市场从事债券交易。2011 年 12 月，中国证券监督管理委员会、中国人民银行和国家外汇管理局联合发布《基金管理公司、证券公司人民币合格境外机构投资者境内证券投资试点办法》，准许符合条件的基金管理公司、证券公司中国香港子公司作为试点机构开展 RQFII 业务，初期试点额度约人民币 200 亿元。2012 年，经国务院批准，中国证券监督管理委员会、中国人民银行和国家外汇管理局先后增加 500 亿元和 2 000 亿元 RQFII 额度。

3. 签署双边本币互换协议。金融危机爆发后，许多国家或地区面临贸易融资和流动性缺口，对人民币需求增加。为便利双边贸易和投资，规避汇率风险和降低交易成本，为受危机冲击的国家和地区提供流动性支持，2009 ~ 2012 年，中国先后与中国香港、马来西亚、白俄罗斯等 18 个国家或地区签署了 21 个双边本币互换协议，总金额达 1.95 万亿元，具体如表 3 - 2 所示。其中，新签署双边本币互换协议 17 个，总金额 10 000 亿元；与韩国、中国香港、马来西亚续签双边本币互换协议 3 个，总金额 9 400 亿元；与蒙古国签署双边本币互换补充协议 1 个，金额为 100 亿元。

从地区分布看，本阶段与我国签订双边本币互换协议的主要为与我国贸易关系密切的国家或地区，集中分布于亚洲，少量分布于欧洲、大洋洲和南美洲。其中，中国香港、马来西亚、印度尼西亚、新加坡、乌兹别克斯坦、蒙古国、哈萨克斯坦、韩国、泰国、巴基斯坦、阿联酋、土耳其 12 个国家或地区分布于亚洲；白俄罗斯、冰岛、乌克兰 3 个国家位于欧洲；新西兰、澳大利亚位于大洋洲；阿根廷位于南美洲。从人民币发挥的国际货币职能看，因各个国家或地区参与国际经济活动的需要不同，互换的人民币在这些国家或地区发挥着不同的国际货币职能。例如，阿根廷、马来西亚和印度尼西亚把人民币作为贸易结算货币；白俄罗斯把人民币作为储备货币；韩国把人民币作为金融交易货币等。中国与其他国家或地区进行货币互换，不但可以给受危机冲击的国家提供流动性支持，维护区域金融稳定，为双边贸易投资本币结算提供便利，而且对扩大人民币流通范围、提高人民币的国际影响力具有积极意义。

表 3 - 2　　　　　　2009 ~ 2012 年与中国签署的货币互换协议情况

序号	时间	对手国家或地区	规模（亿元）	协议性质	对手国家或地区所属大洲
1	2009.1.20	中国香港	2 000	新签	亚洲
2	2009.2.8	马来西亚	800	新签	亚洲
3	2009.3.11	白俄罗斯	200	新签	欧洲
4	2009.3.23	印度尼西亚	1 000	新签	亚洲
5	2009.3.29	阿根廷	700	新签	南美洲
6	2010.6.9	冰岛	35	新签	欧洲
7	2010.7.24	新加坡	1 500	新签	亚洲
8	2011.4.19	新西兰	250	新签	大洋洲
9	2011.4.19	乌兹别克斯坦	7	新签	亚洲
10	2011.5.6	蒙古国	50	新签	亚洲
11	2011.6.13	哈萨克斯坦	70	新签	亚洲
12	2011.10.26	韩国	3 600	续签	亚洲
13	2011.11.22	中国香港	4 000	续签	亚洲
14	2011.12.22	泰国	700	新签	亚洲
15	2011.12.23	巴基斯坦	100	新签	亚洲
16	2012.1.17	阿联酋	350	新签	亚洲
17	2012.2.8	马来西亚	1 800	续签	亚洲
18	2012.2.21	土耳其	100	新签	亚洲
19	2012.3.20	蒙古国	100	补充	亚洲
20	2012.3.22	澳大利亚	2 000	新签	大洋洲
21	2012.6.26	乌克兰	150	新签	欧洲

资料来源：中国人民大学国际货币研究所《人民币国际化报告（2012）》和《人民币国际化报告（2013）》。

4. 发展中国香港离岸人民币市场。在资本账户尚未完全开放的背景下，跨境贸易流出的人民币无法自由地回到国内，而贸易结算所需要的人民币融资也不能自由获得。为解决境外机构和个人的人民币投资和融资问题，增强其持有人民币的意愿，需要建立人民币离岸市场来提供相应的人民币金融服务。中国香港作为全球重要的金融中心，地理位置优越，金融市场发达，法律和监管体系完善，营商环境良好，且前期积累了丰富的离岸金融业务经验。因此，我国决定率先在香港建设离岸人民币市场。

2009 年 7 月，中银香港与中国人民银行签署《关于人民币业务的清算协议》，将中银香港的人民币清算业务扩展至贸易结算领域。2010 年 7 月，双方又签署了新修订的《关于人民币业务的清算协议》，并签订补充合作备忘录进一步扩大人民币贸易结算安排，规定香港人民币存款可在银行间自由支付和转账，取消企业兑换人民币的上限。该协议加速了香港各类人民币金融产品的推出，促进了香港作为离岸人民币业务平台的发展进程。2011 年 8 月，时任国务院副总理李克强在香港举办的国家"十二五"规划与两地经贸金融合作发展论坛上，宣布了支持香港成为人民币离岸中心的六大政策措施。2012 年 1 月，香港金融管理局宣布放宽对银行离岸人民币业务的监管限制。2012 年 6 月，香港金融管理局开始提供人民币流动资金，中央政府公布惠港政策，深圳发布前海新政支持香港离岸人民币中心发展，支持前海企业在香港发行点心债券。2012 年 7 月，香港允许银行向非香港居民提供全面人民币业务。在多方的努力下，香港离岸人民币市场得到快速发展。

(二) 第二阶段：人民币国际化的快速发展阶段(2013～2015 年上半年)

随着世界经济逐渐复苏，市场对人民币汇率预期单边走高，为人民币国际化创造了有利的外部环境。同时，中国经济稳中有升，逐步开放资本项目，持续推进利率市场化改革，大力实施"一带一路"倡议，人民币国际化快速发展。

1. 推动跨境贸易结算便利化。发展更高层次的开放型经济需要更高水平的跨境贸易人民币结算提供支撑，因此我国大力推动跨境贸易人民币结算便利化。2013 年 7 月，中国人民银行发布《关于简化跨境人民币业务流程和完善有关政策的通知》，对经常项目跨境人民币结算业务的办理流程进行了精简，跨境人民币结算效率得以提升。2013 年 8 月，中国人民银行办公厅发布《关于优化人民币跨境收付信息管理系统信息报送流程的通知》，优化银行业金融机构信息报送流程，便利银行和企业使用人民币进行跨境结算。2013 年 12 月，中国人民银行发布《关于调整人民币购售业务管理的通知》，调整人民币购售业务的额度管理为宏观审慎管理，促进了货物贸易人民币结算业务的快速发展。2014 年 3 月，中国人民银行、财政部、商务部、海关总署、国家税务总局和银监会联合发布《关于简化出口货物贸易人民币结算企业管理有关事项的通知》，下放了出口货物贸易重点监管企业名单的审核权。2014 年 6 月，中国人民银行发布《关于贯彻落实〈国务院办公厅关于支持外贸稳定增长的若干意见〉的指导意见》，引导银行业金融机构与支付机构合作开展跨境人民币结算业务。2014 年 11 月，中国人民银行发布《关于跨国企业集团开展跨境人民币资金集中运营业务有关事宜的通知》，明确跨国企业集团可以根据有关规定开展经常项目跨境人民币集中收付业务。

2. 推动跨境投融资便利化。随着我国跨境贸易的快速发展，对人民币的跨境自由流动提出了更多需求。国家出台多项政策减少人民币在跨境投融资中的限制，推动跨境投融资便利化，具体表现在以下三个方面。

一是推动人民币直接投资便利化。2013 年 9 月，中国人民银行发布《关于境外投资者投资境内金融机构人民币结算有关事项的通知》，明确境外投资者可以使用人民币在境内设立、并购和参股金融机构。2014 年 6 月，中国人民银行发布《关于贯彻落实〈国务院办公厅关于支持外贸稳定增长的若干意见〉的指导意见》，进一步简化直接投资跨境人民币结算业务流程。2014 年 11 月，中国人民银行发布《关于跨国企业集团开展跨境人民币资金集中运营业务有关事宜的通知》，规定符合一定条件的跨国企业集团可以开展跨境双向人民币资金池业务。

二是推动人民币证券投资便利化。2013 年 3 月，中国证券监督管理委员会、中国人民银行、国家外汇管理局联合修订《人民币合格境外机构投资者境内证券投资试点办法》，扩大试点机构范围为境内商业银行、保险公司等中国香港子公司或注册地及主要经营地在中国香港地区的金融机构，允许 RQFII 投资范围扩大至银行间固定收益产品，放宽投资比例限制。2014 年 11 月，中国人民银行发布《关于人民币合格境内机构投资者境外证券投资有关事项的通知》，人民币合格境内机构投资者（RQDII）机制正式启动。同月，中国人民银行、中国证券监督管理委员会联合发布《关于沪港股票市场交易互联互通机制试点有关问题的通知》，沪港通机制正式启动。2015 年 6 月，中国人民银行发布《关于境外人民币业务清算行、境外参加银行开展银行间债券市场债券回购交易的通知》，同意被批准进入银行间债券市场的境外人民币清算行和境外参加行进行债券回购交易。

三是推动人民币跨境融资便利化。2013 年 7 月，中国人民银行发布《关于简化跨境人民币业务流程和完善有关政策的通知》，鼓励境内银行开展跨境人民币贸易融资业务，支持境内非金融机构境外发行人民币债券。2014 年 9 月，中国人民银行办公厅发布《关于境外机构在境内发行人民币债务融资工具跨境人民币结算有关事宜的通知》，明确了相关业务流程。

3. 扩大本币互换网络。2013 年以来，受美联储货币政策逐步正常化影响，一些新兴市场经济体资本外流和经济波动压力加剧，对人民币作为储备货币并用于危机救助的需求有所增加。本阶段越来越多的国家或地区出于维护金融稳定目的与我国签署货币互换协议，互换规模明显扩大，人民币作为储备货币的地位有效提升。

2013 ~ 2015 年上半年，中国人民银行先后与新加坡、巴西等 29 个国家或地区的货币当局签署了双边本币互换协议 29 个，总金额 3.1135 万亿元，具体如表 3 - 3 所示，对手国家或地区的地理分布已涵盖了除南极洲外的剩余六大洲。其中，新签署双边本币互换协议 14 个，总金额 1.351 万亿元，对手国家或地区当中有 6 个分布在欧洲，亚洲和南美洲各分布 3 个，北美洲和非洲各分布 1 个；与新加坡、冰岛等 15 个国家或地区续签了双边本币互换协议 15 个，总金额 1.7625 万亿元，对手国家或地区分布在亚洲（9 个）、欧洲（3 个）、大洋洲（2 个）、南美洲（1 个）。

表 3 - 3　　　2013 ~ 2015 年上半年与中国签署的货币互换协议情况

序号	时间	对手国家或地区	规模（亿元）	协议性质	对手国家或地区所属大洲
1	2013.3.7	新加坡	3 000	续签	亚洲
2	2013.3.26	巴西	1 900	新签	南美洲
3	2013.6.22	英格兰	2 000	新签	欧洲

续表

序号	时间	对手国家或地区	规模（亿元）	协议性质	对手国家或地区所属大洲
4	2013.9.9	匈牙利	100	新签	欧洲
5	2013.9.11	冰岛	35	续签	欧洲
6	2013.9.12	阿尔巴尼亚	20	新签	欧洲
7	2013.10.1	印度尼西亚	1 000	续签	亚洲
8	2013.10.8	欧盟	3 500	新签	欧洲
9	2014.4.25	新西兰	250	续签	大洋洲
10	2014.7.18	阿根廷	700	续签	南美洲
11	2014.7.21	瑞士	1 500	新签	欧洲
12	2014.8.21	蒙古国	150	续签	亚洲
13	2014.9.16	斯里兰卡	100	新签	亚洲
14	2014.10.11	韩国	3 600	续签	亚洲
15	2014.10.13	俄罗斯	1 500	新签	欧洲
16	2014.11.3	卡塔尔	350	新签	亚洲
17	2014.11.8	加拿大	2 000	新签	北美洲
18	2014.11.22	中国香港	4 000	续签	亚洲
19	2014.12.14	哈萨克斯坦	70	续签	亚洲
20	2014.12.22	泰国	700	续签	亚洲
21	2014.12.23	巴基斯坦	100	续签	亚洲
22	2015.3.18	苏里南	10	新签	南美洲
23	2015.3.25	亚美尼亚	10	新签	亚洲
24	2015.3.30	澳大利亚	2 000	续签	大洋洲
25	2015.4.10	南非	300	新签	非洲
26	2015.4.17	马来西亚	1 800	续签	亚洲
27	2015.5.10	白俄罗斯	70	续签	欧洲
28	2015.5.15	乌克兰	150	续签	欧洲
29	2015.5.25	智利	220	新签	南美洲

资料来源：中国人民银行《2016 年人民币国际化报告》。

4. 建立境外人民币业务清算行。境外人民币业务清算行的建立是人民币国际化快速发展的重要支撑。我国早期的人民币跨境结算主要通过代理行完成，人民币清算和结算都需要回到境内市场，不利于境外市场结合本地需要和优势发展人民币业务。而境外人民币业务清算行可以解决该问题，能够调节当地市场人民币头寸，推动当地人民币业务的发展。

本阶段，我国先后在 13 个国家设立了 13 个境外人民币业务清算行，有力地支持了人民币成为区域计价结算货币。2013 年，我国在新加坡建立了人民币业务清算行；2014 年，在英国、德国、韩国、法国、卢森堡、加拿大、澳大利亚 7 个发达国家和卡塔尔这一发展中国家建立了境外人民币业务清算行；2015 年上半年，在马来西亚、泰国、智利、匈牙利 4 个国家建立境外人民币业务清算行。这些国家大多数分布在亚洲和欧洲，个别分布在北美洲、南美洲和大洋洲。其中，新加坡、韩国、卡塔尔、马来西亚、泰国 5 个国家分布在亚洲；英国、德国、法国、卢森堡、匈牙利 5 个国家分布在欧洲；加拿大、智利和澳大利亚分别位于北美洲、南美洲和大洋洲。境外人民币业务清算行的设立和合理布局，有利于人民币全球清算网络的建立，维护了人民币的市场流动性。

（三）第三阶段：人民币国际化的停滞阶段（2015 年下半年~2017 年）

这一阶段，全球经济增速放缓，逆全球化和贸易保护主义抬头，国际贸易和投资疲弱，主要发达国家货币政策转向引起流动性紧缩，国际金融市场脆弱性加大，人民币国际化面临不利的外部环境。同时，中国经济产能过剩、民间投资下降等问题突出，"8·11 汇改"、中国人民银行加强对跨境资本流出管理等措施结束了人民币汇率的单边升值，国际市场对中国经济发展和金融稳定的信心有所动摇。本阶段人民币国际化出现了反复和停滞。

人民币国际化的反复和停滞主要体现在以下几点：一是跨境贸易人民币结算规模显著下降。我国跨境贸易人民币结算规模，在 2015 年第三季度为 2.09 万亿元，2017 年第一季度显著下降到 9 942 亿元，减少了 52.43%；之后 2017 年第四季度虽然回升至 1.13 万亿元，但比 2015 年第三季度仍减少了 45.93%。二是跨境直接投资的人民币结算规模大幅下降。我国跨境贸易人民币对外直接投资和外商直接投资的人民币结算规模，在 2015 年第三季度分别为 3 323 亿元和 5 734 亿元，之后分别大幅下降至 2017 年第一季度的 641 亿元和 1 776 亿元，分别减少了 80.71% 和 69.03%；之后虽然分别回升到了 2017 年第四季度的 2 100 亿元和 4 646 亿元，但仍比 2015 年第三季度分别减少了 36.8% 和 18.97%。三是离岸人民币金融市场陷入低迷。中国香港市场上人民币存款余额从 2014 年四季度的 10 036 亿元的历史高位，到 2017 年一季度减少至 5 073 亿元，减少了 49.45%。中国台湾市场上人民币存款余额从 2015 年 6 月的 3 382 亿元减少至 2016 年 7 月的 3 045 亿元，2017 年 12 月又回升至 3 223 亿元，整体变化不大。新加坡市场上人民币存款余额从 2015 年 6 月的 2 340 亿元减少至 2016 年 9 月的 1 200 亿元，之后回升至 2017 年 12 月的 1 520 亿元，比 2015 年 6 月减少了 35.04%[①]。

为应对人民币国际化进程的停滞与反复，国家采取了许多措施，取得了一定的效果。

1. 持续推进跨境投融资便利化。为进一步推动跨境投融资发展，国家不断完善资本项目跨境人民币业务政策，积极拓宽人民币回流渠道，优化企业资金运营配置，持续推进跨境投融资便利化，主要体现在以下三点。

一是持续推进人民币直接投资便利化。2015 年 9 月，中国人民银行发布《关于进一步便利跨国企业集团开展跨境双向人民币资金池业务的通知》，明确进一步扩大跨境人民币净流入额度上限，放松企业的准入门槛，提升了跨国企业对于人民币的可得性。同月，中国人民银行公告〔2015〕第 31 号表示，开放境外中央银行类机构依法合规参与中国银行间外汇市场。

二是持续推进人民币证券投资便利化。2015 年 7 月，中国人民银行发布《关于境外央行、国际金融组织、主权财富基金运用人民币投资银行间市场有关事宜的通知》，简化入市流程，拓宽可投资品种，取消投资限额。2015 年 11 月，中国人民银行和国家外汇管理局联合发布《内地与香港证券投资基金跨境发行销售资金管理操作指引》，支持内地与香港公开募集证券投资基金互认；2016 年 8 月，两部门又发布《关于人民币合格境外机构投资者境内证券投资管理有关问题的通知》，简化 RQFII 申请程序，优化额度管理方式。2016 年 11 月，中国人民银行和中国证券监督管理委员会联合发布《关于内地与香港股票市场交易互联互通机制有关问题的通

---

① 张明. 人民币国际化进程有所回暖 [J]. 中国外汇, 2018 (Z1): 6.

知》，完善内地与中国香港股票市场交易互联互通机制。次月，深港通启动。2016 年 12 月，中国人民银行办公厅发布《关于境外机构境内发行人民币债券跨境人民币结算业务有关事宜的通知》，明确境外机构存放发行人民币债券所募集的资金的方式和流程。2017 年 7 月，内地与中国香港债券市场互联互通（简称债券通）合作上线运行，初期开通"北向通"，境外投资者通过债券通机制可以便捷地投资内地银行间债券市场。

三是持续推进人民币跨境融资便利化。2016 年 1 月，中国人民银行发布《关于扩大全口径跨境融资宏观审慎管理试点的通知》，规定自 2016 年 1 月 25 日起，面向境内 27 家金融机构和注册在上海、天津、广东、福建 4 个自贸区的企业扩大本外币一体化的全口径跨境融资宏观审慎管理试点。2016 年 4 月，中国人民银行发布《关于在全国范围内实施全口径跨境融资宏观审慎管理的通知》，将全口径跨境融资宏观审慎管理推广到全国，明确 2016 年 5 月 3 日后，全国范围内的企业和金融机构可在与其净资产或资本挂钩的跨境融资上限内自主从境外融入本外币资金，企业和金融机构外债由事前审批分别改为事前签约备案和事后备案。2016 年 5 月，在全国范围内实施全口径跨境融资宏观审慎管理。2017 年 1 月，中国人民银行发布《关于全口径跨境融资宏观审慎管理有关事宜的通知》，调整跨境融资风险加权余额的豁免项及相关系数，便利符合条件的境内机构利用境外资金，降低实体经济融资成本。

2. 继续扩大本币互换网络。本阶段，我国继续扩大本币互换网络，但速度有所放缓，特别是新签双边本币互换协议的数量及规模明显减少。2015 年下半年~2017 年底，我国先后与塔吉克斯坦、土耳其等 20 个国家或地区签署双边本币互换协议 20 个，总金额 2.498 万亿元，具体如表 3 - 4 所示。其中，与塔吉克斯坦、摩洛哥、塞尔维亚、埃及、蒙古国 5 个国家新签署双边本币互换协议 5 个，总金额仅有 475 亿元，对手国家分布在亚洲（2 个）、非洲（2 个）、欧洲（1 个）；续签双边本币互换协议 14 个，总金额 21 005 亿元，对手国家或地区分布在亚洲（7 个）、欧洲（5 个）、北美洲（1 个）、大洋洲（1 个）。与欧盟签订双边本币互换补充协议 1 个，总金额 3 500 亿元。双边本币互换体系的扩大，有助于促进贸易投资便利化，保障人民币流动性供给。

表3－4　　　2015年下半年～2017年与中国签署的货币互换协议情况

序号	时间	对手国家或地区	规模（亿元）	协议性质	对手国家或地区所属大洲
1	2015.9.3	塔吉克斯坦	30	新签	亚洲
2	2015.9.26	土耳其	120	续签	亚洲
3	2015.10.20	英格兰	3 500	续签	欧洲
4	2015.12.14	阿联酋	350	续签	亚洲
5	2016.3.7	新加坡	3 000	续签	亚洲
6	2016.5.11	摩洛哥	100	新签	非洲
7	2016.6.17	塞尔维亚	15	新签	欧洲
8	2016.9.12	匈牙利	100	续签	欧洲
9	2016.9.27	欧盟	3 500	补充	欧洲
10	2016.12.6	埃及	180	新签	非洲
11	2016.12.21	冰岛	35	续签	欧洲
12	2017.5.19	新西兰	250	续签	大洋洲
13	2017.7.6	蒙古国	150	新签	亚洲
14	2017.7.21	瑞士	1 500	续签	欧洲
15	2017.10.11	韩国	3 600	续签	亚洲
16	2017.11.2	卡塔尔	350	续签	亚洲
17	2017.11.8	加拿大	2 000	续签	北美洲
18	2017.11.22	中国香港	4 000	续签	亚洲
19	2017.11.22	俄罗斯	1 500	续签	欧洲
20	2017.12.22	泰国	700	续签	亚洲

资料来源：中国人民银行《2016年人民币国际化报告》《2017年人民币国际化报告》《2018年人民币国际化报告》。

与前期相比，本阶段各国或地区与中国签署的双边本币互换协议总数减少了31.03%，总金额减少17.77%。其中，新签署的双边本币互换协议总数减少了64.29%，总金额减少96.48%，对手国家或地区的分布区域由欧洲、亚洲、南美洲为主转变为亚洲、非洲为主；续签的双边本币互换协议总数减少了6.67%，总规模增加19.18%，对手国家或地区仍主要分布在亚洲和欧洲。

3. 健全人民币国际化的基础设施。为进一步提高人民币跨境结算效率，我国大力建设人民币跨境支付系统（CIPS），继续建立人民币业务境外清算行，人民币国际化的基础设施更加完善。

一是推出人民币跨境支付系统（CIPS）。2015 年 10 月，人民币跨境支付系统（CIPS）一期上线运行①，境内外金融机构开展人民币跨境和离岸业务更加便捷。之后，中国人民银行不断推动 CIPS 系统建设和参与者扩容。自上线至 2017 年底，CIPS 系统共处理支付业务 1 981 949 笔，金额 193 927 亿元，业务范围覆盖到了全球 144 个国家或地区的 2 190 家法人金融机构；直接参与者数量增长了 63.16%，达到 31 家；间接参与者数量增长了 284.66%，达到 738 家；参与者覆盖了全球六大洲 87 个国家或地区②。

二是扩大境外人民币业务清算行数量。本阶段，我国先后在南非、阿根廷、赞比亚等 7 个国家建立了人民币业务清算行，分布在非洲、欧洲、亚洲、北美洲和南美洲，具体如表 3 - 5 所示。截至 2017 年底，我国已在 23 个国家或地区建立了境外人民币业务清算行③，在除南极洲以外的六大洲内均有分布。境外人民币业务清算行的发展有助于这些国家或地区使用人民币进行跨境交易，进一步促进贸易投融资便利化。

表 3 - 5　　　　2015 年下半年 ～ 2017 年境外人民币业务清算行情况

序号	时间	国家或地区	清算行	大洲
1	2015.7.8	南非	中国银行约翰内斯堡分行	非洲
2	2015.9.18	阿根廷	中国工商银行（阿根廷）股份有限公司	南美洲
3	2015.9.29	赞比亚	赞比亚中国银行	非洲
4	2015.11.30	瑞士	中国建设银行苏黎世分行	欧洲
5	2016.9.20	美国	中国银行纽约分行	北美洲
6	2016.9.23	俄罗斯	中国工商银行（莫斯科）股份公司	欧洲
7	2016.12.9	阿联酋	中国农业银行迪拜分行	亚洲

资料来源：中国人民银行《2016 年人民币国际化报告》和《2017 年人民币国际化报告》。

---

① 张兴华. 人民币跨境支付系统（一期）成功上线运行 [EB/OL]. [2015 - 10 - 08]. http://www.gov.cn/xinwen/2015 - 10/08/content_ 2943303. htm.

② 吴春波. 大国重器：人民币跨境支付系统 CIPS [EB/OL]. [2022 - 03 - 09]. https://www.kunlunce.com/e/wap/show2022.php? bclassid = 1&classid = 176&id = 159455.

③ 王力，黄育华. 从国际金融话语权提升研判我国金融中心建设 [J]. 银行家，2018 (12)：106 - 110.

特别指出的是，本阶段人民币国际化标志性的成果是人民币加入了特别提款权（SDR）货币篮子。2015 年 11 月，国际货币基金组织（IMF）宣布将人民币纳入 SDR 货币篮子。2016 年 10 月，人民币成为世界上第五种正式加入 SDR 货币篮子的货币，其在 SDR 货币篮子中的权重为 10.92%，位列第三。人民币加入 SDR，代表着国际社会对于中国综合国力和改革开放成效的认可，是人民币国际化的重要里程碑。一方面，有利于提升世界各国对人民币的信心和人民币的国际影响力，增强人民币作为国际储备货币的功能，扩展我国应对危机的手段；另一方面，人民币作为新兴市场国家唯一加入 SDR 货币篮子的货币，增强了 SDR 货币篮子的代表性、稳定性和合理性，提高了新兴市场国家在国际货币体系中的地位和话语权，有助于国际货币体系的改革和完善。加入 SDR 货币篮子后，人民币的国际储备货币地位更加受到世界认可。2017 年 3 月，国际货币基金组织首次在"官方外汇储备货币构成"（COFER）报告中单独列出人民币外汇储备。截至 2017 年底，人民币全球外汇储备规模为 1 228 亿美元，较 2016 年底增长了 35.27%，在已分配外汇储备中占比 1.23%，比 2016 年底提高了 0.15 个百分点[①]。据不完全统计，全球已有 60 多个境外央行或货币当局将人民币纳入外汇储备[②]。

（四）第四阶段：人民币国际化的稳步发展阶段（2018 年至今）

2018 年以来，国际政治经济形势复杂多变，新冠肺炎疫情蔓延，俄乌冲突升级，逆全球化和贸易保护主义盛行，宽货币、低利率加剧金融市场震荡，世界各国均面临巨大挑战。面对世界百年未有之大变局和新冠肺炎疫情带来的严重冲击，中国贯彻新发展理念，构建新发展格局，坚持推进金融业改革开放，经济金融体系彰显韧性。为此，国家"十四五"规划提出"稳慎推进人民币国际化"；在此基础上，党的二十大报告又提出了"有序推进人民币国际化"，这些都为人民币国际化指明了新方向，本阶段人民币国际化进入稳步发展阶段。

---

① 中国人民大学国际货币研究所. 人民币国际化报告 2018：结构变迁中的宏观政策国际协调［M］. 北京：中国人民大学出版社，2018.

② 2018 年人民币国际化报告［EB/OL］.［2018 - 10 - 15］. http：//www. pbc. gov. cn/huobi-zhengceersi/214481/3871621/3635170/2018101508195297543. pdf.

1. 稳步推动跨境贸易结算便利化。由于前期跨境贸易结算相关政策已经相对成熟，本阶段国家主要是针对贸易新业态、疫情新情况等特殊条件，出台了相关政策进一步推动跨境贸易结算便利化。2018 年 1 月，中国人民银行发布《关于进一步完善人民币跨境业务政策促进贸易投资便利化的通知》，支持企业使用人民币跨境结算，银行可为个人办理其他经常项目人民币跨境结算业务，开展碳排放权交易人民币跨境结算业务。2019 年 8 月，商务部、外交部等 19 部门联合发布《关于促进对外承包工程高质量发展的指导意见》，拓展人民币结算和人民币金融产品在对外承包工程领域的使用。2020 年 1 月，中国人民银行、财政部、中国银行保险监督管理委员会、中国证券监督管理委员会和国家外汇管理局联合发布《关于进一步强化金融支持防控新型冠状病毒感染肺炎疫情的通知》，为疫情防控相关物资进口、捐赠等跨境人民币业务开辟"绿色通道"，便利防疫物资进口，简化疫情防控中国香港跨境人民币业务办理流程。2020 年 9 月，国务院办公厅发布《关于以新业态新模式引领新型消费加快发展的意见》，探索新型消费贸易流通项下逐步推广人民币结算。2020 年 12 月，中国人民银行会同国家发展和改革委员会、商务部、国务院国有资产监督管理委员会、中国银行保险监督管理委员会、国家外汇管理局联合发布《关于进一步优化跨境人民币政策 支持稳外贸稳外资的通知》，支持贸易新业态跨境人民币结算，简化跨境人民币结算流程，将"出口货物贸易人民币结算企业重点监管名单"调整为"跨境人民币业务重点监管名单"，优化跨国企业集团经常项目下跨境人民币集中收付安排，支持单证电子化审核，优化跨国企业集团经常项目下跨境人民币集中收付安排，在全国范围内开展对外承包工程类优质企业跨境人民币结算业务便利化试点。2021 年 1 月，商务部等 19 部门发布《关于促进对外设计咨询高质量发展有关工作的通知》，支持对外设计咨询企业在跨境贸易中使用人民币结算。2021 年 8 月，商务部、财政部、中国人民银行、国家税务总局、中国银行保险监督管理委员会、国家外汇管理局联合发布《关于支持线下零售、住宿餐饮、外资外贸等市场主体纾困发展有关工作的通知》，支持外资外贸企业开展人民币跨境结算，鼓励金融机构优化跨境人民币业务办理。2022 年 1 月，国务院办公厅发布《关于做好跨周期调节进一步稳外贸的意见》，进一步完善人民币清算行安排，稳步推进人民币跨境支付系统建设和推广。

2. 稳步推动跨境投融资便利化。本阶段，国家出台多项措施稳步推动跨境投融资便利化，主要集中在以下三个方面。

一是稳步推进人民币直接投资便利化。2018 年 1 月，中国人民银行发布《关于进一步完善人民币跨境业务政策促进贸易投资便利化的通知》，进一步便利境外投资者以人民币进行直接投资。2020 年 12 月，中国人民银行会同国家发展和改革委员会、商务部、国务院国有资产监督管理委员会、中国银行保险监督管理委员会、国家外汇管理局联合发布《关于进一步优化跨境人民币政策 支持稳外贸稳外资的通知》，便利外商投资企业境内再投资，取消对外商直接投资业务专户管理要求。

二是稳步推进人民币证券投资便利化。2018 年 4 月和 6 月，中国人民银行等有关部门先后发布《关于进一步明确人民币合格境内机构投资者境外证券投资管理有关事项的通知》《关于人民币合格境外机构投资者境内证券投资管理有关问题的通知》，规范了 RQDII 和 RQFII 境内证券投资活动。2019 年 6 月，"沪伦通"正式启动。2019 年 9 月，国家外汇管理局取消了 QFII 和 RQFII 的投资限额及 RQFII 的试点国家或地区限制。2019 年 10 月，中国人民银行与国家外汇管理局联合发布《关于进一步便利境外机构投资者投资银行间债券市场有关事项的通知》，允许同一境外机构投资者将 QFII/RQFII 债券账户和银行间债券市场直接投资项下的债券账户中所持有的银行间市场债券进行双向非交易过户，资金账户内资金可以直接划转。2020 年 9 月，中国证券监督管理委员会、中国人民银行、国家外汇管理局联合发布《合格境外机构投资者和人民币合格境外机构投资者境内证券期货投资管理办法》，将 QFII、RQFII 资格和制度规则合二为一，扩大了投资范围，简化了流程。2021 年 9 月，香港与内地债券市场互联互通南向合作（简称债券通的"南向通"）正式上线运行，为内地机构投资者投资全球债券市场提供便捷通道。

三是稳步推进人民币跨境融资便利化。2018 年 1 月，中国人民银行发布《关于进一步完善人民币跨境业务政策促进贸易投资便利化的通知》，便利境内企业在境外发行人民币债券募集资金汇入境内使用。2018 年 9 月，中国人民银行联合财政部下发《全国银行间债券市场境外机构债券发行管理暂行办法》，规范了境外机构的债券发行。2020 年 1 月，中国人民银行、财政部、中国银行保险监督管理委员会、中国证券监督管理委员会和国家外汇管理局联合发布《关于进一步强化金融支持防控新型冠状病毒感染肺炎疫情的通知》，支持企业跨境融资防控疫情，如确有需要的，可取消企业借用外债限额。

3. 稳步推进双边本币互换。为规避美元汇率风险，维护金融市场稳定，促进贸易投资便利化，为离岸人民币市场提供流动性，我国继续推进双边本币互换。2018~2021年，我国累计与澳大利亚、阿尔巴尼亚等31个国家或地区签署双边本币互换协议44个，总金额4.7155万亿元，31个对手国家或地区覆盖了除南极洲外的六大洲，分布于亚洲（15个）、欧洲（8个）、南美洲（3个）、非洲（2个）、大洋洲（2个）、北美洲（1个），具体如表3-6所示。其中，与尼日利亚、日本、老挝以及中国澳门4个国家或地区新签双边本币互换协议4个，总金额2510亿元，除尼日利亚属于非洲外，剩余3个国家或地区均属于亚洲；与澳大利亚、阿尔巴尼亚等27个国家或地区续签双边本币互换协议33个，总金额33495亿元，对手国家或地区分布于亚洲（11个）、欧洲（8个）、南美洲（3个）、大洋洲（2个）、非洲（2个）、北美洲（1个）；与巴基斯坦、智利、韩国、中国香港、土耳其签署双边本币互换修订协议5个，总金额10150亿元，除智利属于南美洲外，剩余4个国家或地区均属于亚洲；与阿根廷、匈牙利签署双边本币互换补充协议2个，总金额1000亿元，阿根廷位于南美洲，匈牙利位于欧洲。

表3-6 　　　　　2018~2021年与中国签署的货币互换协议情况

序号	时间	对手国家或地区	规模（亿元）	协议性质	对手国家或地区所属大洲
1	2018.3.30	澳大利亚	2 000	续签	大洋洲
2	2018.4.3	阿尔巴尼亚	20	续签	欧洲
3	2018.4.11	南非	300	续签	非洲
4	2018.4.27	尼日利亚	150	新签	非洲
5	2018.5.10	白俄罗斯	70	续签	欧洲
6	2018.5.23	巴基斯坦	200	续签	亚洲
7	2018.5.25	智利	220	续签	南美洲
8	2018.5.28	哈萨克斯坦	70	续签	亚洲
9	2018.8.20	马来西亚	1 800	续签	亚洲

续表

序号	时间	对手国家或地区	规模（亿元）	协议性质	对手国家或地区所属大洲
10	2018.10.13	英国	3 500	续签	欧洲
11	2018.10.26	日本	2 000	新签	亚洲
12	2018.11.16	印度尼西亚	2 000	续签	亚洲
13	2018.12.10	乌克兰	150	续签	欧洲
14	2019.2.11	苏里南	10	续签	南美洲
15	2019.5.10	新加坡	3 000	续签	亚洲
16	2019.5.30	土耳其	120	续签	亚洲
17	2019.10.8	欧盟	3 500	续签	欧洲
18	2019.12.5	中国澳门	300	新签	亚洲
19	2019.12.10	匈牙利	200	续签	欧洲
20	2020.5.20	老挝	60	新签	亚洲
21	2020.7.31	巴基斯坦	300	修订	亚洲
22	2020.7.31	智利	500	修订	南美洲
23	2020.7.31	蒙古国	150	续签	亚洲
24	2020.8.6	阿根廷	700	续签	南美洲
25	2020.8.6	阿根廷	600	补充	南美洲
26	2020.8.22	新西兰	250	续签	大洋洲
27	2020.9.17	匈牙利	400	补充	欧洲
28	2020.10.11	韩国	4 000	修订	亚洲
29	2020.10.19	冰岛	35	续签	欧洲
30	2020.11.23	俄罗斯	1 500	续签	欧洲
31	2020.11.23	中国香港	5 000	修订	亚洲
32	2020.12.22	泰国	700	续签	亚洲
33	2021.1.6	卡塔尔	350	续签	亚洲
34	2021.1.7	加拿大	2 000	续签	北美洲
35	2021.3.19	斯里兰卡	100	续签	亚洲
36	2021.6.4	土耳其	350	修订	亚洲
37	2021.6.9	尼日利亚	150	续签	非洲

续表

序号	时间	对手国家或地区	规模（亿元）	协议性质	对手国家或地区所属大洲
38	2021.7.6	澳大利亚	2 000	续签	大洋洲
39	2021.7.12	马来西亚	1 800	续签	亚洲
40	2021.7.13	巴基斯坦	300	续签	亚洲
41	2021.8.20	智利	500	续签	南美洲
42	2021.9.13	南非	300	续签	非洲
43	2021.10.25	日本	2 000	续签	亚洲
44	2021.11.12	英国	3 500	续签	欧洲

资料来源：中国人民银行《2022 年人民币国际化报告》。

4. 加强人民币跨境清算基础设施建设。本阶段，面对错综复杂的国际政治经济环境，尤其是俄乌冲突爆发，以美国为首的西方国家将金融武器化，对俄罗斯发动冻结外汇储备资产、踢出 SWIFT 系统等数千项金融制裁，使我国深刻意识到完善人民币跨境清算基础设施建设的重要性。为此，这一阶段我国稳步推进人民币跨境清算基础设施建设，减少对美国跨境清算系统的依赖，维护我国金融主权安全。

一是稳步推进人民币跨境支付系统（CIPS）建设。2018 年 5 月，CIPS（二期）系统全面投产，向境内外参与者的跨境人民币业务提供资金清算结算服务，引入定时净额结算机制，支持金融市场业务，延长系统对外服务时间，拓展直接参与者类型，完善报文设计，建成 CIPS 备份系统。之后，CIPS 系统保持安全稳定运行，参与机构数量不断增多，系统的网络覆盖面持续扩大，业务量逐步提升，为参与主体跨境支付清算提供了安全、便捷、高效、低成本的服务。截至 2022 年 1 月底，CIPS 系统共有境内外 1 280 家机构接入，其中直接参与者 75 家，较 2017 年底增加了 44 家；间接参与者 1 205 家，较 2017 年底增加了 481 家[①]。截至 2021 年底，CIPS 系统累计处理支付业务 1 085.55 万笔，金额 204.64 万亿元[②]，实际业务覆盖全球 178 个国家或地区的 3 600 多家法人银行机构。

---

① CIPS 系统参与者公告（第七十三期）[EB/OL].[2022 - 01 - 28]. http：//www.cips.com.cn/cips/ywfw/cyzgg/56044/index.html.

② 数据根据中国人民银行 2021 年和 2022 年人民币国际化报告中的数据计算得来。

二是稳步增设境外人民币业务清算行。本阶段，我国在美国、日本、菲律宾授权了 4 家境外人民币业务清算行，具体如表 3 - 7 所示。截至 2021 年底，我国已在 25 个国家或地区授权了 27 家境外人民币业务清算行①，主要集中于亚太地区和欧洲。2018 ~ 2021 年的年平均人民币清算量 375. 58 万亿元，年均增长率为 12. 83%，境外人民币业务清算行人民币清算量稳步提升②。

表 3 - 7　　　　　　2018 ~ 2019 年境外人民币业务清算行情况

序号	时间	国家或地区	清算行	大洲
1	2018. 2. 9	美国	美国摩根大通银行	北美洲
2	2018. 10. 22	日本	中国银行东京分行	亚洲
3	2018. 5. 30	日本	日本三菱日联银行	亚洲
4	2019. 9. 12	菲律宾	中国银行马尼拉分行	亚洲

资料来源：中国人民银行《2021 年人民币国际化报告》。

二、人民币国际化取得的成绩

自 2009 年人民币跨境贸易结算试点开始以来，人民币国际化快速发展，人民币支付货币功能增强，投融资货币功能深化，储备货币功能提升，计价货币功能有新的突破。截至 2021 年 12 月底，人民币已成为全球第三大贸易融资货币③、第四大支付货币和第五大储备货币④。

（一）支付货币功能增强

经过十几年的发展，经常项目和资本项目人民币跨境结算规模增长迅速，人民币在国际支付中的份额日益提升，人民币支付功能明显增强。一是人民币在国际支付中的份额日益提升。据环球银行金融电信协会（SWIFT）数据显示，2021 年 12 月，人民币国际支付份额为 2. 7%，这是

① 2022 年人民币国际化报告 ［EB/OL］. ［2022 - 09 - 24］. http：//www. gov. cn/xinwen/2022 - 09/24/5711660/files/003e0bd04d4742 a5a06869fdc37ea8c8. pdf.
② 数据根据中国人民银行 2019 ~ 2022 年的人民币国际化报告中的数据计算得来。
③ 曹远征. 人民币国际化的独特路径及其未来 ［EB/OL］. ［2022 - 10 - 28］. http：//rdcy. ruc. edu. cn/zw/jszy/cyz/cyzgrzl/2a026c38143b472a9942121a0eb7e2a9. htm.
④ 吴秋余. 人民币成全球第四位支付货币 ［EB/OL］. ［2022 - 09 - 26］. https：//www. yidaiyilu. gov. cn/xwzx/gnxw/279763. htm.

人民币自 2015 年 9 月以来首次超越日本成为第四大国际支付货币，比 2011 年 7 月的第 35 名上升了 31 名[1]。2022 年 1 月，人民币的国际支付份额为 3.2%，比 2015 年 8 月的历史最高点 2.79% 高 0.41 个百分点，人民币全球支付排名维持在第四位[2]。二是经常项目人民币跨境结算规模不断增长。2009 年，我国经常项目人民币跨境结算金额仅为 25.6 亿元，2021 年达到 7.94 万亿元，是 2009 年的 3 101.56 倍。

（二）投融资货币功能深化

经过十几年的发展，人民币的投融资货币功能不断深化。一是资本项目人民币跨境收付起步晚但发展快。2021 年，我国资本项目人民币跨境收付金额已达到 28.66 万亿元，是 2015 年的 5.89 倍。其中，直接投资人民币跨境收付金额合计为 5.8 万亿元，证券投资人民币跨境收付金额合计为 21.24 万亿元，其他投资人民币跨境收付金额合计为 1.61 万亿元[3]。二是跨境证券投资渠道更加丰富和顺畅。我国加快推进金融市场双向开放，不断拓宽投资渠道，A 股相继被纳入明晟 MSCI 指数、富时罗素全球指数和标普道琼斯指数，债券被纳入彭博巴克莱全球综合指数、摩根大通全球新兴市场政府债券指数、富时世界国债指数等各大主流国际指数，人民币证券受到了国际投资者的欢迎。截至 2021 年底，境外主体持有境内股票 3.94 万亿元，同比增长 15.5%；持有境内债券 4.09 万亿元，同比增长 22.8%[4]。三是人民币跨境投融资金额迅速增长。截至 2021 年底，共有 728 家境外机构通过"债券通"投资银行间债券市场，净流入 2 558.78 亿元，较开通"债券通"时的 2017 年新增 476 家境外机构，新增净流入资金 1 652.24 亿元；熊猫债累计发行规模 5 401.70 亿元，同比增长 24.54%；境外主体持有境内人民币金融资产 10.83 万亿元，同比增长 20.60%[5]。2021 年，通过"沪港通"和"深港通"机制，北上资金累计净流入额为

---

① 邱丽芳. 超越日元！人民币成为全球第四大活跃货币［EB/OL］.［2022 - 01 - 22］. http：//www. news. cn/fortune/2022 - 01/22/c_ 1128289683. htm.

② 范子萌. 人民币全球支付排名保持第四［EB/OL］.［2022 - 02 - 18］. http：//www. xinhuanet. com/finance/2022 - 02/18/c_ 1128388673. htm？ isappinstalled = 0.

③④⑤ 2022 年人民币国际化报告［EB/OL］.［2022 - 09 - 24］. http：//www. gov. cn/xin-wen/2022 - 09/24/5711660/files/003e0bd04d4742a5a06869fdc37ea8c8. pdf.

4 098.49 亿元①，比 2016 年的 1 477.8 亿元增加了 177.34%。

（三）储备货币功能提升

2016 年 10 月 1 日，人民币正式加入国际货币基金组织 SDR 货币篮子后，人民币外汇储备规模不断扩大，人民币在全球外汇储备中的占比不断提升，人民币的国际储备货币功能上升。一是人民币外汇储备规模不断扩大。根据 IMF 公布的官方外汇储备构成（COFER）数据，截至 2021 年第四季度，人民币的官方外汇储备规模为 3 361.05 亿美元，较 2016 年第四季度的 907.77 亿美元，增长了 270.25%。二是人民币在全球外汇储备中的占比不断提升。根据 IMF 公布的官方外汇储备构成（COFER）数据，截至 2021 年第四季度末，人民币在全球外汇储备中的占比为 2.69%，较 2016 年第四季度末的 1.08% 增长了 158.33%（见图 3-1）。三是人民币 SDR 权重提升。2022 年 5 月 11 日，国际货币基金组织（IMF）执董会调整特别提款权（SDR）篮子货币中的人民币权重，由 2016 年的 10.92% 上调至 12.28%，人民币权重保持第三位。人民币 SDR 权重的提升将进一步增强人民币的国际认可度，提升人民币和人民币资产的国际吸引力，从而强化了人民币的国际储备货币功能。

（四）计价货币功能有新突破

2013 年以来，中国陆续推出铁矿石、黄金等大宗商品人民币计价，世界上多国的能源资源改用人民币计价，人民币计价货币功能有新突破。一是中国推出大宗商品人民币计价。2013 年以来，人民币计价的铁矿石、原油、精对苯二甲酸（PTA）、20 号胶、低硫燃料油、国际铜和棕榈油 7 个特定品种交易期货上市交易，境外交易者可将人民币作为保证金进行投资。截至 2021 年末，境外参与者累计汇入保证金 1 244.98 亿元，累计汇出 1 253.05 亿元，其中人民币占比分别为 69.1% 和 81.3%②。二是多国的能源资源改用人民币计价。不满于美国实施的金融制裁和美元的霸权地位，许多国家为维护国家安全而加速"去美元化"进程，推动石油等能源

---

①② 2022 年人民币国际化报告［EB/OL］．［2022-09-24］．http：//www.gov.cn/xinwen/ 2022-09/24/5711660/files/003e0bd04d4742a5a06869fdc37ea8c8.pdf.

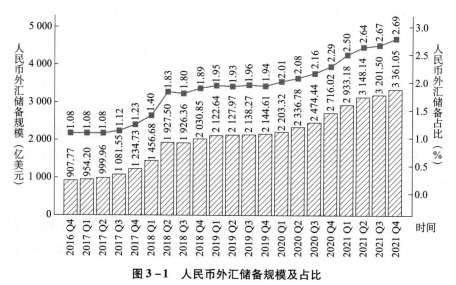

图3-1 人民币外汇储备规模及占比

资料来源：国际货币基金组织 COFER 数据库。

资源以人民币计价。2015年以来，伊朗、委内瑞拉、俄罗斯、沙特阿拉伯等多个石油大国改用人民币作为石油的计价货币；全球三大铁矿石供应商巴西淡水河谷、澳大利亚必和必拓、澳大利亚力拓及澳大利亚第三大铁矿石供应商 FMG 都开始用人民币计价销售铁矿石。2021年7月，全国碳排放权交易市场上线交易，一年时间内累计成交额84.92亿元，成为同期全球最大碳现货市场。

三、新时代人民币国际化面临的机遇

党的十九大报告指出，中国特色社会主义进入了新时代。新时代，我国经济高质量发展，金融科技日新月异，区域经济合作不断加强，人民币国际化面临着新机遇。

（一）中国经济高质量发展为人民币国际化保驾护航

党的十九大报告指出，我国经济已由高速增长阶段转向高质量发展阶段。中国经济的高质量发展，为人民币国际化提供了坚实的基础和强大的动力。一是中国日益增强的经济实力是人民币国际化的坚实基础。人类社会关键性货币均是由强大经济体提供的。1978年以来，中国开始转向以经

济建设为中心，全面深化改革与扩大对外开放，实现经济高速增长，年均增速达9.23%，远高于世界经济2.9%的年均增速。近年来，尽管面对国内外复杂多变的政治经济形势和新冠肺炎疫情造成的冲击，中国实施供给侧结构性改革，贯彻新发展理念，构建新发展格局，推动经济结构和产业结构转型升级，经济保持平稳健康运行，显示出强大的韧性。中国已经连续多年保持世界第二大经济体的地位。2020年，我国更是成为全球唯一实现经济正增长的国家，GDP总值首次突破100万亿元，高达101.6万亿元，同比增长2.3%。2021年，我国经济继续稳定增长，国内生产总值（GDP）为114万亿元，同比增长8.1%[①]，经济增速在世界主要经济体中名列前茅。经济实力的强大，发展质量的提高，为人民币国际化夯实了物质基础、坚定了市场信心。二是跨境贸易和投资的快速发展为人民币国际化提供强大的动力。近年来虽然全球经济疲软，贸易保护主义抬头，但国家采取多种措施积极推动跨境贸易投资便利化，对外贸易和投资快速发展，保持全球最大的贸易国和投资目的国。2021年，中国进出口规模达6.05万亿美元，年内跨过5万亿美元、6万亿美元两大台阶，达到历史新高；中国货物贸易进出口总值达39.1万亿元人民币，同比增长21.4%[②]；实际使用外资11 493.6亿元，同比增长14.9%，引资规模创历史新高[③]；对外直接投资9 366.9亿元，同比增长2.2%。中国跨境贸易和投资的快速发展，为人民币国际化提供了动力。三是充足的外汇储备提高了人民币在国际市场的公信力和认可度。截至2021年底，我国外汇储备规模为32 502亿美元，是2016年以来的最高水平[④]。充足的外汇储备让我国有足够的能力应对短期汇率的大幅波动，人民币对外价值稳中有升。2021年，人民币与美元的平均汇率为6.4515，与2020年的平均汇率6.8976相比，提升6.92%[⑤]。在当前国际金融市场震荡的背景下，中国金融市场稳定，人民币的价

[①]　承压前行，2021年中国经济增长8.1%［EB/OL］.［2022 - 01 - 18］. http：//finance. people. com. cn/n1/2022/0118/c1004 - 32333634. html.

[②]　2021年，中国货物贸易进出口总值同比增长21.4%——外贸规模再创新高［EB/OL］.［2022 - 01 - 15］. http：//www. gov. cn/xinwen/2022 - 01/15/content_ 5668308. htm.

[③]　2021年全国利用外资规模再创新高［EB/OL］.［2022 - 01 - 14］. http：//www. gov. cn/xinwen/2022 - 01/14/content_ 5668086. htm.

[④⑤]　中华人民共和国2021年国民经济和社会发展统计公报［EB/OL］.［2022 - 02 - 28］. http：//www. gov. cn/xinwen/2022 - 02/28/content_ 5676015. htm.

值凸显，进一步提升了人民币及人民币计价资产在国际市场上的认可度和吸引力。

（二）全球金融治理改革呼唤人民币国际化①

2008 年以来，主要国家货币政策分化，国际金融市场持续动荡，全球金融脆弱性上升，国际社会盼望推进国际金融体系改革，维护全球金融稳定。在党的二十大报告中，习近平总书记强调积极参与全球治理体系改革和建设，为构建人类命运共同体不断贡献中国智慧、中国方案和中国力量。

当前，单极化国际货币体系与多元化世界经贸格局之间的不协调，增大了对全球金融市场的冲击。推进人民币国际化，发挥人民币在国际贸易中的计价、支付、结算以及储备功能，是中国参与全球金融治理改革、促进全球经济发展与维护金融稳定的必然要求。一是全球金融治理体系改革需要人民币国际化的赋能。尽管当前全球金融治理变革取得积极进展，二十国集团围绕全球重大金融问题开展卓有成效的沟通与协调，但是全球金融治理体系的弊端依然存在，比如"中心—外围"治理结构忽视发展中国家崛起的现实，对发达国家货币政策负面外溢缺乏约束，对发展中国家的救助机制不够完善等，给全球经济金融发展带来极大的不确定性。当前全球金融治理体系的缺陷和问题，为中国通过人民币国际化参与全球金融治理体系改革提供了机遇和窗口期。全球金融治理体系改革需要人民币国际化的赋能。人民币国际化将打破美元"一家独大"局面，推动 IMF 份额改革，削弱美国货币政策的负面溢出效应，为国际贸易投资、金融交易提供新的币种选择，满足国际社会的多样化融资需求。二是人民币国际化是中国向世界提供的公共产品。当前，以美国为首的发达国家政策"内顾"倾向明显，更加关注国内经济增长与就业问题，提供全球公共产品的能力与动力下降。人民币作为中国为全球经济社会发展提供的公共产品，不仅缓解了美元对国际金融市场的波动影响，建立深化区域经济合作与危机救助机制，而且带动区域经济金融合作，将中国与各国命运和福祉连在一起，

---

① 本部分是项目研究的阶段性成果。笔者以"人民币国际化赋能全球金融治理改革的思考"为题，发表于《兰州财经大学学报》2019 年第 6 期，在此有所删减。

形成命运共同体。截至 2021 年 12 月底，人民币已成为全球第三大贸易融资货币①、第四大支付货币和第五大储备货币②。总之，人民币成为国际货币是中国从站起来、富起来到强起来的金融标志，人民币国际化实质上是通过做大做强金融打造经济强国的过程，它是中国参与全球金融治理改革的必然要求。

（三）区域经济合作推动人民币国际化向纵深发展

在逆全球化思潮和贸易保护主义抬头的大背景下，我国加强区域经济合作，推进市场、产业和要素一体化，便利跨境贸易和投融资，为人民币国际化向纵深发展提供助力。一是高质量共建"一带一路"为稳慎有序推进人民币国际化创造重要平台。2013 年，习近平主席提出共建"丝绸之路经济带"和 21 世纪"海上丝绸之路"的倡议。2015 年 3 月，国家发展和改革委员会、外交部和商务部联合发布《推动共建丝绸之路经济带和 21 世纪海上丝绸之路的愿景和行动》，我国正式实施"一带一路"倡议。2013 年以来，我国与"一带一路"沿线国家加强贸易投资合作，中国—白俄罗斯工业园、中欧班列、亚洲基础设施投资银行等一批重大建设项目落地，催生了广泛的人民币跨境使用需求，拓宽了人民币国际化的使用和流通空间，为推动人民币国际化向纵深发展搭建了广阔平台。截至 2022 年 7 月底，我国已与 149 个国家、32 个国际组织签署 200 多份共建"一带一路"合作文件③。2021 年，我国与"一带一路"沿线国家进出口总值为 11.6 万亿元，比 2013 年增长 79.56%，占同期我国外贸总值的 29.7%，较 2013 年提高了 4.7 个百分点④。二是 RCEP 的实施为人民币国际化创造广阔需求和发展空间。历经 8 年谈判，2020 年 11 月，东盟 10 国及中国、日本、韩国、澳大利亚、新西兰签署了《区域全面经济伙伴关系协定》

① 曹远征. 人民币国际化的独特路径及其未来 ［EB/OL］.［2022 - 10 - 28］. http：//rdcy. ruc. edu. cn/zw/jszy/cyz/cyzgrzl/2a026c38143b472a9942121a0eb7e2a9. htm.

② 吴秋余. 人民币成全球第四位支付货币 ［EB/OL］.［2022 - 09 - 26］. https：//www. yidaiyilu. gov. cn/xwzx/gnxw/279763. htm.

③ 一图读懂｜关于共建"一带一路"进展情况 ［EB/OL］.［2022 - 08 - 22］. https：//www. ndrc. gov. cn/fzggw/jgsj/zys/sjdt/202208/t20220822_ 1333536. html？code = &state = 123.

④ 国务院新闻办就 2021 年全年进出口情况举行发布会 ［EB/OL］.［2022 - 01 - 15］. http：//www. gov. cn/xinwen/2022 - 01/15/content_ 5668472. htm.

（RCEP）。2022 年 1 月，RCEP 正式生效。作为全球最大的自由贸易协定，RECP 统一了各国在贸易、投资准入及电子商务等方面的规则，将降低跨境贸易投资的壁垒和成本，激发跨境贸易和金融服务需求，区域内的商品、服务贸易及资本、人员流动将大大增加，金融开放和金融合作水平将进一步提高，为人民币国际化创造广阔的需求和发展空间。海关统计数据显示，2021 年我国对 RCEP 其他 14 个成员国进出口 12.07 万亿元，增长18.1%，占我国外贸总值的 30.9%①。三是其他正在积极争取的区域经济合作计划将助推人民币国际化发展。2020 年 12 月 30 日，中国与欧盟原则上达成《中欧全面投资协定》（CAI）。虽然 2021 年 5 月欧洲议会以压倒性的票数通过了冻结中欧投资协定的议案，但双方一直为协定的签署和批准生效做准备。如果 CAI 生效，中国将进一步与国际规则接轨，实施更高水平开放，为人民币国际化创造新的机遇。同时，中国还在加快中日韩自贸协定谈判进程，积极考虑加入《全面与进步跨太平洋伙伴关系协定》，这意味着中国将接受高标准的国际贸易规则，从而进一步倒逼中国改革开放，助推经济高质量发展和金融市场的完善，为人民币国际化奠定基础。

（四）金融科技发展为人民币国际化提供了新支点

近年来，我国金融科技快速发展，尤其是在移动支付和央行数字货币方面比较优势明显，成为推动人民币国际化的新支点。一是移动支付促进人民币跨境使用和国际化程度。2013 年 10 月，支付宝、财付通等 17 家支付机构被批准开展跨境外汇支付业务试点。2014 年 2 月，银联电子支付、通联等 5 家支付机构取得了首批跨境人民币支付业务资格。截至 2021 年 4月，全国共有 30 家企业获得国家外汇管理局颁发的跨境支付牌照②。支付宝、财付通等支付机构积极开拓海外市场，在数十个经济体推出了海外电子钱包。多元化的移动支付工具，不仅可以降低跨境支付成本，提高支付效率，促进了人民币的跨境使用，还可以提高境外主体对人民币的认知程

---

① 国务院新闻办就2021 年全年进出口情况举行发布会 ［EB/OL］．［2022 - 01 - 15］．http：//www. gov. cn/xinwen/2022 - 01/15/content_ 5668472. htm.

② 2021 年中国跨境支付行业市场现状及发展趋势分析 第三方支付推动行业多元化发展［EB/OL］．［2021 - 04 - 22］．https：//bg. qianzhan. com/report/detail/300/210422 - dfcd3428. html.

度，有利于人民币的国际化。二是数字货币给予了人民币国际化弯道超车的机会。世界各国在数字货币领域的竞争日趋激烈，数字货币的推出将给予了现行国际货币体系中处于劣势的国家实现"弯道超车"的机会，中国抢抓数字货币发展的有利时机，及时推出了数字人民币。目前，法定数字人民币在国际上率先开展研发并进行试点，已基本完成标准制定、功能研发和联调测试等工作，在深圳、苏州、雄安、成都、上海、海南、长沙、西安、青岛、大连等地和 2022 年北京冬奥会场景开展数字人民币试点。截至 2021 年底，数字人民币试点场景已超过 808.51 万个，开立个人钱包2.61 亿个，交易金额 875.65 亿元①。法定数字人民币在全球率先推出并顺利运行，有利于我国迅速占领技术和应用制高点，提升数字时代人民币的国际话语权。同时，通过大宗商品数字结算，形成大宗商品现货贸易数字货币的应用生态圈，可以提高人民币的定价权，逐步扩大数字人民币结算规模，拓展人民币国际化的空间，对人民币国际化进程产生深远影响。

（五）俄乌冲突为人民币国际化提供了较好的窗口期

俄乌冲突发生后，美国依靠美元霸权体系对俄罗斯实施了严厉的金融制裁，进一步暴露了现行国际货币体系的缺点，为人民币国际化提供了较好的窗口期。一是人民币价值稳定提升了国际吸引力。受俄乌冲突影响，国际金融市场动荡，股市暴跌、大宗商品价格暴涨，卢布、欧元、英镑等货币汇率不断下降，市场恐慌情绪蔓延，投资者逃离风险资产转向避险资产。中国是和平与发展的维护者与倡导者，经济的韧性和活力经受住了疫情考验，经济基本面长期向好，供应链韧性优势明显，外汇市场运行平稳，人民币价值稳中有升，避险功能凸显，国际吸引力持续提升。二是为中国提供了以较低价格购入俄罗斯大宗商品的机会。俄乌冲突中美国、日本和部分欧洲国家联合对俄罗斯进行制裁，冻结了俄罗斯的外汇储备与黄金储备，使其他国家意识到多元化投资于美元、欧元、英镑等主要国际货币及资产并不安全。此时，直接进口大宗商品以备将来需要成了另一种选

① 吴秋余. 企业贷款利率创改革开放以来最低水平 金融支持实体经济力度持续加大［EB/OL］.［2022-01-19］. http：//www. gov. cn/xinwen/2022-01/19/content_ 5669203. htm.

择。而俄乌冲突中，俄罗斯的大宗商品因遭遇西方国家的制裁价格相对较低，为中国购入俄罗斯大宗商品提供了机会。三是为中国推动大宗商品人民币计价与结算提供了机遇。俄乌冲突中以美国为首的西方国家对俄罗斯的制裁，让俄罗斯、伊朗、沙特阿拉伯等大宗商品出口国对美元资产的安全性心存顾虑，加速"去美元化"进程，开始寻求其他选择。而中国经济长期向好，外汇市场运行平稳，人民币汇率稳中有升，政府信誉较高，人民币及人民币资产在国际市场的吸引力和公信力提高，许多大宗商品出口国愿意选择或者接受人民币作为计价和结算工具。四是为我国推动 CIPS 的国际化与普及化提供了机遇。此次俄乌冲突中，美国、欧盟、英国和加拿大禁止俄罗斯部分银行使用环球同业银行金融电讯协会（SWIFT）系统。加之美国之前多次对伊朗、俄罗斯采取相同措施，把 SWIFT 作为其实施霸权威胁的重要手段之一，许多国家开始寻求其他替代系统以防止被制裁，这为我国推动 CIPS 的国际化与普及化提供了难得的机遇。

第二节　人民币国际化的水平测度

为客观反映人民币国际化水平及其动态变化，准确评估人民币与世界主要货币国际化水平的差异，需要对人民币、美元等世界主要货币的国际化水平进行测度。本节主要从国际货币的交易媒介、计价单位和价值储藏三大职能出发，利用主成分分析法构建货币国际化指数，测算并比较人民币与美元、欧元、日元、英镑等世界主要货币的国际化程度。

一、变量与数据选取

根据前面所述，国际货币的主要职能是交易媒介、计价单位和价值储藏。本部分选取国际贸易结算货币份额和全球外汇交易货币份额作为衡量交易媒介职能的指标，选取国际债券和票据发行货币份额作为衡量计价单位职能的指标，选取央行外汇储备货币份额、国际债券和票据余额货币份额和全球对外信贷货币份额作为衡量价值储藏职能的指标，具体如表 3 - 8 所示。

表 3 - 8   货币国际化指数的指标体系及数据来源

货币职能	衡量指标	变量	数据来源
交易媒介	国际贸易结算货币份额	ITSS	国际货币基金组织
	全球外汇交易货币份额	GFTS	国际清算银行
计价单位	国际债券和票据发行额货币份额	IBNIF	国际清算银行
价值储藏	央行外汇储备货币份额	CBFRS	国际货币基金组织
	国际债券和票据余额货币份额	IBNBS	国际清算银行
	全球对外信贷货币份额	GCS	国际清算银行

考虑数据的可得性，本部分分别测度了美元、欧元、英镑、日元、人民币国际化的指数。样本选取日期为 2009 ~ 2021 年。由于获得的各项指标的数据频率不同，国际贸易结算交易货币份额为年度数据，央行外汇交易货币份额为三年期数据，国际债券和票据发行额货币份额、全球外汇储备货币份额、国际债券和票据余额货币份额、全球对外信贷货币份额为季度数据，且央行外汇交易货币份额中人民币份额在 2016 年第四季度才开始单独统计，因此，我们将数据统一为年度数据，并补全缺失数据。具体处理方法如下：全球外汇交易货币份额为三年期数据，我们运用线性插值法补全年度数据。由于季度数据全球外汇储备货币份额、国际债券和票据余额货币份额、全球对外信贷货币份额存量数据，我们使用每年的第四季度数据代表该年的年度数据；国际债券和票据发行额货币份额则使用国际债券和票据发行额四个季度的总和作为年度数据。对于全球外汇储备货币份额缺失的人民币 2009 ~ 2015 年度的数据，我们借鉴杨晨姝（2018），程贵和张小霞（2020）的做法，从 COFER 中"以其他币种持有的储备"的比重出发，利用已有人民币储备占比，推算出人民币国际储备份额。

二、指数测算

本书借鉴董等（2012），彭红枫和谭小玉（2017），沙文兵、钱圆圆、程孝强等（2020）的做法，采用主成分分析法测算货币国际化指数。具体方法如下：假设有 k 个反映货币国际化程度的指标，每个指标的时间长度为 T，所有指标构成数据集矩阵 $X_{T \times k}$，$R_{k \times k}$ 为主成分分析得到的协方差矩阵。计算得到 $R_{k\times k}$ 的第 i 个特征值 λ_i（i=1，…，k）和第 i 个特征向量 $\alpha_{k\times 1}^i$（i=1，…，k），则第 i 个主成分为 $PC_i = X\alpha^i$，且 $\lambda_i = Var（PC_i）$。构建国际化指数如下：

$$Index = \frac{\sum_{i=1}^{k}\lambda_i PC_i}{\sum_{i=1}^{k}\lambda_i} = \frac{\sum_{i=1}^{k}\sum_{j=1}^{k}\lambda_i\alpha_j^i x_j}{\sum_{i=1}^{k}\lambda_i} = \sum_{j=1}^{k}\omega_j x_j$$

其中，x_j（j=1，…，k）为矩阵 X 的第 j 列，即第 j 个指标，ω_j 为第 j 个指标的权重。

$$\omega_j = \frac{\sum_{i=1}^{k}\lambda_i\alpha_j^i}{\sum_{i=1}^{k}\lambda_i}$$

运用 SPSS 软件计算出的特征值和特征向量如表 3-9 和表 3-10 所示。

表 3-9　　　　主成分分析特征值和贡献度

序号	特征值	贡献度（%）	累计贡献度（%）
1	4.8723	81.2055	81.2055
2	0.9197	15.3276	96.5331
3	0.1757	2.9280	99.4611
4	0.0230	0.3835	99.8446
5	0.0070	0.1160	99.9606
6	0.0024	0.0394	100.0000

表 3-10　　　　主成分分析特征向量

变量	1	2	3	4	5	6
ITSS	0.4455	-0.1073	-0.1691	-0.8604	0.1452	-0.0026
GFTS	0.4365	0.1833	-0.4537	0.1688	-0.7310	0.0845
IBNIF	0.3914	-0.4288	0.6899	0.0675	-0.3192	-0.2838
CBFRS	0.3188	0.7108	0.4762	0.0017	0.1185	0.3903
IBNBS	0.4031	-0.4661	-0.1447	0.3548	0.3632	0.5844
GCS	0.4400	0.2203	-0.2047	0.3174	0.4436	-0.6469

根据以上方法，我们使用主成分分析法计算得到用于测度人民币国际化水平的各项指标的权重，具体如表 3-11 所示。

表 3 – 11　　　　　　　　　　　货币国际化指数权重

指标	ITSS	GFTS	IBNIF	CBFRS	IBNBS	GCS
权重	0.1686	0.1845	0.1360	0.1909	0.1268	0.1932

由表 3 – 11 可以看出以下三点：一是衡量货币国际化水平时，货币的价值储藏职能处于最重要的地位。由表 3 – 11 可知，反映国际货币价值储藏职能的全球对外信贷货币份额（GCS）和央行外汇储备货币份额（CBFRS）两个指标的权重最大，分别为 0.1932 和 0.1909，这说明货币的价值储藏职能在衡量货币国际化水平时处于最重要的地位。这一点可以从货币国际化的发展历程来印证。一国货币只有跨越国界发挥交易媒介和计价单位职能以后，才能在国际市场上沉淀最后成为价值储藏货币，价值储藏职能是建立在交易媒介和计价单位职能的基础上的（吴舒钰和李稻葵，2018）。由此可见，价值储藏是货币国际化的更高阶段职能，在衡量货币国际化水平时具有更重要的作用。这也与很多学者使用货币的外汇储备份额来代表货币国际化水平的方法一致。二是衡量货币国际化水平时，货币的交易媒介职能处于比较重要的地位。由表 3 – 11 可知，反映国际货币交易媒介职能的国际贸易结算货币份额（ITSS）和全球外汇交易货币份额（GFTS）两个指标相对较大，分别为 0.1686 和 0.1845，这说明货币的交易媒介职能在衡量货币国际化水平中起着比较重要的作用。从世界主要货币的国际化历程可以看出，交易媒介职能是国际货币的基础职能，世界主要货币的国际化均起源于跨境贸易结算，因此交易媒介职能在衡量货币国际化时起着相对重要的作用。作为后发的国际货币，我国在推动人民币国际化的实践中，也是先从推动跨境贸易便利化开始的。三是国际债券和票据发行额份额及余额份额在一定程度上能衡量货币国际化水平。由表 3 – 11 可知，反映国际货币计价单位职能的国际债券和票据发行额货币份额（IBNIF）及反映国际货币价值储藏职能的国际债券和票据余额货币份额（IBNBS）两个指标的权重最小，分别为 0.1360 和 0.1268。这主要是因为国际证券市场的兴起晚于国际贸易，发展水平相对滞后。例如，受制金融市场发展水平，在开放国际收支项目时，我国首先放开了经常项目管制，之后才逐渐放开资本项目管制，推进跨境投融资便利的政策和举措也相对审慎。但需要指出的是，随着资本金融项目开放程度的提升，跨境金融交易将发挥

重要的作用。因此，国际债券和票据发行额货币份额及国际债券和票据余额货币份额两个指标能够较好地反映一国货币在国际证券市场的国际化程度，在一定程度上也能衡量货币国际化水平。

货币国际化指数是 0~100 的数值，也就是说，如果一种货币在国际市场的占有率为 0%，则国际化水平为 0，如果占有率为 100%，则国际化水平为 100。因此，我们使用各项指标（x_i）及其权重（ω_i），通过以下公式，计算得到货币国际化综合指数：

$$Index = \sum_{i=1}^{6} \omega_i x_i$$

根据各项指标权重，测算出美元、欧元、英镑、日元、人民币的货币国际化综合指数，具体如图 3 – 2 和表 3 – 12 所示。

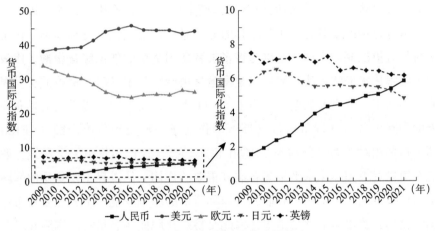

图 3 – 2　货币国际化综合指数

表 3 – 12　　　　　　　　　货币国际化综合指数

年份	人民币	美元	欧元	英镑	日元
2009	1.6030	38.3952	34.0775	7.5199	5.8917
2010	1.9549	39.0395	32.4824	6.9269	6.4067
2011	2.4140	39.2981	31.2104	7.1592	6.5626
2012	2.6871	39.5319	30.3650	7.2123	6.2879
2013	3.3207	41.5102	28.5754	7.3398	5.8113
2014	3.9544	44.0285	26.2506	6.9695	5.5441
2015	4.3736	44.9703	25.0148	7.2972	5.5575

续表

年份	人民币	美元	欧元	英镑	日元
2016	4.4804	45.7127	24.6894	6.4951	5.6153
2017	4.6769	44.4793	25.4528	6.6130	5.5205
2018	4.9907	44.3203	25.6330	6.4757	5.6028
2019	5.0910	44.3712	25.4096	6.4462	5.5120
2020	5.4177	43.3754	26.7524	6.2513	5.3287
2021	5.8774	43.9622	26.2402	6.1785	4.8562

三、测 算 结 果 分 析

本部分首先对货币国际化综合指数进行比较以准确分析人民币国际化的发展变化情况及其在国际货币体系中的地位；其次，从交易媒介、计价单位、价值储藏三个职能分别测算了五种货币的分职能国际化指数，进一步分析世界主要货币在不同职能上国际化水平的动态变化及所处位置。

（一）货币国际化综合指数比较

从表 3 - 12 和图 3 - 2 可以看出：一是人民币国际化水平稳步提高。自 2009 年我国正式启动跨境贸易人民币结算试点以来，人民币国际化综合指数从 2009 年的 1.6030 上升至 2021 年的 5.8774，人民币国际化水平稳步提高。其中，2012 年以前人民币国际化综合指数增长相对较快，由 2009 年的 1.6030 增长至 2012 年的 2.6871，平均每年增长 0.3614；2013~2015 年，人民币国际化综合指数快速增长，三年时间由 2012 年的 2.6871 增长至 2015 年的 4.3736，平均每年增长 0.5622；2016~2017 年人民币国际化综合指数增长速度明显放缓，两年时间由 2015 年的 4.3736 增长至 2017 年的 4.6769，平均每年增长 0.1517；2018~2021 年人民币国际化综合指数又开始稳步增长，四年时间由 2017 年的 4.6769 增长至 2021 年的 5.8774，平均每年增长 0.3001。二是美元和欧元的国际化水平处于国际货币体系的第一梯队。美元和欧元的国际化综合指数远高于其他货币，处于国际货币体系的第一梯队。美元的国际化综合指数在 2009~2012 年增长缓慢，2013~2016 年增长较快，2017~2021 年有小幅回落，最低点为 2009 年的

38.3952，最高点为 2016 年的 45.7127，排名第一；因欧债危机影响，欧元的国际化综合指数在 2009～2016 年下降速度较快，2017～2021 年呈小幅回升，最低点为 2016 年的 24.6894，最高点为 2009 年的 34.0775，排名第二。三是英镑和日元的国际化水平在国际货币体系中处于第二梯队。英镑的国际化综合指数保持第三名，整体上呈缓慢下降趋势，其中 2011～2013 年基本保持稳定，有轻微幅度上升；之后，除 2015 年有小幅度上升外，英镑的国际化综合指数保持缓慢下降趋势。日元的国际化综合指数在 2009～2011 年缓慢增长，之后呈现缓慢下降趋势。四是人民币国际化水平仍然较低。虽然人民币国际化水平稳步提高，但是与美元、欧元等世界主要货币相比，人民币的国际化程度仍然较低。2021 年人民币国际化综合指数为 5.9774，分别比美元、欧元、英镑的国际化综合指数小 38.0848、20.3628、0.3011。需要注意的是，由于人民币国际化水平的快速发展，人民币国际化综合指数与日元和英镑的国际化综合指数差距逐渐变小，在 2020 年，人民币国际化综合指数首次反超日元。

（二）货币国际化分项指数比较

为进一步分析各主要货币在不同职能上国际化水平的动态变化，我们分别从交易媒介、计价单位、价值储藏三个职能分别测算了五种货币的分职能国际化指数，具体结果如图 3-3、图 3-4 和图 3-5 所示，图 3-6 是人民币分职能国际化指数。

根据图 3-3～图 3-6 可以得出以下结论：一是美元和欧元国际化的分项指数仍处于领先地位。美元和欧元的三大职能国际化指数均远远高于英镑、日元和人民币。具体来看，美元的交易媒介职能和价值储藏职能国际化指数均高于欧元，且差距不断扩大。而在计价单位职能国际化指数方面，2012 年之前欧元的计价单位职能国际化指数高于美元，2013 年美元的计价单位职能国际化指数超过欧元，之后一直保持领先。二是英镑和日元国际化的分项指数维持在第二梯队。英镑、日元的分项指数基本保持稳定，远低于美元和欧元。其中，英镑的交易媒介职能和价值储藏职能国际化指数分别与日元的相应分项指数大体相当，但英镑的计价单位职能国际化指数远高于日元。三是人民币国际化的分项指数与其他世界主要货币相比仍存在较大差距。人民币的三大职能国际化指数均与美元和欧元的差距

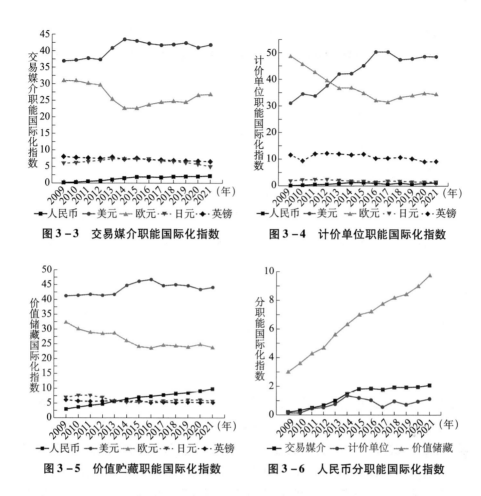

图3-3 交易媒介职能国际化指数

图3-4 计价单位职能国际化指数

图3-5 价值贮藏职能国际化指数

图3-6 人民币分职能国际化指数

巨大。人民币的交易媒介职能国际化指数缓慢上升,与英镑和日元的差距逐渐缩小,但仍低于英镑和欧元的交易媒介职能国际化指数。人民币的计价单位职能国际化指数一直维持在较低水平,远低于英镑的计价单位职能国际化指数、略低于日元的计价单位职能国际化指数。人民币的价值储藏职能国际指数快速增长,从2013年开始超过英镑和日元的价值储藏职能国际化指数。四是人民币价值储藏职能国际化指数远高于交易媒介职能和计价单位职能国际化指数。由图3-6可以看出,人民币价值储藏职能国际化指数不仅远高于交易媒介职能和计价单位职能国际化指数,而且增长速度是最快的,这说明人民币国际化水平的提高主要是由价值储藏职能推动的。人民币交易媒介职能国际化指数一直呈缓慢增长态势且高于计价单位职能国际化指数,在2009~2014年两者差距较小,但从2015年开始,二者差距逐渐拉大。人民币计价单位职能国际化指数在 2009~2014 年缓慢增长，2015~2017 年快速下降，2018~2021 年又呈缓慢上升趋势，但仍低于 2014 年水平。

第三节　人民币国际化的战略反思①

人民币国际化虽然取得了较好的成绩，但是也出现了发展动力不足、发展速度放缓、人民币国际化水平仍比较低等问题。人民币国际化受阻表面上是人民币汇率贬值、中美利差收窄的结果，但究其本质与人民币国际化部署密不可分。本节从以下六个方面反思人民币国际化战略的局限性。

一、人民国际化侧重跨境贸易投资结算功能，忽略计价货币功能

随着中国大力推进跨境贸易投资人民币结算，人民币跨境贸易投资结算规模稳步上升。《人民币国际化报告 2021》显示，2020 年，中国跨境贸易人民币结算业务累计 6.77 万亿元，同比增长 12.1%，以人民币结算的对外直接投资 1.05 万亿元，同比增长 39.1%，尽管我国人民币结算功能得到迅速发挥，但其计价功能进展缓慢。目前，许多国际机构或企业采用"美元计价、人民币结算"交易模式，造成人民币国际化极不稳定。当人民币兑美元汇率升值时，国际机构或企业对人民币需求增加，选择人民币进行结算；当人民币兑美元汇率贬值时，国际机构或企业就会选择美元进行结算。如果采用人民币计价可以强化人民币的国际性地位与定价职能，缓解人民币汇率波动造成的结算规模波动。以美元为例，布雷顿森林体系瓦解后，美国与沙特阿拉伯签署采取美元作为全球原油计价货币的协议，使美元地位得到巩固与提升。这不仅增加石油进出口国的美元外汇储备占比，使美元成为大多数国家的储备货币，而且巩固美元在全球金融资产、利率汇率定价基准，成为锚货币②。截至目前，受到美元计价惯性、国内

---

① 本部分笔者以"新时代人民币国际化的推进路径研究"为题，发表于《现代经济探讨》2020 年第 10 期，在此略有删改。

② 张明，高卓琼. 原油期货交易计价与人民币国际化 [J]. 上海金融，2019 (6)：44-49.

企业处于全球产业链低端、国内金融市场欠发达等因素限制，人民币的计价功能尚未得到充分挖掘。

二、人民币离岸市场与在岸市场非协调发展，加剧市场投机行为

为促进跨境人民币交易与流通，中国在新加坡、伦敦、法兰克福等地建立离岸人民币市场，形成境外存款、债券、衍生品交易等人民币业务。离岸人民币市场创造人民币"体外循环"机制，满足非居民对人民币的交易清算与储备需求。截至 2020 年底，主要离岸市场人民币存款余额超过 1.27 万亿元，人民币贷款余额为 5 285.49 亿元，有人民币清算安排的国家和地区人民币债券未偿付余额 2 648.72 亿元，人民币存单（CD）发行余额 1 221.49 亿元。然而，在国内金融市场发展滞后的情况下，人民币离岸与在岸金融市场未能实现有效对接与协调发展。这不仅容易引发国际套汇、套利的投机行为，加剧人民币汇率波动，而且直接增加国内货币政策调控难度，削弱对未来人民币的定价权[①]。对比日元与美元国际化的经验与教训，日本采取"离岸中心 + 贸易结算"的日元国际化模式，离岸市场被国际资本套利动机所主导，造成日本国内泡沫急剧扩大与破灭，使实体经济陷入长期停滞；美国依托"资本输出 + 跨国企业"的美元国际化模式，有效培育国际市场对美元的真实需求，巩固美元的市场需求基础。由此可见，离岸人民币市场侧重满足非居民对人民币的交易需求，缺乏真实的市场需求基础，不利于扎实推进人民币国际化发展。

三、货币互换协议处于"休眠"状态，尚未发挥流动性释放作用

货币互换的目的是为跨境贸易投资结算、人民币离岸市场需求提供流动性支持，这既维护中国贸易伙伴的金融安全，而且有利于推动人民币国际化。截至 2021 年末，中国人民银行与累计 40 个国家和地区的中央银行或货币当局签署过双边本币互换协议，总金额超过 4.02 万亿元，有效金额

① 刘建丰，潘英丽. 人民币国际化的成功标志及其可行路径——一个"有保有压"具有中国特色的推进路径 [J]. 国际经济评论，2018（2）：52−67 +5.

3.54 万亿元①。然而，这些协议大多处于"休眠"状态，未能得到启动使用，为离岸市场注入流动性。这是因为互换协议"激活"需要有现实需求与金融市场的配合②。中国货币互换协议"激活"难的关键是，真正需要人民币的国家，往往欠缺成熟的金融市场体系和货币管理能力，无法有效支撑互换协议运作；而具有相应能力的国家，往往采取美元、欧元等国际货币。因此，处于"休眠"状态的货币互换协议，制约了人民币国际化发展。

四、人民币国际化重视经济目标，对政治与军事因素考量不够

人民币国际化是一项系统工程，既受到市场因素决定，但还受到政治、军事等因素影响。这就需要有涵盖经济、政治、军事等一揽子的战略部署。这一点从英镑、美元国际化就能窥见端倪。1931 年，英国受到全球金融危机的影响，放弃金本位制，联合海外殖民地、保护国、保护领地等建立英镑区，要求区内国家货币对英镑保持固定比价，并且采取英镑进行贸易结算和债务清理，从而保持英镑的国际地位。1944 年，美国依靠强大的政治、经济、军事实力，建立以美元为中心的国际货币体系，实现美元与黄金挂钩、其他国家货币与美元挂钩的"双挂钩"。当前，尽管中国经济体量不断扩大，政治、军事领域影响力也随之提升，但与美国等大国相比还有较大差距。这在一定程度上削弱人民币的国际认可度与投资者持有人民币的信心。

五、人民币国际化重视货币对外职能提升，对国内金融市场的建设力度有待提高

人民币国际化的关键是国内金融市场的制度建设与发展。发达的金融市场可以降低交易成本，提高资产流动性，吸引国际投资者持有该国货币计价的金融资产，促进该国货币的国际化。但是长期以来，我国推动人民币国际化存在重外不重内的问题，即注重从外部推动人民币国际化，而对

---

① 2022 年人民币国际化报告 [EB/OL]. [2022－09－24]. http://www.gov.cn/xinwen/2022－09/24/5711660/files/003e0bd04d4742a5a06869fdc37ea8c8.pdf.

② 黄河，包雨朦. 货币互换难 人民币国际化"引擎"等待激活 [EB/OL]. [2015－02－05]. http://www.infzm.com/contents/107713.

国内金融市场的建设和发展重视不足。2008 年全球金融危机爆发以来，中国加快推进人民币国际化部署，支持跨境贸易投资人民币结算，推进人民币互换与清算，建设人民币离岸市场，实施"一带一路"倡议，在短期内促进了人民币贸易结算、计价单位和储备货币职能国际地位的提升。截至 2021 年 12 月底，人民币已成为全球第三大贸易融资货币[①]、第四大支付货币和第五大储备货币[②]。事实上，人民币国际化并不是只有"跨境"才能实现，在境内非居民大量持有人民币计价资产也同样重要。中国由于国内金融市场的建设力度有待进一步加强，导致国内金融市场在流动性、广度、深度和开放度方面还相对落后，难以为投资者提供更多的交易便利和稳定的市场预期，无法有效配置资源和实现生产要素的自由高效流动，影响了人民币国际化的进一步发展。

六、人民币国际化重视政府推动，对人民币的市场需求关注不足

源于中国实施的渐进式改革、政策推动主导的发展模式，前期中国在推动人民币国际化时主要采取了"重政策、轻市场""重规模、轻机制"的模式。在中国市场化程度较低时，政府的政策推动为人民币国际化构建了良好的发展环境，促进了人民币国际化的快速发展，人民币迅速成为全球第四大支付货币、第五大储备货币。但是，随着中国及世界经济的纵深发展，人民币国际化出现了动力不足、发展放缓等问题，国际市场上出现了一定程度的套利投机、虚假繁荣等现象。特别是在中国不断深化供给侧结构性改革，促进人民币国际化的各类政策和渠道已经基本到位的情况下，原来的政策推动已经不足以形成人民币国际化继续深化发展的有力支撑，市场需求正在成为人民币国际化的主要内源动力。我国应顺应市场经济发展的趋势，不断培育人民币国际化的内生发展动力，加速推进人民币国际化动力机制由"政策推动为主、市场驱动为辅"向"市场驱动为主、政策推动为辅"转换。

---

① 曹远征. 人民币国际化的独特路径及其未来［EB/OL］.［2022 - 10 - 28］. http：//rdcy. ruc. edu. cn/zw/jszy/cyz/cyzgrzl/2a026c38143b472a9942121a0eb7e2a9. htm.

② 吴秋余. 人民币成全球第四位支付货币［EB/OL］.［2022 - 09 - 26］. https：//www. yidaiyilu. gov. cn/xwzx/gnxw/279763. htm.

第四节　人民币国际化的结构性困境

当今世界正经历百年未有之大变局，新冠肺炎疫情仍在全球蔓延，逆全球化思潮和国际贸易保护主义抬头，世界政治、经济形势复杂严峻，人民币国际化的内外部环境发生了深刻变化，人民币国际化面临四大结构性困境。

一、逆全球化增添人民币国际化的不确定性

2008 年全球金融危机爆发以来，国际经济复苏乏力，地区冲突不断，国内矛盾加深，越来越多的国家试图通过贸易保护促进本国经济复苏，贸易保护主义抬头，逆全球化思潮愈演愈烈，增添了人民币国际化的不确定性。一是逆全球化使人民币国际化面临着不利的外部环境。在逆全球化思潮的影响下，欧美等发达国家采取增加关税、反倾销、进行投资限制、吸引国际企业回流等保护主义措施，增加了要素交易壁垒，破坏世界经贸体系，影响全球价值链的正常运转，不利于世界经济的复苏和可持续发展，人民币国际化的经济基础也会受到影响。二是逆全球化影响了中国企业的发展。企业是推动人民币国际化的重要主体，逆全球化造成中资企业难以在国际金融市场上获取融资等金融服务，限制了企业国际市场的开拓和长远发展，阻碍了人民币国际化的进程。例如，在股票市场上，2020 年以来，美国政府及有关部门先后发布《新兴市场投资涉及重大信息披露、财务报告和其他风险，补救措施有限》《外国公司问责法》《外国公司问责法》实施细则，打压在美上市中国企业，胁迫中国企业退市，中概股股价大幅下跌。同花顺 iFind 数据显示，2021 年 273 只中概股中，有 131 只年内跌幅超过 50%，占比约为 48%；有 43 只中年内跌幅达到或者超过 80%，占比约为 16%；其中中概教育股跌幅更是惨重，高途、掌门教育、51Talk 等均跌超 95%。

二、大国博弈引发货币主导权竞争

所有货币的崛起都是与在位货币的竞争中实现的。人民币国际化的过

程，表面上看是人民币与其他国际货币地位和功能的协调，背后其实是大国之间的利益之争与政治博弈。一是地缘政治博弈加大了区域货币金融合作的难度。以中亚地区为例，中亚地区因重要的地缘战略位置和丰富的油气资源成为大国之间竞争的焦点。自中亚独立以来，美国加强与中亚国家的合作，不断扩大在中亚地区的影响力，意图使美元成为中亚地区的主导货币。俄罗斯是中亚国家的主要贸易伙伴，卢布在这些国家也拥有巨大影响力。中国和中亚国家建立了良好的货币合作关系，人民币在中亚国家有一定的流通规模。随着丝绸之路经济带建设的纵深推进，中亚作为丝绸之路经济带建设的核心区必然面临着激烈的货币主导权竞争。二是中美博弈可能阻碍人民币国际化进程。美国是世界第一大强国，美元作为最重要的国际货币是其获取世界资源和维护霸权地位的重要手段。随着中国综合国力的增强和国际政治地位的提升，美国将中国视为头号竞争对手，联合盟国对中国实施多方制裁和围堵。而人民币国际化可以减少中国对外贸易和投资对美元的依赖，降低美国遏制和打压带来的伤害。因此，美国不惜动用政治、经济和军事力量来维护美元的霸权地位，遏制人民币国际化的进一步发展。

三、国内金融体系不健全制约人民币跨境循环

当前，人民币国际化面临国内金融市场不完善、汇率形成机制未定型、资本项目不完全可兑换等问题，不利于人民币国际化。一是金融市场还不完善。尽管近年来国内金融市场发展迅速、金融改革持续深化，但总体看国内金融市场还不完善，金融基础设施及服务水平相对落后。这不仅降低了境内外居民与企业使用人民币的便利性，而且减少了其投资国内外资本市场的渠道，制约了人民币跨境循环。二是汇率形成机制尚未完全定型。尽管 2015 年 8 月央行宣布实施人民币兑美元汇率中间价报价的汇率形成机制改革，但受银行间外汇市场较封闭与政府干预等因素影响，人民币汇率形成机制尚未完全定型，人民币远期汇率市场培育及其金融衍生品开发依然推进缓慢，离岸市场与在岸市场人民币汇差较为明显。这不仅无法满足我国"走出去"企业与居民的避险需求，而且容易诱发国际游资跨境套利与投机。三是人民币资本项目不完全可兑换。尽管上海自贸区已启动自由贸易账户业务、人民币已加入 SDR，但政府部门出于经济金融安全考

虑，采取审慎稳妥的方式逐步提高人民币资本项目可兑换水平，客观上限制了我国通过资本项目向国际市场输出与回流人民币，制约了国际投资者直接投资国内资本市场，放缓了人民币国际化步伐。

四、人民币跨境流通增大金融风险防控难度

金融安全是国家安全的重要组成部分，是经济平稳健康发展的重要基础。人民币国际化在有效维护我国金融安全的同时，也增大了防控外部金融风险的难度。一是冲击国内金融稳定。由于境内外金融市场不完全开放，同一种人民币金融产品就会出现较大的价格差异；一些国际资本会抓住这些套利套汇机会，造成人民币汇率加速波动以及金融市场动荡。二是增大宏观调控难度。蒙代尔不可能三角理论表明，资本自由流动、汇率稳定与独立的货币政策不能同时存在。人民币国际化的本质要求资本能够自由流动与汇率稳定，这就无法兼顾国内货币政策的独立性，会在一定程度上干扰国内宏观经济运行。同时，中国人民银行在制定和执行货币政策时，需要统筹考虑发展、安全与开放，导致货币政策调控难度加大。三是影响对外开放步伐。人民币国际化要求我国不断适应国际市场对人民币的需求，提高人民币可兑换水平与扩大金融开放水平。如果相关政策措施不到位、金融监管未能及时跟进，国内经济金融环境将可能受到较大的外部冲击，进而打乱我国对外开放的步伐。

第五节　新时代推进人民币国际化的战略意义[①]

习近平总书记在党的十九大报告中指出，经过长期努力，中国特色社会主义进入了新时代，这是我国发展新的历史方位[②]。在新时代，中国面临着全球经贸秩序重构、经济转型和结构优化升级的历史叠加期，需要着力推进人民币国际化部署，以改革促开放，以开放促发展，深入推进金融

---

① 本部分笔者以"新时代人民币国际化的推进路径研究"为题，发表于《现代经济探讨》2020 年第 10 期，在此略有删改。

② 李君如. 我们进入了中国特色社会主义新时代 [EB/OL]. [2017 - 12 - 14]. http：//theory. people. com. cn/n1/2017/1214/c40531 - 29706292. html？ ivk_ sa = 1023345p.

体制改革与金融市场对外开放，提升跨境贸易投资便利性，支持经济高质量发展，助力中国为全球金融治理贡献"中国方案""中国智慧"。

一、推进人民币国际化有助于促进经济高质量发展

长期以来，中国凭借劳动力、土地、环境等低成本优势实现经济快速增长，但随着要素成本上升、环保压力加大，粗放型经济增长模式已经难以为继。新时代中国需要转变经济增长方式，实现经济由高速增长向高质量发展转变。人民币国际化有助于推进金融体系改革，促进金融产品与服务创新，提升企业对外贸易投资便利性，增强企业在全球产业链的竞争力与影响力。一方面，人民币国际化"倒逼"金融体制改革。人民币国际化既是金融体制改革的结果，反过来用更大的开放"倒逼"金融体制改革。人民币国际化直接推进人民币汇率形成机制改革，增强人民币汇率弹性，促进资本项目可兑换，拓宽跨境资本流入与流出渠道，进而极大地增强金融市场活力，提高金融服务实体经济效率，促进经济高质量发展。另一方面，人民币国际化提升资源配置效率。人民币国际化通过推动金融体制改革，间接激励金融机构创新人民币金融产品与服务，满足"走出去"企业的支付结算、投融资、防范风险等需求，促进企业在全球范围优化资源，进而实现经济高质量发展。

二、推进人民币国际化有助于发展更高层次的开放型经济

习近平总书记强调，对外开放是中国的基本国策，中国开放的大门不会关闭，只会越开越大[①]。在新时代，推进人民币国际化既是中国融入全球化的现实要求，也是实施新一轮高水平对外开放的重要基础。一是人民币国际化促进金融机构"走出去"。人民币国际化直接促进金融市场对外开放，推动银行、保险、基金等机构"走出去"，设立海外分支机构，实现国内外金融服务对接，满足国内外企业对人民币资本供需、风险管理等需求。二是人民币国际化推进人民币离岸市场建设。人民币国际化有助于

① 开放的大门越开越大（奋进新征程 建功新时代·伟大变革）[EB/OL]. [2022-04-06]. http://www.moj.gov.cn/pub/sfbgw/zwgkztzl/2022zt/20220311fjxzc/20220311fjxzc_wdbg/202204/t20220406_452179.html.

推进新加坡、伦敦、法兰克福等人民币离岸市场建设，完善人民币有序流出与回流机制，与在岸市场形成良性互动，扩大人民币海外资金池，满足人民币跨境贸易、投资和储备需求。三是人民币国际化加速资本市场互联互通。人民币国际化带动中外资本市场互联互通，拓宽 QFII、RQFII 等渠道，放宽外资持股比例、外资设立机构和开展业务等限制，吸引境外机构投资国内债券、股票市场，促进国内外资本市场有序竞争。四是有利于保障涉外企业贸易和投资利益。近年来，我国逐步扩大对外投资规模，成为世界第二大债权国，即对外输出国内储蓄。《2020 年度中国对外直接投资统计公报》显示，2020 年末，中国对外直接投资存量达 2.58 万亿美元，次于美国（8.13 万亿美元）和荷兰（3.8 万亿美元）。2020 年，中国对外直接投资流量占全球比重达 20.2%，存量占 6.6%。然而，由于人民币不是国外广泛接受的国际货币，中国对外经贸活动不得不使用其他国家货币，如美元、欧元、英镑等。这不仅使中国被动地持有大规模外汇储备，缴纳"铸币税"，而且不得不面临着以美国为代表国家实施量化宽松政策所带来的外汇贬值损失。推动人民币国际化，涉外企业通过使用人民币作为进出口结算货币，可以有效规避汇率波动风险，保障企业对外贸易利益；使用人民币从事对外投资，有助于拓宽对外投资的资金来源渠道，显著缓解对外投资的货币约束。

三、推进人民币国际化有助于推动中国实现大国崛起

2008 年全球金融危机以后国际力量出现此消彼长，中国综合国力不断增强，其国际地位与影响力得到显著提升。新时代推进人民币国际化是中国主动参与全球治理，向世界提供的公共产品，有助于提升中国的国际话语权，巩固中国的大国地位。一方面，人民币国际化是中国为全世界提供的公共产品。美欧国家面临着经济、社会危机，政策内顾倾向上升。中国主动承担更多的国际责任，参与全球经济治理，通过推动人民币国际化为国际社会提供公共产品，应对全球流动性不足，建立稳定的国际汇率机制，促进全球经济稳健发展。另一方面，人民币国际化提升中国国际话语权。通过贯彻人民币国际化部署，中国积极参与全球治理体系改革，如推进人民币加入 SDR、扩大 IMF 投票权、建立亚洲基础设施投资银行与金砖

国家新开发银行等，构建全方位多层次的国际合作网络，发挥在世界经济金融引领作用，不断提升中国的国际影响力与话语权。

四、推进人民币国际化有助于构建人类命运共同体

近年来，经济全球化促进生产力快速扩张的同时，造成全球贫富分化、环境恶化等矛盾，进而激发反全球化情绪。2015 年，习近平总书记提出构建人类命运共同体理念，通过发展和完善全球化，推动全球治理体系变革，构建公正高效的新型国际秩序①。在新时代，人民币国际化能够与"一带一路"倡议相融合，为全球经济发展提供稳定高效的货币秩序，促进贸易自由化与投资便利化，最大限度地解决南北发展失衡问题，让各国人民享受到发展成果，为世界经济可持续发展提供新动能。一方面，人民币国际化促进"一带一路"建设。人民币国际化与"一带一路"倡议是相辅相成的关系。人民币国际化通过发挥支付结算、投资储备功能，有效支持跨境产品贸易、产业园区投资以及基础设施建设，优化利用各国优势资源，实现全球经济包容性增长。另一方面，人民币国际化维护全球秩序稳定。人民币国际化还将为全球提供公共产品，为以美元为主导的国际货币体系注入新的破局与制衡力量，有助于推进重构国际金融治理体系，打破美元"一家独大"格局，降低"美元霸权"对全球资源配置和效率的扭曲，推动国际货币体系朝着更加公平、公正的方向发展。人民币国际化发挥人民币的金融稳定器与避风港作用，降低经济运行不确定性与成本，为全球创造稳定的货币金融环境。

五、推进人民币国际化有助于维护金融安全

近年来，国际金融市场动荡，美国在世界挥舞金融制裁大棒，对世界金融市场和各国的金融安全形成威胁。为此，积极推动人民币国际化，对维护金融安全具有重要意义。一是人民币国际化可以缓解美元对国际金融市场的波动影响。美元霸权体系是美国在世界获取资源、转嫁成本、维护

---

① 更加坚定推动构建人类命运共同体（深入学习贯彻习近平新时代中国特色社会主义思想）[EB/OL]．［2020－09－01］．https：//baijiahao.baidu.com/s? id = 1676582169840900005&wfr = spider&for = pc．

其霸权地位的重要工具。美元的霸权地位使美国的经济形势和国内政策溢出效应明显，对全球经济金融形势造成冲击。而人民币国际化是中国向世界提供的安全、稳定、可靠的公共物品，世界各国可以选择人民币作为储备货币，降低对美元的依赖，缓解美元对国际金融市场的波动影响，提高抵御外部冲击的能力。二是人民币国际化有利于维护中国金融安全。美国对伊朗、俄罗斯的多次金融制裁实践表明，中国作为美国的头号竞争对手，未来也有受到金融制裁的可能。积极推动人民币国际化，不仅可以直接降低美国的打压、制裁对我国造成的伤害，还有利于中美形成"你中有我、我中有你"的相互依赖联系，提高彼此经济金融形势的相关性和敏感性，降低美国对我国实施金融制裁的可能性。同时，随着人民币成为国际货币，中国将大大减少外汇储备需求与规模，将既有外汇储备转化为国家所需的能源、矿产等储备，维护国家战略储备安全，巩固国内经济发展韧性。国内居民的资产和收入也将具有国际性，可以使用人民币在国际范围购买和配置资产，释放国内在部分领域的通胀压力。三是人民币国际化有利于降低国际贸易中的交易成本和汇率风险。当前，中国对外贸易投资大多采用美元计价结算，而美国政府债务规模庞大，加上近期多轮量化宽松政策的实施，使美元汇率波动变化大，中国对外贸易中的交易成本和汇率风险提高。推进人民币国际化可以实现本币作为贸易结算货币，从而降低交易成本和美元汇率风险。

第四章

新时代人民币国际化的
动力机制的实证分析

人民币国际化动力机制要与经济发展阶段相适应。在初始阶段人民币国际化宜采取"政策推动为主、市场驱动为辅"模式，但这一模式存在"重政策、轻市场""重规模、轻机制"的弊端，随着中国经济进入高质量发展阶段，需要转向"市场驱动为主、政策推动为辅"的模式。基于此，本章首先实证分析新时代人民币国际化动力影响因素，并验证人民币国际化的动力机制转换；其次，设置 9 个情景仿真模拟新时代人民币国际化动力机制转换的情景效应；最后，以"一带一路"倡议对人民币国际化影响为例，验证早期人民币国际化政策驱动效应的存在。

第一节 人民币国际化动力因素及机制转换的实证分析

本节运用面板固定效应模型（fixed effects model）、广义最小二乘法（GLS 模型）以及系统广义矩估计（系统 GMM 模型）对人民币国际化的动力因素进行实证分析，并在此基础上运用事件分析法（event study methodology，ESM）实证探讨了人民币国际化动力机制的转换。

一、人民币国际化动力因素的实证分析

（一）数据、变量和描述性统计

本节重点分析新时代人民币国际化的动力因素。根据前面分析，人民

币国际化的动力因素主要包括市场因素和政策因素两类。此外，人民币国际化还受到其他因素的影响，本部分引入控制变量，具体变量设定如表 4 - 1 所示。

表 4 - 1　　　　　　　　　　　　变量说明

项目	变量名称	变量含义	数据来源
被解释变量	交易媒介	国际贸易结算货币份额	SWIFT 人民币国际化追踪报告
		全球外汇交易货币份额	国际清算银行
	计价单位	国际债券和票据发行额货币份额	国际清算银行
	价值储藏	央行外汇储备货币份额	国际货币基金组织
		国际债券和票据余额货币份额	国际清算银行
		全球对外信贷货币份额	国际清算银行
解释变量	经济发展因素	一国 GDP 占世界比重	World Bank 数据库
	创新驱动因素	全球创新指数	世界知识产权组织（WIPO）
	金融业高水平开放	金融市场开放度	国际货币基金组织
	货币金融外交	货币金融外交强度	依据强度赋值
	政治社会因素	政治社会稳定系数	World Bank WGI
	国防军队现代化	军费支出在一国 GDP 占比	World Bank WDI
控制变量	币值稳定性	一国货币对 SDR 汇率的标准差	IMF IFS
	贸易因素	货币发行国对外贸易顺差额占 GDP 比重	World Bank GEM
	投资因素	一国对外直接投资净流出占世界对外直接投资净流出比重	World Bank 数据库
	货币惯性	货币国际化水平滞后 1 期	BIS、IMF

1. 被解释变量。本部分选取货币国际化指数表示货币国际化程度。前面已对主要国际货币国际化指数进行了测度，具体测度过程详见第三章。另外，为保持结果的稳健性，本节在稳健性检验中对货币国际化程度的测度方法也进行了变换，具体如下。

2. 解释变量。

（1）市场动力因素变量。第一，货币国际化需要以一国综合实力为基础，强大的经济实力有助于巩固该国货币的国际地位；选用一国 GDP 的世界份额来度量经济发展实力。第二，创新驱动将有利于夯实货币国际化的微观基础，创造人民币市场需求载体，构筑人民币国际化内生动力；选取全球创新指数来衡量创新驱动因素。第三，扩大金融市场开放有助于推动跨境资金流动，吸引国内企业"走出去"与国际资本"引进来"，推动人民币国际化向纵深发展；已有文献中关于金融开放的测度主要有名义测度（Chinn and Ito，2006）和实际测度（Lane and Milesi-Ferretti，2007）两种方法；本部分旨在分析金融开放对人民币国际化的影响，为更好地实现精确测度，选用实际测度法，基于金融账户存量指标对样本国家和地区的金融开放水平进行测度；参考莱恩和米勒斯 – 费雷蒂（Lane and Milesi-Ferretti，2003，2007）结合股权投资组合与直接投资存量数据构建的国际金融一体化指标。目前，该项指标数据库已更新至 2014 年[①]，本部分基于已有的 2009 ~ 2014 年数据，利用 IMF 的 BOPS 数据库中各国金融账户的流量数据，参考李泽广和吕剑（2017）使用的增速调整法对 2015 ~ 2021 年的数据进行补充。

（2）政策动力因素变量。首先，货币金融外交有助于巩固人民币国际化的地缘政治基础，提高人民币跨境贸易投资使用规模与范围。本部分将对样本国家货币金融外交因素进行赋值，美元、欧元赋值 3，人民币、日元、英镑赋值 2，其他货币赋值 1。数值越大代表该国货币金融外交越强（谢晓光和周帅，2015）。其次，稳定的政治、社会环境有助于巩固跨境贸易投资合作，提升境外居民持有与使用人民币的信心；选取各国政治社会稳定系数衡量政治社会因素。最后，军事力量是货币国际化的重要支撑，有助于巩固该国货币的国际地位；选取军费支出在 GDP 中占比来表示军事实力。

3. 控制变量。在前人研究和理论分析的基础上，本部分选取一系列影响货币国际化的控制变量。一是稳定的货币币值能够增强持币者的信心，增加对该货币的需求，选取汇率波动率来表示一国货币汇率波动程度。二是深化跨境贸易、投资合作，有助于推进人民币国际化。选取货币发行国对外贸易顺差额占该国 GDP 比重来表示一国对外贸易情况，选取对外直接

---

① The External Wealth of Nations Mark Ⅱ: Revised and Extended Estimates of Foreign Assets and Liabilities, 1970 – 2004 [EB/OL]. [2006 – 03 – 01]. https://www.imf.org/en/Publications/WP/Issues/2016/12/31/The – External – Wealth – of – Nations – Mark – Ⅱ – Revised – and – Extended – Estimates – of – Foreign – Assets – and – 18942.

投资净流出占世界比重来衡量一国对外投资情况。三是选用滞后 1 期的货币国际化指数表示货币持有使用惯性。

本研究在保证数据可得性与指标代表性的基础上，选取中国、美国、日本、英国等 22 个国家和地区作为样本进行研究。统一将各变量与中国数据进行做差处理，以体现以人民币为基准的相对变化程度，更好地反映人民币国际化程度。由于直接以人民币为研究对象存在样本过少的问题，现有研究（林乐芬和王少楠，2016；彭红枫和谭小玉，2017；程贵和张小霞，2020）大多是从国际化货币面板数据出发研究人民币国际化。因此，本部分基于这一思路利用面板数据开展新时代人民币国际化的动力因素的研究。面板数据模型的好处之一是，在模型中引入个体和时间固定效应，并通过去均值处理把不可观测因素差分掉，从而可以减少由于不随时间或个体变化的遗漏变量与解释变量相关导致的内生性问题。本研究分析的时间跨度为 2009 ~ 2021 年。由于人民币国际化仍处在初期阶段，部分人民币国际化数据缺失，本部分借鉴杨晨姝（2018）做法，从 COFER 中"以其他币种持有的储备"的比重出发，利用已有人民币储备占比，推算出人民币国际储备份额。对于部分非主流货币储备占比，本研究依据各国与中国 GDP 占比，推算出其货币储备占比。对于各指标缺漏值，本研究利用插值法和平均法将其补齐。本部分的数据主要来源于 BIS 报告、IMF 和 World Bank 数据库等，各变量（与中国数据做差后）的描述性统计结果如表 4 - 2 所示。

表 4 - 2 各变量描述性统计

变量	样本量	平均值	标准差	最小值	最大值
货币国际化指数	286	0.811	10.271	- 5.714	41.232
货币惯性	264	0.969	10.253	- 5.266	41.232
货币金融外交	286	- 0.591	0.836	- 1	2
国防军队现代化	286	0.096	0.999	- 1.385	3.654
政治社会因素	286	0.85	0.873	- 1.557	2.076
经济发展因素	286	- 9.46	8.248	- 18.265	18.525
全球创新指数	286	3.233	14.869	- 22.1	54.82
金融业高水平开放	286	2.108	2.988	- 7.777	14.904

续表

变量	样本量	平均值	标准差	最小值	最大值
币值稳定性	286	0.006	0.009	-0.003	0.053
贸易因素	286	1.494	6.755	-9.712	29.431
投资因素	286	-3.992	9.977	-40.368	37.364

（二）模型设计

本部分利用22种货币构成的面板数据来研究影响货币国际化的关键因素，实证模型设置如下：

$$Share_{it} = \beta_0 + \beta_1 X_{it} + \beta_2 Z_{it} + \theta_t + \varepsilon_{it}$$

其中，被解释变量$Share_{it}$（i 表示币种，t 表示时期）为人民币国际化程度。X_{it}为新时代人民币国际化的动力因素，其中政策推动因素包括货币金融外交、国防军队现代化及政治社会因素，市场驱动因素包括经济发展水平、全球创新指数及金融业高水平开放指数。其他控制变量Z_{it}包括币值稳定性、贸易因素、投资因素等。θ_t为年份固定效应，ε_{it}为零均值的独立分布误差项。

（三）实证结果与分析

对模型进行 F 检验和 Hausman 检验的结果显示 p 值均为 0，说明应建立固定效应模型，回归结果如表 4 - 3 所示。面板 GLS 估计和固定效应估计的结果基本一致。

1. 实证结果分析。

（1）政策推动因素。货币金融外交是人民币国际化的必要支撑。人民币国际化依赖中国与其他国家政治协调与合作。由表 4 - 3 的实证结果可知，第一列只加入政策推动的三个因素时，货币金融外交的回归系数显著为正（8.535），且在1%的水平上显著，表明货币金融外交对人民币国际化有显著的提升作用，第二、第三列逐步加入市场驱动因素及其他影响因素后，货币金融外交系数的绝对值逐渐降低，但符号仍然为正。近年来，中国提出人类命运共同体外交理念，积极参与全球金融治理，构建以合作共赢为核心的新型国际关系，维护全球金融稳定与国家利益。有助于巩固人民币国际化的地缘政治基础，提高人民币跨境贸易投资使用规模与范围。

表4-3　实证估计结果

变量	Fixed Effects			Pooled GLS		
	(1)	(2)	(3)	(1)	(2)	(3)
货币金融外交	14.50***	5.708***	5.823***	13.94***	3.558***	2.740***
	(1.434)	(1.513)	(1.549)	(0.404)	(0.873)	(0.861)
国防军队现代化	0.229	0.0598*	0.0513*	1.802	0.0975*	0.0827*
	(0.403)	(0.0347)	(0.0314)	(1.287)	(0.0566)	(0.0480)
政治社会因素	0.765**	0.579***	0.666***	0.722**	1.146***	1.125***
	(0.332)	(0.193)	(0.220)	(0.303)	(0.370)	(0.363)
经济发展因素		0.906***	0.891***		1.189***	1.235***
		(0.101)	(0.101)		(0.0930)	(0.0942)
全球创新指数		0.113***	0.082***		0.399***	0.387***
		(0.0402)	(0.0278)		(0.0260)	(0.0272)
金融开放指数		0.165	0.148		0.112	0.180
		(0.105)	(0.102)		(0.0752)	(0.1286)
币值稳定性			74.99***			110.4***
			(15.68)			(24.11)
贸易因素			-0.0207**			-0.0455**
			(0.0105)			(0.0231)

续表

变量	Fixed Effects			Pooled GLS		
	(1)	(2)	(3)	(1)	(2)	(3)
投资因素			0.0952**			0.0996**
			(0.0483)			(0.0455)
年份	YES	YES	YES	YES	YES	YES
R²/Wald chi2	0.5618	0.8314	0.8521	366.67	1 409.97	1 647.60

注：括号内为稳健标准差；*、**和***分别表示显著性水平为10%、5%和1%。

根据中国人民银行官网统计数据,2021 年,中国人民银行先后同泰国银行、加拿大银行以及英格兰银行签订双边本币互换协议。2022 年 1 月,中国人民银行与印度尼西亚银行续签了双边本币互换协议。深化双边本币互换协议有助于进一步深化双边或多边货币金融合作,促进双边贸易和投资便利化。因此,拓展货币金融外交将提升人民币国际化水平。

国防与军队现代化是人民币国际化的隐形支撑。由表 4 - 3 的实证结果可知,第三列国防与军队现代化的回归系数在 10% 的水平上显著为正(0.0513),表明国防与军队现代化对人民币国际化具有推动作用。对于人民币国际化而言,推进国防和军队现代化不仅能够保障地缘政治稳定,免遭外部干扰,为经济社会建设创造良好的发展环境。而且有助于维护我国对外贸易投资畅通,维护能源资源安全,为人民币国际化保驾护航。例如,在亚丁湾、索马里海域出现海盗劫持商船事件后,中国及时派出护航编队,保护中国商船和船员安全;若中国军队不能提供护航支援,就无法保护对外贸易航线安全与保障海外投资利益。因此,提升国防与军队现代化水平将有利于提升人民币国际化水平。

政治稳定与法治社会是助推人民币国际化的重要支撑。由表 4 - 3 的实证结果可知,政治社会因素的回归系数在 1% 的水平上显著为正(0.666),表明政治稳定和法治社会对人民币国际化有显著的提升作用。政治稳定与法治社会有助于构筑良好的营商环境,通过推进产权制度改革,完善知识产权保护,引导企业加强资本积累与技术创新,实施产业基础再造工程,促进信息技术与制造业深度融合,延伸产业链与提升价值链,为人民币国际化奠定产业基础。党的十八大以来,国家贯彻总体安全观,国家政治稳定和法治社会建设进程不断加快,平安中国迈向更高水平,为促进人民币国际化创造稳定动力。因此,政治稳定和法治社会建设将为人民币国际化构筑稳健的发展环境。

(2)市场驱动因素。经济发展是人民币国际化的核心支撑。由表 4 - 3 实证结果可知,经济发展因素的回归系数显著为正(0.891),且在 1% 的水平上显著拒绝原假设,表明经济因素对人民币国际化的促进作用显著。经济的持续增长是人民币国际化的发展基础,过去四十多年以来,中国改革开放经历了风雨历程,但仍然稳步推进,中国经济呈快速发展趋势,对外经济活动不断发展壮大,带动了人民币的境外交易和使用,为人民币的国际化进程打下了坚实基础。因此，经济因素作为市场驱动因素的重要组成部分，是新时代人民币国际化的基础支撑。

创新驱动是人民币国际化的基础支撑。由表4-3实证结果可知，全球创新指数的回归系数显著为正（0.082），且在1%的水平上显著拒绝原假设，表明创新水平的提升将助推人民币国际化进程。党的十八届五中全会将创新在经济社会发展中的地位提升到前所未有的高度，创新成为第一动力。在全面建设社会主义现代化建设中，坚持创新核心地位，通过加大科技投入、增强科技实力来提升我国的综合实力，以科技创新引领经济快速高质量发展，进而推动人民币国际化进程。

现阶段金融业开放对人民币国际化推动作用不够明显。由表4-3实证结果可知，金融业开放的回归系数为正（0.148），但不具有统计学显著意义，表明金融高水平开放对人民币国际化有正向促进作用，但还有待进一步发挥。党的十八大以来，金融市场双向开放成为新的时代发展更高层次开放型经济的重要内容。2020年，我国资本流入、流出总额分别达到9 138亿美元、7 645亿美元，均为历史最高值。取消QFII和RQFII投资额度等限制、金融业外资准入的负面清单归零等扩大开放措施的不断实施，离岸人民币外汇衍生品等的交易快速增长。但是，在金融开放过程中，我国系统性金融风险呈现螺旋上升态势且金融系统脆弱性风险较为突出（李优树和张敏，2021），对金融高水平双向开放提出更高要求，对稳慎推动人民币国际化作出部署。当前，我国金融对外开放总体滞后于经济社会发展需求，无法实现生产要素充分流动与高效配置，未能通过构筑人民币对外债权来吸纳外汇储备，影响境外居民对人民币需求偏好的形成。推进金融高水平开放是显著提升人民币国际化水平的内在需要，通过金融市场开放吸引大量资金流入，促使人民币投融资功能持续深化以及人民币国际储备规模显著增加，推动人民币跨境使用率快速增长。因此，新时代需要金融高水平开放为人民币跨境流通的渠道、方式提供重要依托，进而提升人民币国际化水平。

（3）其他控制变量。币值稳定性有利于提高持有人民币的信心。由表4-3的实证结果可知，币值稳定性的回归系数显著为正（74.99），且在1%的显著性水平上显著，表明稳定的币值对人民币国际化具有显著的促进作用。

贸易逆差有利于推动人民币国际化。由表4-3的实证结果可知，贸易因素的回归系数显著为负（-0.0207），表明贸易逆差有利于推动人民币国际化。其原因是，扩大进口能够促进人民币随着实体贸易途径输出境外，形成商品输入与资本输出的"双循环"。

对外直接投资助推人民币国际化。由表4-3的实证结果可知，投资因素的回归系数在5%的水平上显著为正（0.0952），表明进一步扩大对外直接投资的规模水平有助于推动人民币国际化进程。其原因是，扩大对外投资的过程也是加快人民币境外流通的体现，从而促使人民币在跨境项目的币种选择中占有一席之地。

2. 稳健性检验。

（1）模型设置。上述主回归（见表4-3）使用了固定效应模型和面板GLS估计，固定效应估计的优势在于控制不可观测或不可度量的因素对研究结果的干扰，来尽量减轻遗漏变量偏误，从而缓解由此产生的内生性问题。然而，在选择货币国际化程度作为被解释变量时，考虑到往年的国际化水平对当年具有一定影响，而将被解释变量滞后项纳入解释变量中会出现内生性问题。基于此考虑，在稳健性检验中使用系统GMM模型进行回归，系统GMM模型的优势在于处理动态面板滞后效应的内生性问题。

回归结果如表4-4所示，政策推动因素和市场驱动因素对货币国际化程度均有正向推动作用，与表4-3结果一致。

表4-4 稳健性检验

变量	系统 GMM		
	(1)	(2)	(3)
货币惯性	0.954 ***	0.941 ***	0.932 ***
	(0.0285)	(0.0184)	(0.0208)
货币金融外交	1.440 **	0.285 ***	0.143 ***
	(0.707)	(0.079)	(0.0476)
国防军队现代化	0.340	0.122 *	- 0.086 *
	(0.242)	(0.067)	(0.047)
政治社会因素	0.941 ***	0.957 ***	0.984 ***
	(0.0184)	(0.0208)	(0.0503)
经济发展因素		0.0521 ***	0.0932 ***
		(0.0173)	(0.0106)

续表

变量	系统 GMM		
	(1)	(2)	(3)
全球创新指数		0.117 ***	0.0908 ***
		(0.039)	(0.0106)
金融开放指数		0.0144	0.00672
		(0.0681)	(0.00698)
币值稳定性			7.129 ***
			(2.554)
贸易因素			−0.0258 **
			(0.0117)
投资因素			0.0672 **
			(0.0369)

注：括号内为标准差；＊、＊＊ 和 ＊＊＊ 分别表示显著性水平为 10%、5% 和 1%。

（2）货币国际化指数测度方法。主回归中的货币国际化指数测度方法借鉴董等（2012），彭红枫和谭小玉（2017），沙文兵、钱圆圆、程孝强等（2020）的做法，采用主成分分析法测算货币国际化指数。为使结果更加稳健，本部分对货币国际化指数的测度方法进一步扩展，借鉴林乐芬和王少楠（2016）、程贵和张小霞（2020）的做法，从货币的交易、投资和储备职能入手，选取代表性指标，通过加权衡量人民币国际化水平，具体公式为：$\text{Index}_{RMB} = \sum \lambda_{i,t} x_{i,t} \times 100$，其中，$x_{i,t}$ 为货币国际化的各级指标（以离岸市场外汇交易量占比指标反映交易职能，以国际债券未偿付额占比、国际债券净发行额占比和利率衍生工具占比指标反映投资职能，以货币储备量占比指标反映储备职能），$\lambda_{i,t}$ 为权重，将交易、投资、储备三项职能赋予其等额权重，由于投资职能有三个二级指标，对其权重的赋予在借鉴林乐芬和王少楠（2016）做法的基础上，根据国际债券市场和利率衍生市场发行规模与重要性，确定利率衍生工具占比的权重为 1/5，国际债券未偿付额占比和国际债券净发行额占比的权重各为 2/5。另外，对各变量与中国数据也进行了做差处理。

实证回归结果如表 4-5 所示，对货币国际化水平的测度方法进行变换后，结果显示，政策因素和市场因素的推动作用仍然显著为正，与主回归（见表 4-3）保持一致，进一步证明了结果的稳健性。

表 4 - 5　　　　　稳健性检验

变量	Fixed Effects			Pooled GLS		
	(1)	(2)	(3)	(1)	(2)	(3)
货币金融外交	8.535***	0.795***	0.379***	8.535***	0.795***	0.379***
	(0.145)	(0.265)	(0.126)	(0.530)	(0.305)	(0.145)
国防军队现代化	0.214	0.0741*	0.0431*	0.214	0.099*	0.0629*
	(0.178)	(0.0441)	(0.0256)	(0.164)	(0.0589)	(0.0374)
政治社会因素	2.246***	4.807***	4.519***	2.246***	4.807***	4.519***
	(0.249)	(0.156)	(0.257)	(0.489)	(0.356)	(0.356)
经济发展因素		1.521***	1.650***		1.521***	1.650***
		(0.0760)	(0.114)		(0.112)	(0.117)
全球创新指数		0.459***	0.477***		0.459***	0.477***
		(0.0218)	(0.0306)		(0.0260)	(0.0272)
金融开放指数		0.171	0.235		0.185	0.272
		(0.295)	(0.237)		(0.315)	(0.329)
币值稳定性			168.9***			168.9***
			(23.67)			(30.19)
贸易因素			-0.360**			-0.360***
			(0.181)			(0.157)

续表

变量	Fixed Effects			Pooled GLS		
	(1)	(2)	(3)	(1)	(2)	(3)
投资因素			0.0895**			0.0895**
			(0.0390)			(0.0369)
年份	YES	YES	YES	YES	YES	YES
R^2/Wald chi2	0.4587	0.7375	0.7528	72.87	241.57	261.92

注：括号内为稳健标准差；*、**和***分别表示显著性水平为10%、5%和1%。

二、人民币国际化动力机制转换的实证分析①

人民币国际化的动力因素在政策和市场两个方面起作用，为新时代推动人民币国际化构建了底层逻辑。长期以来，人民币国际化过程中的发展模式是"政策＋市场"的双轮驱动模式，但政策推动和市场驱动可能存在着动力不对称，即在前期有可能是政策推动人民币国际化的作用大或市场驱动人民币国际化的作用大。因此，探究人民币国际化的动力机制转换对新时代推动人民币国际化具有重要意义。由于直接研究人民币国际化的动力机制转换存在样本量较小的不足，因此，本部分首先运用主成分分析法对政策因素和市场因素进行降维以在最大程度上保留自由度。其次，运用事件分析法（event study methodology，ESM）研究市场机制和政策机制对人民币国际化的长期影响及变化趋势，以探求市场驱动和政府推动人民币国际化的动力机制转换。

（一）主成分分析

由于人民币国际化的发展还处于初级阶段，数据量较少，数据可获得水平不高，为缓解回归分析中自由度较少问题，本部分对政策和市场两个维度的数据进行主成分分析方法合成政策和市场两个层面的数据，实现数据降维来保证回归分析的自由度。其中，政策推动因素包括国防军队现代化、货币金融外交和政治社会，市场驱动因素包括经济发展、金融开放和创新驱动。首先，对变量间相关性程度进行检验，判断主成分分析的适用性。政策和市场两个方面因素的 Bartlett 球形检验伴随概率为 0.000，在1%的显著性水平上显著，表明适合做主成分分析。其次，提取公因子。由表4-6的结果可知，政策和市场两个维度下的 Comp1、Comp2 的特征值大于1，且方差累计贡献率分别为 77.158%、83.850%，即提取的因子保留了原始数据的大部分信息。最后，通过对政策和市场两个维度下的因子按特征值加权得到政策和市场综合因子，作为政策和市场两个维度的数据。

---

① 与本章第三节货币国际化指数测度方法一致。

表 4 - 6　　　　　　　　　　　　主成分特征值与贡献率

指标	主成分名	特征值	解释方差%	方差累计贡献率%
政策	Comp1	1.295	43.181	43.181
	Comp2	1.019	33.978	77.158
	Comp3	0.685	22.842	100.000
市场	Comp1	1.423	47.441	47.441
	Comp2	1.092	36.409	83.850
	Comp3	0.484	16.150	100.000

(二) 事件分析实证策略

考虑在人民币国际化发展过程中，政策和市场两类因素发挥的作用及其长期影响趋势可能不同，由此会存在趋势上的差别，因此，为了探究市场驱动和政府推动人民币国际化的动力机制转换是否存在，建立 Event Study 实证模型进行验证：

$$Share_{it} = \alpha + \sum_{t \geq 2009} \beta_t \left(D_t \times X_i \right) + \gamma Z_{it} + \theta_t + \varepsilon_{it}$$

其中，被解释变量$Share_{it}$（i 表示币种，t 表示时期）为人民币国际化程度。D_t为一系列时间虚拟解释变量，X_i为市场推动因素和政策推动因素。D_t和X_i的交互项反映了市场因素和政策因素对货币国际化的长期影响趋势。其他协变量Z_{it}包括币值稳定性、贸易因素、投资因素等。θ_t为年份的固定效应，ε_{it}为零均值的独立分布误差项。

实证回归结果如下图所示，图 4 - 1 为政策因素对货币国际化的影响趋势，图 4 - 2 为市场因素对货币国际化的影响趋势。结果显示：（1）政策因素和市场因素对货币国际化的推动作用均显著为正，与上述实证估计结果保持一致；（2）市场因素的推动作用相较更强；（3）从影响趋势来看，市场因素的驱动力在逐步提升，政策因素的推动力却呈现显著下滑的趋势，表明人民币国际化的动力机制存在由政策到市场的转换。

三、研究结论

本节运用面板固定效应模型（fixed effects model）、广义最小二乘法（GLS 模型）以及系统广义距估计（系统 GMM 模型）实证分析了新时代

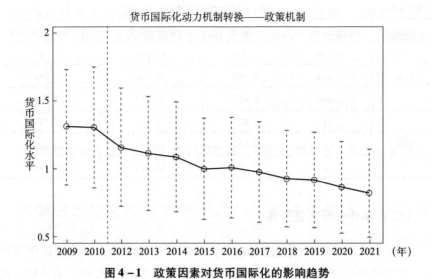

图4-1 政策因素对货币国际化的影响趋势

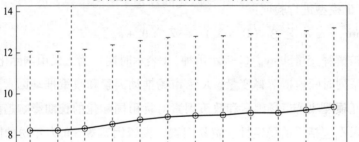

图4-2 市场因素对货币国际化的影响趋势

人民币国际化的动力因素,并运用事件分析法(event study methodology,ESM)实证探讨了人民币国际化的动力机制转换。研究结果表明:第一,新时代人民币国际化的发展须依托"政府+市场"双轮驱动模式。政策推动和市场驱动因素对人民币国际化具有显著的促进作用,发挥市场驱动与政策推动的双重作用能够为人民币国际化创造有利条件,有效保障人民币国际化行稳致远。第二,随着中国经济进入高质量发展阶段,需要转向

"市场驱动为主、政策推动为辅"的模式。人民币国际化水平与当前中国的国际政治、经济地位不匹配，极大是由于政策推动人民币国际化的动力衰减，新时代人民币国际化需要完善"市场 + 政府"双轮驱动，增加人民币国际化市场需求。第三，人民币国际化发展的不同阶段需有效转换动力模式。在人民币国际化发展的过程中，政策因素为人民币国际化发展构筑的制度环境在短期对人民币国际化有显著的促进作用，长期来看，政策因素的推动力呈现显著下滑的趋势，而市场因素的驱动力却在稳健提升。

第二节　人民币国际化动力机制转换的情景效应模拟

在推动形成"双循环"新发展格局过程中，人民币国际化正转向"市场驱动为主、政策推动为辅"的模式，但这一动力模式是不是有效的模式？基于此，本节尝试将人民币国际化问题置于不同情景下进行模拟，比较不同情景下人民币国际化指数的变动，评估不同动力模式的有效性，以期为国家下一阶段优化人民币国际化战略部署、有效推进人民币国际化提供一定的理论指导和决策依据。

一、模型设定

为了评估人民币国际化不同动力模式的效果，本节如前面将人民币国际化的六个动力因素划分为政策推动和市场驱动两类，从政策角度和市场角度探讨人民币国际化的动力机制及转换问题。此外，参考陈瑶雯和温健纯（2018）的做法，将未来国际政治经济环境设定为乐观、中性和悲观 3种情景作为外部环境，国内人民币国际化的发展环境设定基准情景、强化政策推动情景和强化市场驱动情景 3 种情景。在国内国际组合的 9 种情景下，获取人民币国际化的动力因素的预测值，最后利用基准回归模型对不同情景下 2022～2036 年的人民币国际化指数进行仿真模拟。

首先，将前面选取的自变量对因变量进行回归分析，由于货币金融外交为前文设定的虚拟变量且在样本区间内保持不变，为体现中国货币金融外交的发展动态过程，将 2009 年的初始值设定为 1。在此基础上，得到基准情景下的回归模型：

$$Y_t = \alpha + \beta_1 P_t + \beta_2 M_t + \varepsilon_t$$

其中，Y_t 为人民币国际化指数，时间跨度为 2009～2021 年，数据频率为年度，P_t 和 M_t 分别为政策推动因素和市场驱动因素，ε_t 为误差项。通过对基准情景回归分别得到 α、β_1 和 β_2 的估计值 $\hat{\alpha}$、$\hat{\beta_1}$ 和 $\hat{\beta_2}$，基准回归结果如表 4－7 所示。模型可决系数较高，说明模型拟合程度较好；虽然各变量回归系数与上一节实证结果大小存在差异，但正负方向相同，即各因素对人民币国际化的影响方向与上一节结论一致。具体来看，当我国政治经济发展维持当前状态平稳发展时，影响人民币国际化较为显著的因素（通过 5% 水平的显著性检验）包括经济发展和货币金融外交，一般显著的影响因素（通过 10% 水平的显著性检验）包括国防军队现代化、金融开放和创新驱动，除了政治社会因素系数不显著外，其他各项指标回归系数均显著为正，即对人民币国际化呈现正向促进作用。

表 4－7　　　　　　　　　　　　基准回归结果

项目	经济发展	国防军队现代化	金融开放	货币金融外交	政治社会	创新驱动	_ cons	R^2
回归模型	0. 392 *** (0.018)	2. 208 * (1.075)	0. 028 * (0.014)	0. 005 ** (0.17)	0. 009 (0.007)	0. 055 * (0.024)	－ 0. 094 ** (2.75)	0.9966

注：括号内为稳健标准差；*、** 和 *** 分别表示显著性水平为 10% 、5% 和 1% 。

其次，在基准情景回归模型的基础上，以 2021 年的数据为基点，逐年迭代估算出 9 种情景下 2022～2036 年的中国各年度的指标数据。

最后，将估计的 2022～2036 年的指标数据以及基准模型回归系数代入回归模型，即可获得 9 种情景下人民币国际化指数的仿真结果：

$$Y_t^i = \hat{\alpha} + \hat{\beta_1} P_t^i + \hat{\beta_2} M_t^i$$

其中，Y_t^i 为情景 i 下估计的人民币国际化指数，$i = 1, 2, 3, \cdots, 9$，$t = 2022, 2023, \cdots, 2036$，$P_t^i$ 和 M_t^i 分别为情景 i 下估计的中国政策推动因素指标和市场驱动因素指标的年度预测值。考虑在未来人民币国际化发展过程中存在其他特殊事件影响，此类事件具有突发性和不可预测性特征，故本节在国际经济政治环境情景设定过程中不考虑特殊事件的发生，此假设并不影响模型结果的稳定性。此外，为简化分析，对本节的情景模拟作出如下基本假定：（1）除中国外的其他国家看作一个整体，世界政治经济环

境赋予其乐观、中性和悲观 3 种状态,不考虑其指标增速的变化问题;
(2) 假定国家整体发展资源有限,当中国侧重于发挥政策推动人民币国际
化发展时,市场驱动因素发展受限;当国内发展资源侧重于市场驱动时,
政策推动因素的资源分配比重也会相应降低。

二、情景设定

在得到基准回归模型后,以政策推动和市场驱动两种动力模式为基础,
模拟不同的动力模式下人民币国际化未来的可能的发展路径。对 2022~2036
年的国内外环境设置基于乐观、中性和悲观 3 种国际情景及基准情景、强
化政策情景和强化市场情景 3 种国内情景,共组成 9 种情景组合,9 种情
景具体为:

情景 1:国际政治经济环境乐观,国内发展保持稳定 (optimistic – basic,
OB);

情景 2:国际政治经济环境乐观,国内强化政策推动 (optimistic – poli-
cy,OP);

情景 3:国际政治经济环境乐观,国内强化市场驱动 (optimistic – mar-
ket,OM);

情景 4:国际政治经济环境中性,国内发展保持稳定 (neutral – basic,
NB);

情景 5:国际政治经济环境中性,国内强化政策推动 (neutral – policy,
NP);

情景 6:国际政治经济环境中性,国内强化市场驱动 (neutral – mar-
ket,NM);

情景 7:国际政治经济环境悲观,国内发展保持稳定 (pessimistic –
basic,PB);

情景 8:国际政治经济环境悲观,国内强化政策推动 (pessimistic –
policy,PP);

情景 9:国际政治经济环境悲观,国内强化市场驱动 (pessimistic –
market,PM)。

国际环境情景假设中,国际政治经济环境乐观表示全球经济发展繁
荣,政治格局稳定,无重大系统性风险,在该环境下,中国所有政策与市

场因素指标增长速度提高 30% 或下降速度减少 30%。国际政治经济环境中性表示全球政治经济环境稳定，发生系统性风险的概率较低，在该环境下，中国的所有指标变化速率保持不变（即保持与 2009～2021 年样本平均变化速率相等）；国际政治经济环境悲观表示全球经济倒退或停滞，政治格局动荡，容易发生系统性风险，在该环境下，中国的所有指标增长速度减少 30% 或下降速度提高 30%。

国内环境的情景假设中，国内发展保持稳定即为基准情景，表示所有指标变化速率与 2009～2021 年样本平均变化速率相等，在 2022～2036 年内保持稳定。国内强化政策推动情景设定下，在基准情景的基础上，政策驱动指标同比增长速度提高 30% 或下降速度减少 30%；相应地，在国家整体发展资源有限假设条件下，市场驱动指标同比增长速度减少 30% 或下降速度提高 30%。国内强化市场情景设定下，在基准情景的基础上，市场驱动指标同比增长速度提高 30% 或下降速度减少 30%；相应地，政策驱动指标同比增长速度减少 30% 或下降速度提高 30%。另外，由于基准变化速率采用 2009～2021 年各项指标的平均变化速率，但货币金融外交采用的是虚拟变量，在样本区间内变化速率等于零。因此，为了将货币金融外交纳入情景模拟的研究中，假定货币金融外交基准变化速率为 1%。综合上述 9 种情景假设，政策推动因素和市场驱动因素的同比变动速率设定如表 4-8 所示。

表 4-8　　　　　　　9 种情景假设下的指标年平均增长率　　　　　　单位:%

基准变化速率		经济发展	国防军队现代化	金融开放	货币金融外交	政治社会	创新驱动
		6.9	-0.7	-6.9	1.0	-1.6	2.2
乐观国际政治经济环境	基准情景	9.0	-0.5	-4.8	0.7	-1.1	2.9
	强化政策	6.3	-0.3	-6.3	0.9	-0.8	2.0
	强化市场	11.7	-0.6	-3.4	0.5	-1.5	3.7
中性国际政治经济环境	基准情景	6.9	-0.7	-6.9	1.0	-1.6	2.2
	强化政策	4.8	-0.5	-9.0	1.3	-1.1	1.5
	强化市场	9.0	-0.9	-4.8	0.7	-2.1	2.9
悲观国际政治经济环境	基准情景	4.8	-0.9	-9.0	0.7	-2.1	1.5
	强化政策	3.4	-0.6	-11.7	0.9	-1.5	1.1
	强化市场	6.3	-1.2	-6.3	0.5	-2.7	2.0

三、模拟结果分析

以 2021 年的样本数据为基点，运用表 4 – 8 设定的 9 种情景假设的指标年平均变化速率得到 2022～2036 年 6 项指标的预测值。将 2022～2036 年不同情景下动力因素指标的预测值代入基准回归模型，获得人民币国际化指数的仿真结果。具体结果如表 4 – 9 所示。

表 4 – 9　　　　　不同情景模拟下人民币国际化水平预测值

年份	乐观国际政治经济环境			中性国际政治经济环境			悲观国际政治经济环境		
	基准情景	强化政策情景	强化市场情景	基准情景	强化政策情景	强化市场情景	基准情景	强化政策情景	强化市场情景
2022	6.61	6.39	6.83	6.43	6.26	6.60	6.24	6.12	6.36
2023	7.38	6.91	7.87	6.99	6.64	7.36	6.60	6.35	6.85
2024	8.22	7.46	9.01	7.60	7.04	8.18	6.98	6.60	7.37
2025	9.13	8.05	10.29	8.24	7.46	9.07	7.38	6.85	7.92
2026	10.12	8.67	11.70	8.93	7.90	10.05	7.80	7.13	8.52
2027	11.19	9.34	13.28	9.67	8.37	11.11	8.25	7.41	9.15
2028	12.36	10.04	15.03	10.47	8.86	12.27	8.72	7.71	9.82
2029	13.63	10.79	16.99	11.31	9.38	13.52	9.22	8.02	10.54
2030	15.01	11.59	19.16	12.21	9.92	14.89	9.74	8.35	11.31
2031	16.51	12.43	21.57	13.19	10.49	16.38	10.30	8.69	12.12
2032	18.14	13.33	24.26	14.22	11.09	18.00	10.88	9.04	12.99
2033	19.92	14.28	27.25	15.32	11.72	19.76	11.49	9.41	13.91
2034	21.84	15.29	30.58	16.50	12.38	21.68	12.13	9.79	14.89
2035	23.94	16.36	34.29	17.76	13.08	23.76	12.80	10.19	15.94
2036	26.22	17.50	38.42	19.10	13.80	26.03	13.51	10.60	17.05

从整体模拟结果来看，所有情景下未来人民币国际化水平均呈现上升的趋势。但对比各具体情景的模拟结果发现，在不同的国际环境与不同的动力模式情景下，人民币国际化提升速率与最终达到的水平存在显著差异。在所有国际经济政治环境背景下，人民币国际化水平呈现出"强化市

场情景 > 基准情景 > 强化政策情景"的特征。接下来，对所有情景假设下人民币国际化的走势差异及其形成原因进行具体分析。

（一）基准情景比较

2036 年，基准情景在乐观、中性和悲观 3 种国际环境下的人民币国际化指数的预测值依次为 26.22、19.1 和 13.51，基准情景下人民币国际化指数具体走势如图 4 – 3 所示。此外，根据表 4 – 8 中所有变量的增速设定，在所有基准情景下，仅有经济发展、创新驱动和货币金融外交 3 个变量维持正向增长，其余变量同比增速均为负。从国内视角来看，一方面，中国经济发展水平和创新水平在基准情景下稳步提升，有助于提高国家硬实力，打造中国品牌企业，扩大人民币国内外需求；另一方面，货币金融外交在基准情景下稳步推进，能够促进人民币的跨境使用规模扩大，提高世界对人民币的认可度。从国际环境比较来看，OB 情景下未来 15 年的人民币国际化水平达到最高，NB 情景次之，PB 情景最低。事实上，当国际环境处于乐观的状态时，意味着全球经济健康发展，在全球经济利好的大环境下，中国进出口贸易额和对外投资规模等相应提高，国内企业由于受到技术溢出效应的影响进一步提升创新能力。相应地，由于国际市场处于乐观状态，金融市场受此影响也会进一步扩大开放，使金融发展水平稳步提升。同时，经济的发展也能够为国防军事实力提高以及政治社会稳定提供坚强的保障。另外，稳定的国际政治经济格局下，中国与其他国家的政治交流频率提高，有助于维系地缘政治环境稳定。因此，在乐观的国际环境有利于更好地发挥市场与政策的驱动作用，促进人民币国际化水平提高。

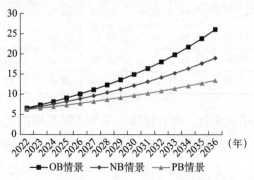

图 4 – 3　基准情景人民币国际化指数预测值比较

（二）强化政策情景比较

2036 年，在乐观、中性和悲观 3 种国际环境情景下，基于国内强化政策推动的人民币国际化指数的预测值依次为 17.5、13.8 和 10.6，国内强化政策情景下的人民币国际化指数具体走势如图 4-4 所示。可以发现，随着国际政治经济环境的恶化，人民币国际化的政策驱动效果逐渐减弱。从国内视角来看，一方面，通过强化政策推动效应，国家军事实力进一步提升，能够为人民币国际化提供更为强大的军事保障，例如，在第二次世界大战后英美军事实力此消彼长，使美元取代英镑成为世界第一大货币。强大的军事实力不仅是国家硬实力的重要表现，也是确立人民币国际性地位的重要动力。另一方面，在强化政策情境下，中国货币金融外交进一步推进，有助于巩固人民币国际化的地缘政治基础，扩大人民币跨境贸易投资使用范围。努力维持政治稳定与法治社会有助于构筑良好的营商环境，同时也能够保障疫情后国内的经济复苏，提升境外居民持有与使用人民币的信心。从国际环境比较来看，PP 情景下的人民币国际化指数在 2036 年的预测值仅为 10.6，为所有情景中的最低值，可能的解释为：在国际环境恶化的情景下，全球经济倒退或停滞，国际政治经济格局动荡，容易发生系统性风险，虽然有强化国内政策推动作为支撑手段，但缺少了良好的外部环境会导致中国与其他国家交流合作减少；同时，国际关系的恶化还可能使中国受到霸权国家的抵制和制裁，人民币币值波动性增加，不利于人民币国际化发展。另外，在短期的政策红利爆发结束后，"重政策、轻市场""重规模、轻机制"模式的局限性逐步显现，且在有限资源假定下，随着中国市场化改革逐渐深入，若仍以政策推动为人民币国际化的主要动力，会使得市场驱动作用减弱，减缓人民币国际化发展的速度。因此，当人民币国际化动力模式为"政策推动为主、市场驱动为辅"时，由于侧重于发挥政策推动效应，而相对忽视了市场对资源配置的决定作用，人民币国际化进程容易受阻。

（三）强化市场情景比较

2036 年，在乐观、中性和悲观 3 种国际环境情景下，基于国内强化市场驱动的人民币国际化指数的预测值依次为 38.42、26.03 和 17.05，国内强化市场情景下人民币国际化指数具体走势如图 4 – 5 所示。

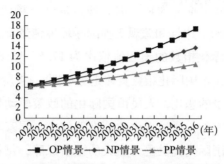

图 4 – 4　政策强化情景人民币国际化指数预测值比较

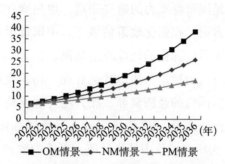

图 4 – 5　市场强化情景人民币国际化指数预测值比较

强化市场驱动情形下的人民币国际化指数在 3 种国际情景下均为最高，显著大于基准情景和强化政策情景，进一步证明了市场在未来人民币国际化过程中发挥着主要驱动作用。从国内视角来看，第一，通过强化市场驱动效应，国内经济发展水平提高，有助于推动对外经济活动高质量发展，从而带动人民币的境外交易和使用；第二，强化市场驱动能够进一步推动金融业高水平开放，金融市场开放是经济高质量发展的重要影响因素，而经济高质量发展又是人民币国际化的基础支撑；第三，强化市场驱动能够扩大国际"技术溢出"效应，有助于国内企业自主创新能力提升，带动中国制造业发展，创造人民币需求内生动力，夯实人民币国际化微观基础。从国际环境比较来看，PM 情景下人民币国际化指数在 2036 年的预测值为17.05，横向对比来看，显著高于 PP 情景和 PB 情景，可能的解释为：当国内强化市场驱动作用时，在一定程度上能够缓解悲观的国际环境对人民币国际化带来的影响。例如，当世界发生金融危机或者地缘战争时，强大的经济实力可以增强中国抵御外部风险能力，维持人民币币值稳定，减少系统性风险对人民币国际化的冲击。因此，当人民币国际化动力模式为"市场驱动为主、政策推动为辅"时，通过加强市场建设，充分发挥市场驱动对人民币国际化的主要驱动作用，并辅以一定的政策推动效应，有助于加快促进人民币国际化发展。

四、研究结论

本节以 2009~2021 年中国经济数据为样本，通过情景模拟法对 2022~2036 年不同动力模式下人民币国际化路径进行模拟仿真。研究结论表明：第一，开放发达的市场对于人民币国际化不可或缺，同时政策和制度的配合也发挥着重要作用，政策因素和市场因素均显著地促进了人民币国际化发展；第二，"市场驱动为主、政策推动为辅"模式有助于突破传统"重政策、轻市场"模式的局限，应发挥市场在资源配置中的核心作用，稳步推动人民币国际化发展；第三，国际环境的好坏对人民币国际化具有较大的影响，良好的国际政治经济环境有助于加快人民币国际化进程；相反，恶化的国际环境则会使人民币国际化受阻。

第三节　人民币国际化政策驱动的典型事实验证[①]
——"一带一路"倡议是否促进了人民币国际化

"一带一路"倡议是新时代我国实现全方位对外开放的顶层设计；人民币国际化是我国金融开放的重要内容，两者是发展更高层次开放型经济的必然要求。"一带一路"倡议实施以来，对中国经济发展产生了重要的影响。由此推断，"一带一路"倡议是否也促进了人民币国际化？本节以"一带一路"倡议对人民币国际化的影响为例，验证政府政策对人民币国际化的影响的事实存在。本节采用 2009~2018 年全球 46 个国家面板数据，运用双重差分倾向得分匹配法（PSM－DID），全面检验"一带一路"倡议对人民币国际化的影响。

[①]　本部分笔者以"'一带一路'倡议是否促进了人民币国际化？——基于 PSM－DID 方法的实证检验"为题，发表于《金融经济学研究》2021 年第 3 期，在此略有删改。

一、问题的提出

2013 年，习近平总书记在出访哈萨克斯坦与印度尼西亚时，提出了"一带一路"倡议，主张深化中国与"一带一路"沿线国家的"五通"合作，建立政治互信、经济融合、文化包容的利益共同体与命运共同体，得到国际社会的广泛关注与积极反响①。"一带一路"倡议秉持"共商、共建、共享"原则，以"五通"（政策沟通、设施联通、贸易畅通、资金融通、民心相通）为着力点，推进中国与沿线国家深化贸易、投资、金融、文化等领域合作，共同打造区域贸易流、产业带、联通网、人文圈，促进区域经济金融一体化和实现互利共赢发展。据商务部数据显示，2019 年 1～11 月，中国与"一带一路"沿线国家货物贸易额达 1.2 万亿美元，同比增长 4.8%；对沿线国家非金融类投资额达 127.8 亿美元，沿线国家对华直接投资额达 70.2 亿美元②。随着"一带一路"倡议的落地实施，人民币国际化带来了新的发展机遇。自 2009 年以来，人民币国际化发展进入快速发展阶段，在跨境贸易投资结算、离岸金融市场建设、资本市场开放、加入 SDR 货币篮子等方面取得一系列成绩。《人民币国际化报告 2019》显示③，截至 2018 年末人民币国际化指数（RII）达 2.95，较 2017 年初回升 95.8%，人民币国际使用实现强势反弹，在国际贸易结算中的份额为 2.05%。环球银行金融电信协会（SWIFT）表示④，截至 2019 年 7 月末，人民币在国际支付货币中的份额为 1.81%，是国际支付第六大活跃货币。随着"一带一路"倡议的快速推进以及相关资料、数据的日趋丰富，对"一带一路"倡议进行政策影响评估变得越来越可行与重要。"一带一路"倡议作为国家重大战略部署，是否有助于促进人民币国际化？如果存在，其影响机制是什么？其中，投资、贸易、金融市场开放都发挥了什么作

---

① 学习图说 |"一带一路"通世界利天下 ［EB/OL］. ［2021 – 11 – 18］. https：//baijiahao. baidu. com/s？id = 1716774740045333765&wfr = spider&for = pc.

② 2019 年"一带一路"经贸合作取得新发展新提高新突破 ［EB/OL］. ［2020 – 01 – 19］. http：//www. chinadevelopment. com. cn/sh/2020/0119/1602517. shtml.

③ 中国人民大学国际货币研究所. 人民币国际化报告 2019 ［M］. 北京：中国人民大学出版社，2019.

④ 7 月人民币为国际支付第六大活跃货币 ［EB/OL］. ［2019 – 08 – 29］. http：//www. cs. com. cn/xwzx/hg/201908/t20190829_ 5981067. html.

用？回答这些问题，对优化"一带一路"政策部署、推进人民币国际化具有重要的理论价值与现实意义。

近年来，学界对"一带一路"倡议的关注度日益提升，涌现出一系列研究成果。在初始阶段，学者们主要探讨"一带一路"倡议的空间范围、目标任务、机遇挑战、推进策略等方面内容。这些文献大多立足宏观视角探讨"一带一路"倡议，侧重对"一带一路"倡议落地实施进行顶层设计，前瞻性地提出推进区域经济金融合作的战略步骤、改革突破口以及制度安排，但受到可用数据与资料可得性的限制，其研究方法主要以定性为主。随着"一带一路"建设的持续推进，学者们对"一带一路"倡议的研究内容不断丰富与细化，主要包括"一带一路"倡议对基础设施建设、跨境贸易投资、资本市场开放、地缘政治与人文交流等方面影响。此时的文献强调"一带一路"倡议的研究针对性，对"一带一路"倡议的政策效应开展大量研究，同时随着研究资料与数据日益丰富，逐渐采用实证方法检验"一带一路"倡议的政策影响，基本上都肯定了"一带一路"倡议对国内与沿线国家经济社会发展的正向溢出作用。

与此同时，随着国际金融危机后人民币国际化快速发展，学者们越来越关注"一带一路"倡议与人民币国际化问题。现有文献普遍认为，"一带一路"倡议与人民币国际化是新时代我国参与引领国际格局的关键抓手，"一带一路"将为人民币国际化开辟全新契机与实施路径，需要采取适当的推进策略，克服各种潜在困难与风险，促进人民币国际化顺利发展。其中，一些文献在不同程度上涉及"一带一路"倡议影响人民币国际化的机理，认为"一带一路"倡议会通过对外贸易、对外投资、经济实力提升、金融发展水平、货币惯性等渠道，对人民币国际化产生影响，但它们对其影响途径的分析大多缺乏系统性且不够深入。此外，还有少部分文献收集国内外样本数据，采取实证分析方法，定量检验"一带一路"倡议对人民币国际化的影响，并基本上都肯定"一带一路"倡议对人民币国际化的正向作用。然而，这些文献在实证分析中往往把"一带一路"作为政策背景，未能有效纳入模型分析，从而弱化"一带一路"倡议对人民币国际化的政策评估效果。

综上所述，学界对"一带一路"倡议与人民币国际化进行了一系列研究，但也存在一些亟待完善之处。一是既有文献大多将"一带一路"倡议作为研究背景来探讨人民币国际化问题，未能有效地评估"一带一路"倡议对人民币国际化的影响；二是既有文献对"一带一路"倡议影响人民币国际化的机理剖析缺乏系统性，对其中的影响机制分析还不够全面深入；三是既有文献对"一带一路"倡议影响人民币国际化的实证分析成果较少，并且往往采取面板数据、虚拟变量方法评估"一带一路"倡议的政策效应。本书将在以下方面作出边际贡献：（1）本书构建"一带一路"倡议影响人民币国际化的理论框架，深入阐述"一带一路"建设促进人民币国际化的机理并提出研究假设，剖析"一带一路"倡议是如何通过贸易、投资、金融市场开放途径影响人民币国际化进程。（2）本节采用双重差分倾向得分匹配法（PSM－DID），着力扩大研究样本数量，选取 2009～2018 年全球 46 个国家数据作为样本，实证分析"一带一路"倡议对人民币国际化的影响，通过准自然实验方法，比较分析政策冲击前后实验组和对照组之间的差异性变化，更准确量化"一带一路"倡议政策效应，从而有针对性地提出推动人民币国际化的政策建议。

二、理论分析与研究假设

2008 年肇始于美国的全球金融危机，不仅造成中国对美出口企业的市场规模萎缩，大批企业停业倒闭，而且加剧美元兑人民币的汇率波动风险，威胁中国在美金融资产与外汇储备安全。为此，中国在美国传统市场之外积极开辟新兴国家市场，创新性地提出"一带一路"建设构想，推进与沿线国家的"五通"合作，打造国际经济合作新平台，同时制定跨境贸易、境外直接投资、外商直接投资的人民币结算试点管理办法，推进金融机构海外布局、跨境金融产品创新、债券市场开放等，扩大人民币跨境使用规模与范围。"一带一路"倡议与人民币国际化是中国在进入"新常态"下全面扩大对外开放、促进经济转型发展的顶层设计，充分体现出中国重塑国际分工体系的决心和参与全球治理的使命。

随着"一带一路"建设的持续推进，中国与沿线国家不断深化"五通"合作，促进产品、技术、资金等要素跨境流动，加速区域经济一体化发展，为人民币国际化奠定基础。根据区域经济一体化理论，当区域内成员国推进经济金融政策沟通协调、实现各生产要素自由流动时，就会催生出对主导货币或共同货币的需求。蒙代尔（Mundell）、麦金农（Mckinnon）等在最优货币区理论中进一步证明，当区域成员国满足要素自由流动、市场开放、通货膨胀一致等条件时，该区域适合建立紧密的货币制度，甚至使用统一的货币。其中，欧盟 19 个成员国组建欧元区使"最优货币区"理论成为现实，表明区域经济一体化有助于促进货币一体化或主导货币形成。由于"一带一路"沿线国家经济互补性强、市场潜力大，中国深化与沿线国家"五通"合作，能有效促进区域经济一体化建设，扩大对基础设施、对外贸易、项目投融资等领域金融需求，从而推动人民币国际化发展。一方面，"一带一路"建设激发人民币需求。"一带一路"沿线国家大多是发展中国家，基础设施建设较为滞后，希望通过利用中国的产品、资金、技术等方面优势，促进双边设施联通、贸易畅通、资金融通，提升区域经贸合作水平，为当地创造更多发展机会。国内企业在扩大对"一带一路"沿线国家贸易与投资份额的同时，增加对跨境人民币金融产品与服务需求，为人民币金融产品创新与海外流通奠定基础。另一方面，"一带一路"建设促进人民币成为计价、结算、投资与储备货币。随着区域经济一体化持续推进，中国不断深化与"一带一路"沿线国家的金融合作，推动互设金融机构、本币互换与挂牌交易、债券市场跨境联通、建立人民币清算行等，进一步促进资本项目开放与金融服务对接，助推人民币在跨境贸易投资中发挥计价、结算、投资以及储备等职能，从而提升人民币国际化水平。对此提出假设 1。

假设 1："一带一路"倡议有助于促进人民币国际化。

在"一带一路"倡议中，"五通"合作是中国与沿线国家实现政治互信、经济融合、文化互融的重要内容。一方面，加强政策沟通、民心相通，有助于夯实中国与沿线国家经济金融合作的政治与人文基础；另一方面，加强设施联通、贸易畅通以及资金融通，直接促进中国与沿线国家的经济金融合作，提升人民币跨境流通范围与规模。对此，本研究结合"五通"合作，从贸易、投资、金融市场开放三个渠道，详细分析"一带一路"倡议影响人民币国际化的作用机制，具体如图 4-6 所示。

1. 贸易渠道。赫克歇尔（Heckscher）和俄林（Ohlin）的要素禀赋理论认为，在相同技术水平下，两国生产同一产品的价格差来自产品的成本差异，这种成本差异取决于生产中所使用的生产要素价格差。一国密集使用本国比较丰裕的生产要素时，生产出来的产品成本就比较低，反之亦

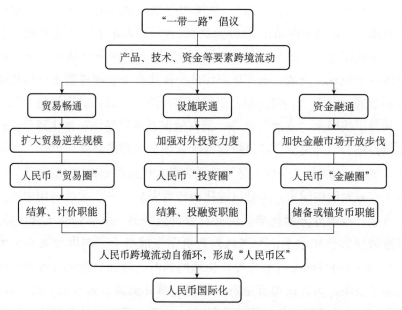

图 4-6 "一带一路"倡议影响人民币国际化的作用机制

然。要素禀赋差异决定各国生产和交换产品的价格优势，形成国际贸易与分工格局。当一国凭借要素禀赋优势向价值链高端迈进时，该国就掌握了国际贸易的主动权，进而影响本国货币在国际贸易的计价结算地位。"一带一路"沿线国家涵盖亚欧非等地，要素禀赋差异悬殊，形成不同的优势产业，存在巨大的贸易合作空间。当前，中国在轻工、服装、机电、化工、通信设备等领域具有优势，"一带一路"沿线国家在能源、矿产、农产品等领域优势显著，加上二者铁路、港口等设施相互联通与签订税收、海关等合作协议，有效降低双边进出口成本，促进跨境贸易快速增长。在"一带一路"贸易中，中国一方面结合自身资金、技术、品牌等优势，推进出口产品从产业链低中端向高端迈进，提升国际贸易的竞争力；另一方面利用在石油、矿石、农产品等国际大宗商品主要买家地位，增强在国际贸易的货币选择话语权，推动人民币成为进出口贸易的计价结算货币。结合美元、英镑等货币国际化经验，中国扩大对"一带一路"沿线国家的贸易逆差，有助于使用人民币购买支付进口商品或者提供人民币贷款，扩大人民币在贸易和资本项目下的使用范围。以原油贸易为例，随着中国不断扩大国际原油进口规模，俄罗斯、伊朗、沙特阿拉伯等国已经或考虑采取一定的"去美元"措施，使用人民币作为石油计价结算工具，增强抵御金融风险能力，推动人民币国际化发展。因此，中国根据"一带一路"沿线国家要素禀赋特点，扩大对沿线国家能源、矿产、农产品等资源的进口规模，有助于发挥人民币跨境贸易的计价结算功能，形成商品进口与人民币输出的"双循环"。对此提出假设2。

假设2："一带一路"倡议通过扩大对外贸易，增加贸易逆差，促进人民币国际化。

2. 投资渠道。小岛清（Kojima）的边际产业转移理论认为，一国在对外直接投资时将本国边际收益较低的产业转移到国外，既能占据东道国的市场空间，又为投资国新兴产业发展提供足够的空间和资源，实现双边互利共赢。对外直接投资在扩大投资国与东道国投资规模、加速利润汇回的同时，提升投资国货币的投融资与结算规模，进而促进该国货币国际化。经过四十多年改革开放，中国拥有坚实的产业基础与成熟的技术储备，但也面临钢铁、水泥、化工等低端产能过剩与新材料、核心电子器件、生物医药等高端产能供应不足问题，亟须加强供给侧结构性改革，推进成熟产业或技术跨境合作，实现国际产能对接。"一带一路"倡议为中国参与沿线国家建设提供投资契机，扩大对沿线国家基础设施、产业园区等领域投资合作，带动国内产业、技术等要素转移，推动双边生产要素融合与互嵌。"一带一路"对外直接投资不仅促进人民币金融产品与服务创新，满足国内企业的结算与投融资需求，而且实现国内资本输出，维护国际收支平衡，带动人民币国际化发展。一方面，国内企业在对外投资过程中需要人民币金融产品与服务，金融机构加速海外布局，积极为企业海外投资提供人民币支付结算、项目贷款等金融服务，为人民币海外流通奠定基础。另一方面，使用人民币作为投资货币有助于构建稳定的本币输出通道，缓解我国经常项目与资本项目"双顺差"所造成的国际收支失衡问题，进一步保持人民币汇率稳定，提升国际社会持有人民币的意愿。因此，"一带一路"倡议有助于提高中国对沿线国家基础设施、产业园区等投资力度，扩大对人民币金融产品与服务需求，发挥人民币在对外投资中的结算、投融资职能。对此提出假设3。

假设3："一带一路"倡议通过扩大对外投资，扩大人民币海外流通，促进人民币国际化。

3. 金融市场开放渠道。根据麦金农（Mickinnon）、肖（Shaw）等的金融深化或自由化理论，发展中国家普遍存在"金融抑制"现象，应减少对金融市场行政干预，发挥市场机制的调节作用，提升资金的配置效率，发挥金融对经济发展的促进作用。金融深化或自由化理论不仅适用于国内金融领域，还可以拓展到国际金融市场，即一国放松金融管制，扩大金融市场准入与业务开放，实现资本项目可兑换与汇率市场化，有助于促进国际金融资本自由流动，发挥该国货币在国际金融市场的储备货币或锚货币职能。随着"一带一路"倡议深入推进，金融市场开放在"一带一路"倡议"五通"合作的作用越发突出。"一带一路"金融市场双向开放促进区域资本市场互联互通，推进资本项目可兑换、金融业务全面放宽，带动人民币国际化发展[①]。一方面，"一带一路"金融市场开放有助于促进中国与沿线国家本币互换、本币结算、挂牌交易等，启动"沪港通""深港通""债券通"等资本市场互联互通，推动境外央行或货币当局将人民币金融资产纳入其外汇储备，发挥人民币的储备货币职能。另一方面，"一带一路"金融市场开放带动人民币汇率形成机制改革，增强人民币汇率的弹性，不仅有效促进跨境人民币金融衍生产品创新，满足"一带一路"建设的投融资与企业避险需求，而且维护人民币汇率稳定，增强国际社会持有人民币的信心，推动人民币成为锚货币。需要指出的是，金融市场开放不是一蹴而就的，是循序渐进的改革过程。金融市场开放从长远角度能够为"一带一路"建设走深走实提供更高质量的金融服务，但在短期内可能会引起跨境资本剧烈流动，造成人民币汇率大幅波动或贬值，制约人民币国际化发展。对此提出假设4。

假设4："一带一路"倡议通过推动金融市场开放，促进人民币国际化。

三、实证设计与变量选择

（一）实证设计

为分析"一带一路"倡议对人民币国际化的影响，本研究将"一带一

---

① 霍颖励. 金融市场开放和人民币国际化 [J]. 中国金融, 2019 (14): 22 - 24.

路"政策冲击看成准自然实验，利用双重差分政策评价模型（DID），通过选取实验组和对照组，比较分析政策冲击前后两个组的差异性变化，从而量化政策的实施效果。双重差分方法在使用过程中要求实验组和对照组满足共同趋势假设，否则可能会由于个体异质性造成样本选择偏误，影响评价结果。为尽可能缩小实验组和对照组之间的差异，本研究采用倾向得分匹配法（PSM），构建同质性较强的实验组和对照组，控制"一带一路"沿线国家与非沿线国家在可观测变量上系统性差异，解决样本偏差问题。由于 PSM 不能避免因变量遗漏而产生的内生性问题，这需要 DID 消除变量的内生性问题，最终得出"政策处理效应"。

基于此，本研究采取 PSM 与 DID 相结合的方法，精准估计"一带一路"倡议对人民币国际化影响的净效应。具体方法是：先运用 PSM 找出匹配组，再使用匹配后的实验组和对照组进行 DID 估计。为检验政策效应，本研究将基准回归模型设定如下：

$$\text{Share}_{i,t}^{\text{PSM}} = \beta_0 + \beta_1 \text{Treated}_{i,t} + \beta_2 T_{i,t} + \beta_3 \text{Treated}_{i,t} \times T_{i,t} + \lambda \sum \text{Control}_{i,t} + \varepsilon_{i,t} \tag{4-1}$$

其中，被解释变量 $\text{Share}^{\text{PSM}}$ 为人民币国际化程度。$\text{Treated}_{i,t}$ 为国家虚拟变量，用于区分实验组和对照组。当 $\text{Treated}_{i,t}$ 为 1 表示"一带一路"倡议所覆盖的沿线国家，$\text{Treated}_{i,t}$ 为 0 表示非沿线国家。$T_{i,t}$ 为政策时间虚拟变量，即政策冲击事件发生的年份，政策发生之后的年份取 1，政策发生之前的年份取 0。尽管"一带一路"倡议是在 2013 年 9 月和 10 月提出，但实验冲击效应主要是从 2014 年起开始体现，选择 2014 年作为政策冲击事件发生的年份。交乘项 $\text{Treated}_{i,t} \times T_{i,t}$ 是考察"一带一路"政策是否影响人民币国际化的核心解释变量，若其系数为正且显著，表明"一带一路"倡议显著促进人民币国际化；反之，未能显著促进人民币国际化。$\text{Control}_{i,t}$ 指一系列控制变量。$\varepsilon_{i,t}$ 为随机扰动项，β_0 为截距项。

（二）数据、变量和描述性统计

本研究重点研究"一带一路"倡议对人民币国际化的影响，详细分析"一带一路"倡议造成的平均影响效应与动态影响效应。由于人民币国际化还受到其他因素影响，本研究将引入其他控制变量进行分析，具体变量设置如表 4-10 所示。

表 4 - 10   变量说明

变量类型	变量名称	变量含义	数据来源
被解释变量	交易职能	离岸市场外汇交易量占比	BIS 外汇和场外衍生品交易三年期调查报告
	投资职能	国际债券未偿付额占比 国际债券净发行额占比 利率衍生工具占比	BIS 国际债券季度数据统计报告 BIS 三年期调查
	储备职能	货币储备量占比	IMF 的 COFER 数据库
核心解释变量	交互项	"一带一路"虚拟变量乘时间虚拟变量	
控制变量、中介变量	贸易因素	货币发行国对外贸易顺差额占 GDP 比重	World Bank GEM
	投资因素	一国对外直接投资净流出占世界对外直接投资净流出比重	World Bank 数据库
	金融市场开放	金融市场开放度指数	http：//web. pdx. edu/ ~ ito/ Chinn – Ito_ website. htm
控制变量、协变量	经济实力	人均 GDP 的自然对数	World Bank 数据库
		一国 GDP 占世界比重	World Bank 数据库
	军事实力	军费支出在一国 GDP 占比	World Bank WDI
	币值稳定性	一国货币对 SDR 汇率的标准差	IMF IFS
协变量	货币惯性	国际化水平滞后 1 期	BIS、IMF

1. 被解释变量。现有文献对人民币国际化程度的度量，主要有两种做法。一种做法是，从国际货币部分职能出发，探究人民币国际化水平。刘艳靖（2012）、张等（Zhang et al., 2015）分别利用国际外汇储备比重、国际外汇市场交易占比来衡量人民币国际化程度。另一种做法是，通过构建货币国际化指数来衡量人民币国际化程度。李稻葵和刘霖林（2008）利用国际外汇储备、贸易结算、国际债券币种结构，计算全球主要货币的国际化程度。林乐芬和王少楠（2016）分别对货币的交易、投资和储备职能赋予权重，得出人民币国际化的综合指数，从而反映人民币国际化水平。

本研究借鉴邓黎桥（2014）、林乐芬和王少楠（2016）做法，从货币的交易、投资和储备职能入手，选取具有代表性指标，通过加权衡量人民币国际化水平，具体公式：$Index_{RMB} = \sum \lambda_{i,t} x_{i,t} \times 100$。其中，$\lambda_{i,t}$ 为权重，$x_{i,t}$ 为反映货币国际化的各级指标。根据国际货币职能，本研究选取离岸市场外汇交易量、国际市场币种结构、国际货币储备份额分别用来衡量人民币的交易、投资与储备职能，并赋予其等额权重。采用离岸市场外汇交易量占比、国际货币基金组织储备货币占比来表示人民币的交易和储备职能，选取利率衍生工具占比、国际债券净发行额占比和国际债券未偿付额占比来测算人民币的投资职能[1]，最后综合得出人民币国际化程度。

2. 解释变量。本研究选取"一带一路"倡议的时间虚拟变量（T）与"一带一路"倡议的国家虚拟变量（Treated）的交互项（Treated × T）作为解释变量。其中，"一带一路"倡议的时间虚拟变量反映了"一带一路"倡议提出前后实验组和对照组对人民币国际化影响的变化（时间效应）；"一带一路"倡议的国家虚拟变量体现了实验组和对照组之间对人民币国际化影响的差异（固有差异）。虚拟变量交互项可以反映出实验组在政策实施后的净效应。若"一带一路"倡议所覆盖国家，且时间虚拟变量（T）> 2013，则对应的虚拟变量 Treated × T 记为 1，否则都为 0。系数 β_3 是双重差分估计量，代表政策净效应的方向和大小。

3. 控制变量。本研究在前人研究和理论分析的基础上，选取一系列控制变量。第一，在"一带一路"倡议实施过程中，中国与沿线国家深化跨境贸易、投资合作，有助于推进人民币国际化。选取货币发行国对外贸易顺差额占该国 GDP 比重（tsg）来表示一国对外贸易情况，选取对外直接投资净流出占世界比重（ofdi）来衡量一国对外投资情况。第二，扩大金融市场开放有助于推动跨境资金流动，吸引国内企业"走出去"与国际资本"引进来"，推动人民币国际化向纵深发展。参考钦恩和伊藤（Chinn and Ito, 2008）做法，选取金融市场开放度（ka_ open）来表示金融市场开放情况。第三，货币国际化需要以一国综合实力为基础，强大的经济实力与军事实力有助于巩固该国货币的国际地位。选用货币发行国人均 GDP 的自然对数、一国 GDP 的世界份额来综合度量经济实力因素（lnpergdp、

gdp），选取军费支出在 GDP 中占比来表示军事实力（ml）。第四，稳定的货币币值能够增强持币者的信心，增加对该货币的需求。选取汇率波动率（vol）来表示一国货币汇率波动程度。此外，由于货币持有使用惯性，选用滞后 1 期的货币国际化指数（lshare）表示货币持有使用惯性。

本研究以中国一带一路网最初公布的 64 个沿线国家数据为基础，在保证数据可得性与指标代表性的基础上，选择印度尼西亚、印度、马来西亚、菲律宾等 18[①] 个"一带一路"沿线国家作为实验组。同时，将未纳入"一带一路"倡议的国家作为对照组，具体包括奥地利、澳大利亚、巴西、加拿大等 28 个国家[②]。为排除 2008 年金融危机所带来的影响，本研究分析的时间跨度为 2009 ~ 2018 年。由于人民币国际化仍处在初期阶段，部分人民币国际化数据缺失，本研究借鉴杨晨姝（2018）的做法，从 COFER 中"以其他币种持有的储备"的比重出发，利用已有人民币储备占比，推算出人民币国际储备份额。对于非主流货币储备占比，本研究依据各国与中国 GDP 占比，推算出其货币储备占比。对于各指标缺漏值，本研究利用插值法和平均法将其补齐，对主要连续变量在 1% 分位进行 winsor 处理，降低个别离群值的影响，同时统一将各变量中国数据进行做差处理。本研究的数据主要来源于 BIS 报告、IMF 和 World Bank 数据库等，各变量的描述性统计结果如表 4 - 11 所示。

表 4 - 11　　　　　　　　主要变量描述性统计

变量	全部样本（N = 460）		实验组样本（N = 180）		对照组样本（N = 280）	
	均值	标准差	均值	标准差	均值	标准差
share	0.0970	0.4618	0.2850	0.1266	- 0.0238	0.5505
tsg	- 0.0169	0.0812	- 0.0218	0.0848	- 0.0138	0.0788
ofdi	0.0489	0.0472	0.0586	0.0350	0.0426	0.0527
ka_ open	- 0.6481	0.2759	- 0.5285	0.3003	- 0.7250	0.2285
lnpergdp	- 1.1858	0.9792	- 0.6212	0.9172	- 1.5488	0.8366

① 印度尼西亚、印度、马来西亚、菲律宾、匈牙利、波兰、俄罗斯、新加坡、泰国、巴林、爱沙尼亚、希腊、以色列、立陶宛、拉脱维亚、沙特阿拉伯、斯洛文尼亚、斯洛伐克。

② 奥地利、澳大利亚、巴西、加拿大、比利时、瑞士、智利、哥伦比亚、捷克、德国、丹麦、西班牙、芬兰、法国、英国、爱尔兰、意大利、日本、韩国、卢森堡、墨西哥、荷兰、挪威、新西兰、秘鲁、葡萄牙、瑞典、南非。

续表

变量	全部样本（N=460）		实验组样本（N=180）		对照组样本（N=280）	
	均值	标准差	均值	标准差	均值	标准差
gdp	0.1138	0.0287	0.1192	0.0257	0.1103	0.0300
ml	0.0676	1.4792	−0.6212	2.0454	0.5104	0.6425
vol	−0.0108	0.0134	−0.0091	0.0133	−0.0118	0.0134
lshare	0.0476	0.4548	0.2337	0.0994	−0.0720	0.5453

四、实证结果分析

（一）倾向得分匹配结果

根据上述分析，利用 PSM 将实验组与对照组进行匹配。为保证倾向得分匹配方法的有效性，本研究借鉴王立勇和祝灵秀（2019）的做法，选取影响人民币国际化程度且与"一带一路"有关的可能变量作为协变量。通过"一带一路"政策变量（Treated）对协变量做 Logit 回归，再对 Logit 模型进行逐步回归，选取 lnpergdp、gdp、ml、vol、lshare 5 个协变量，并获得倾向得分值。表 4−12 是倾向得分匹配的 Logit 回归结果，得出实验组与对照组的初始划分不是随机的，存在显著的系统性差异。

表 4−12　　　　　　　倾向得分匹配的 Logit 模型估计结果

变量	估计值	标准差	Z 值	P 值
lnpergdp	1.1268	0.1685	6.68	0.000 ***
gdp	−20.9763	7.9393	−2.64	0.008 ***
ml	−0.8690	0.1437	−6.05	0.000 ***
vol	−50.8274	11.6571	−4.36	0.000 ***
lshare	7.3549	1.9581	3.76	0.000 ***
常数项	1.5225	0.6739	2.26	0.024 **

注：***、**分别表示在1%、5%水平上显著。

为准确使用倾向得分匹配法，需要检验匹配后数据的平衡性和共同支撑领域，确保样本匹配的效果符合评估要求，具体如表 4−13 和图 4−7 所示。由表 4−13 可知，经过倾向得分匹配后实验组与对照组的差异显著降低，标准偏差都在不同程度地缩小，无法拒绝实验组和对照组之间差异为零的假设,整体样本基本符合平衡性检验。此外,LR 检验结果的 Pseudo – R^2 为 0.015,P 值为 0.317,说明实验组和对照组满足统计意义上的同质性要求,符合 DID 的基本假设条件。图 4 – 7 显示匹配前后实验组和对照组倾向得分的密度分布。这表明,在完成一阶最近邻匹配后,两组样本的共同支撑区域有了明显提高,且实验组和对照组的倾向得分 Kernel 密度图几乎重合,即满足共同支撑假设要求。因此,两组样本的匹配效果相对良好。

表 4 – 13   匹配前后 Balancing 检验

变量名称	处理	均值		标准偏差(%)	标准偏差减少幅度(%)	双 t 检验	
		实验组	对照组			t 值	p > | t |
lnpergdp	匹配前	− 0.6211	− 1.5488	105.7	80.9	11.17	0.000
	匹配后	− 0.6837	− 0.5065	− 20.2		− 2.09	0.037
gdp	匹配前	0.1191	0.1103	31.6	92.3	3.26	0.001
	匹配后	0.1198	0.1192	2.4		0.23	0.820
ml	匹配前	− 0.6212	0.5104	− 74.6	87.3	− 8.62	0.000
	匹配后	0.0779	0.2217	− 9.5		− 1.30	0.196
vol	匹配前	− 0.0091	− 0.0118	20.2	51.5	2.12	0.035
	匹配后	− 0.0094	− 0.0081	− 9.8		− 0.80	0.425
lshare	匹配前	0.2336	− 0.0720	78.0	99.2	7.44	0.000
	匹配后	0.2316	0.2291	0.6		0.21	0.830

(二)"一带一路"倡议对人民币国际化的平均影响效应

本研究对经过倾向得分匹配后的样本进行双重差分估计,考察"一带一路"倡议对人民币国际化的平均影响效应。由于采用的是面板数据,本研究需要考虑个体效应及时间效应。经过 Hausman 检验后,Prob > chi2 = 0.0000,说明随机效应的假设未得到满足,即选择固定效应模型。此外,在对时间效应进行检验时,无论是 Wald 检验还是 LR 检验,结果均在 1% 的显著性水平上拒绝原假设,说明时间效应显著。由此,本研究构建双重差分双向固定效应模型,对样本进行估计,模型设定如下:

$$Share_{i,t} = \beta_0 + \beta_1 Treated_{i,t} \times T_{i,t} + \lambda \sum Control_{i,t} + \eta_t + \mu_i + \varepsilon_{i,t} \qquad (4-2)$$

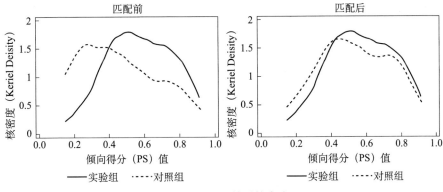

图 4 - 7　匹配前后核密度

在对式（4 - 2）进行 DID 检验时，分别设置不加入控制变量的模型进行对照，具体结果如表 4 - 14 所示。由表 4 - 14 可以看出，无论是否添加其他控制变量，交叉项的系数都显著为正，添加控制变量后，交叉项系数的数值虽有所减小但依然显著为正。这说明，"一带一路"倡议与人民币国际化存在明显的因果关系，"一带一路"建设在总体上对人民币国际化具有显著的正向促进作用，即证实假设 1。中国与"一带一路"沿线国家拥有巨大的经济互补性，双边在基础设施建设、能源资源开发、产品贸易等领域已取得了显著成果，对人民币计价、跨境贸易人民币结算、人民币投融资、人民币资产储备等需求也变得越来越强烈，进而带动人民币金融产品服务创新、人民币离岸市场建设以及跨境资本市场互联互通等，不断提升人民币国际化水平。事实上，"一带一路"倡议落地实施已促进人民币清算中心设立，扩大人民币互换规模与范围，促进国内资本市场开放，有效提升人民币国际化水平。

表 4 - 14　"一带一路"倡议对人民币国际化的平均效应检验结果

变量	（1）	（2）
Treated × T	0.0129 * (0.0066)	0.0159 ** (0.0068)
tsg		- 0.0924 ** (0.0399)
ofdi		0.0804 ** (0.0336)

续表

变量	(1)	(2)
ka_ open		0.0128 (0.0182)
lnpergdp		0.0539 * (0.0315)
ml		0.0053 (0.0052)
vol		0.0957 (0.1519)
常数项	0.0862 *** (0.0050)	0.1543 *** (0.0379)
时间固定效应	控制	控制
国家固定效应	控制	控制
R – squared	0.9877	0.9906
观测值	265	265

注：括号里为标准误；***、**、*分别表示在1%、5%、10%水平上显著；所有回归均采用以国家为聚类变量的聚类稳健标准误。

此外，表4-14的回归结果还表明，控制变量对人民币国际化存在不同的影响。首先，贸易顺差的系数显著为负，表明贸易逆差有利于推动人民币国际化。其原因是，扩大进口能够促进人民币随着实体贸易途径输出境外，形成商品输入与资本输出的"双循环"。其次，对外直接投资的系数显著为正，表明扩大对外投资能促进人民币国际化。这是由于在对外投资过程中，人民币逐渐成为跨境项目建设的重要币种选择。再次，金融市场开放度系数为正值，但不显著。这表明推动金融市场开放对人民币国际化有正向影响。由于我国金融市场在某种程度上是渐进、管道式开放，其对人民币国际化作用暂未得到有效发挥。下一步，我国应继续推进金融市场对外开放，扩大金融市场开放的层次和范围，推动中国金融市场向高水平开放迈进。最后，经济实力、军事实力和汇率波动的系数为正，且前者系数通过显著性检验，说明人民币国际化需要以国家综合实力为支撑。

（三）"一带一路"倡议对人民币国际化的动态影响效应

本研究对"一带一路"倡议的动态政策效果进行检验，分析该项政策是如何随着时间演变影响人民币国际化。由此，对式（4-1）进行扩展，加入各时点虚拟变量与政策变量的交互项，构建政策动态影响效应模型，具体如下：

$$\text{Share}_{i,t} = \beta_0 + \sum_{n=2014}^{2018} \beta_n T_n + \sum_{n=2014}^{2018} \lambda_n \text{Treated}_{i,t} \times T_n + \rho \sum \text{Control}_{i,t} + \mu_i + \varepsilon_{i,t}$$

$$(4-3)$$

其中，T_n 为 2014~2018 年的时间虚拟变量，$\text{Treated}_{i,t} \times T_n$ 为"一带一路"政策虚拟变量与时间虚拟变量的交互项，λ_n 为交互项 $\text{Treated}_{i,t} \times T_n$ 的系数。

表4-15 是式（4-3）的回归结果，引入未加入控制变量的模型作为对照。由表4-15 可知，添加控制变量后，模型整体显著性水平有所提高，解释变量的系数及显著性都较为相似。从交互项回归结果来看，政策的动态边际效应具有一定的波动性，在"一带一路"倡议提出后的2014 年，交互项系数均通过了显著性检验，2015 年呈现出增强态势，此后影响效果趋于减弱。这与张明和李曦晨（2019）的观点相一致。其原因可能是，2015 年"8·11"汇改后，人民币兑美元升值预期逆转、国内金融风险暴露等因素，沿线国家跨境贸易人民币结算金额、离岸市场人民币存款规模有较大回落，造成"一带一路"倡议对人民币国际化的促进效应放缓，进而阻滞人民币国际化步伐。到2018 年，国家加大对"一带一路"建设支持力度，带动中国与沿线国家的跨境贸易投资建设，增加人民币海外真实需求，使"一带一路"倡议对人民币国际化的影响呈现回升趋势。

表4-15 "一带一路"倡议对人民币国际化的动态效应检验结果

变量	（1）	（2）
Treated × T_{2014}	0.0289 *** (0.0061)	0.0247 ** (0.0097)
Treated × T_{2015}	0.0358 *** (0.0078)	0.0395 ** (0.0158)
Treated × T_{2016}	0.0186 ** (0.0082)	0.0343 ** (0.0162)

续表

变量	(1)	(2)
Treated × T_{2017}	0.0108 (0.0072)	0.0248 * (0.0129)
Treated × T_{2018}	0.0165 ** (0.0078)	0.0421 *** (0.0146)
常数项	0.1857 *** (0.0017)	0.4495 *** (0.0372)
控制变量	否	是
国家固定效应	控制	控制
时间固定效应	控制	控制
R – squared	0.8513	0.9358
观测值	265	265

注：括号里为标准误；***、**、* 分别表示在 1%、5%、10% 水平上显著；所有回归均采用以国家为聚类变量的聚类稳健标准误。

（四）稳健性检验

为进一步检验"一带一路"倡议对人民币国际化影响的结果稳健性，本研究借鉴董艳梅和朱英明（2016）的做法，通过改变政策执行时间进行反事实检验，具体模型如下：

$$Share_{i,t} = \beta_0 + \beta_1 year + \lambda_n Treated_{i,t} \times T_n + \rho \sum Control_{i,t} + \mu_i + \varepsilon_{i,t} \quad (4-4)$$

其中，选用"一带一路"倡议提出之前的年份进行处理，将考察区间变换为 2009～2013 年，选取 2010 年、2011 年和 2012 年作为冲击年份。在双重差分模型的基础上加入表示年份的变量 year，将时间效应剥离出来，再重新进行 PSM – DID 估计。若交互项 Treated × T 的系数仍显著，这说明人民币国际化的影响因素很可能来自其他政策变革或者随机性因素，而不是"一带一路"倡议。若不显著，这说明人民币国际化水平提高的增量贡献来自"一带一路"倡议。

表 4 – 16 是反事实平行趋势检验结果。由表 4 – 16 可以看出，无论将假想的"一带一路"政策时点 T 提前 1 年或 2 年或 3 年，交互项（$Treated_{i,t} \times T_n$）的系数均不显著。这表明，人民币国际化程度的提升并非由其他随机性因素导致，而是由"一带一路"倡议所引起的。由此可见，本研究的研

究结论具有稳健性。此外，本研究还采取更换 PSM 匹配方法、更换匹配变量等方法，检验研究结论的稳健性，均得出一致性结论。限于篇幅，相关结果未予展示，结果备索。

表 4-16　　　　　　　　反事实平行趋势检验结果

变量	(1)	(2)	(3)
$Treated_{i,t} \times T_{2012}$	0.0189 (0.0126)		
$Treated_{i,t} \times T_{2011}$		0.0206 (0.0129)	
$Treated_{i,t} \times T_{2010}$			0.0248 (0.0187)
常数项	0.3236** (0.1393)	0.3179** (0.1361)	0.3184** (0.1365)
控制变量	是	是	是
国家固定效应	控制	控制	控制
时间固定效应	控制	控制	控制
R-squared	0.8896	0.8901	0.8892
观测值	134	134	134

注：括号里为标准误；**表示在 5% 水平上显著；所有回归均采用以国家为聚类变量的聚类稳健标准误。

（五）影响机制检验

本研究从贸易、投资、金融市场开放三个渠道，检验"一带一路"倡议对人民币国际化的影响机制。结合上述理论分析，本研究分别选取一国对外贸易顺差占该国 GDP 比重、一国对外直接投资净流出占世界比重、金融市场开放度指数，作为反映贸易、投资与金融市场开放的机制变量，剖析"一带一路"倡议影响人民币国际化的政策传导机制。为验证假设 2~假设 4，本研究借鉴黄志平（2018）的做法，利用"一带一路"政策交互项（$Treated_{i,t} \times T$）分别对机制变量进行回归，考察"一带一路"倡议对机制变量的影响，具体结果如表 4-17 所示。同时，结合分析结果，检验贸易、投资、金融市场开放的作用机制。

表 4 - 17   "一带一路"政策影响人民币国际化的机制检验

变量	贸易合作驱动 (tsg)	投资合作驱动 (ofdi)	金融市场开放驱动 (ka_ open)
Treated × T	- 0.0217 ** (0.0108)	0.0076 ** (0.0033)	0.0777 * (0.0466)
常数项	0.0176 (0.0188)	- 0.0708 *** (0.0064)	- 0.3565 *** (0.0881)
控制变量	是	是	是
R - squared	0.0301	0.6723	0.0214
观测值	265	265	265

注：括号里为标准误；***、**、*分别表示在1%、5%、10%水平上显著。

首先，由表 4 - 17 第 2 列可知，"一带一路"倡议对降低贸易顺差存在显著影响。由于"一带一路"沿线国家资源禀赋丰富且互补性强，"一带一路"倡议有助于促进中国扩大对沿线国家能源、矿产、农产品等进口，扩大对沿线国家的贸易逆差。结合表 4 - 14 结论可得，"一带一路"倡议有利于扩大中国对沿线国家的进口，缩小贸易顺差，促进人民币国际化，即支持假设 2。其次，由表 4 - 17 第 3 列可知，"一带一路"倡议对扩大对外直接投资具有正向促进作用。在"一带一路"倡议下，中国扩大对沿线国家基础设施、产业园区、资源开发等领域建设，促进国内企业"走出去"，扩大对外直接投资，实现生产要素全球布局。结合表 4 - 14 结论可知，"一带一路"倡议有助于推动中国扩大对外投资，实现人民币跨境使用，促进人民币国际化，即支持假设 3。再次，由表 4 - 17 第 4 列可知，"一带一路"倡议对推动金融市场开放有正向刺激作用。其原因是，"一带一路"建设极大地带动我国跨境资金融通、促进金融市场对外开放。结合表 4 - 14 结论可知，在金融市场开放渠道上，"一带一路"倡议在短期内对影响人民币国际化的作用力度尚显不足，还有待进一步加强，从而暂不支持假设 4。

五、研究结论

本研究在构建"一带一路"倡议影响人民币国际化的机理基础上，选取 2009 ~ 2018 年全球 46 个国家面板数据，运用双重差分倾向得分匹配法

（PSM－DID），实证检验"一带一路"倡议对人民币国际化的平均影响效应与动态影响效应，并进行稳健性检验与影响机制检验。研究结论为：第一，"一带一路"倡议对人民币国际化具有促进效应。由于"一带一路"建设与人民币国际化存在战略协同关系，推进"一带一路"建设将为人民币国际化创造重要战略契机与突破路径。第二，在"一带一路"倡议实施初期对人民币国际化具有显著推动作用，此后该促进效应趋于减弱，2018年逐渐呈现出回升态势。由于"一带一路"倡议对人民币国际化的影响存在波动性，需要继续保持"一带一路"倡议的政策定力，深化中国与沿线国家的经济金融合作，有效保障人民币国际化行稳致远。第三，"一带一路"倡议通过缩小贸易顺差、扩大对外投资等途径，促进人民币国际化发展，但在对外金融市场开放途径上，对人民币国际化的影响不够显著。在共建"一带一路"过程中，需要疏通"一带一路"倡议对人民币国际化的传导渠道，深化经济金融体制改革与对外开放，促进中国与沿线国家的经济金融一体化，稳步推进人民币国际化发展。

第五章

世界主要货币国际化的实践与启示

自英镑凭借英国强大的军事和工业实力以主权货币成为国际货币以来，主权货币国际化历史已逾百年。其间，国际货币体系经历了英镑的衰落与美元的崛起，经历了欧元区域化的实践探索与日元国际化的失败。本章通过回顾美元、欧元与日元国际化的历史背景与实现路径，对不同主权货币国际化的特点予以归纳、评价和对比分析，得出其中具有共同性的经验以及需要予以重视的教训，以期为人民币国际化的发展提供有益借鉴。

第一节　美元国际化的实践

美元是当前国际货币体系中的霸权货币，作为主要国际货币，美元的国际化程度在各项货币职能上均具有领先优势。本部分首先梳理美元取代英镑地位的历史背景及进程，阐述当前美元体系的运行机制，最后评价美元体系的利弊。

一、美元国际化的历史背景

美元在国际货币体系中霸权地位的奠定与两次世界大战息息相关。第一次世界大战前，随着工业革命的发展，主要工业化国家生产能力大幅提升，国际贸易繁荣。依托强大的国家实力，英镑在英国确立金本位制后成为国际货币。彼时，美国虽然经济实力超越了英国，但金融发展水平落后，美元在国际货币体系中的地位依然低下。然而两次世界大战扭转了美国同英国及欧洲其他国家之间的实力地位，也颠覆了原有的国际货币体系，为美元国际化创造了难得的历史机遇，具体体现在以下几个方面。

第一，美国黄金储备规模快速上升夯实美元信用基础。一方面，两次世界大战期间，高昂的军费开支使英国由债权国转为债务国，第一次世界大战结束时，英国未偿国债余额占 GDP 比重从 1914 年的 28% 上升至 128%①。与此同时，英国国际收支盈余国地位也在这一时期发生转变，自 1915 年首次出现逆差至第二次世界大战结束，仅 1935 年实现盈余，而伴随国际贸易逆差同时出现的是这一时期英国黄金储备的大幅下滑。债务规模的激增与黄金规模的下滑，使第二次世界大战结束时，英国净境外负债达到近 6 倍于其所持的黄金和外币储备，英镑的信用基础遭到严重削弱。1947 年 7 月 15 日，随着英国放开经常账户兑换限制，英镑随即被抛售，仅一个月，英国储备损失超过 10 亿美元，而当时英国黄金和外汇储备不足 25 亿美元，英国不得不在 5 周后恢复对英镑的控制。另一方面，美国作为战争时期的世界工厂，经济空前繁荣。第一次世界大战期间美国借欧洲自顾不暇之际，挤占了欧洲在拉丁美洲和亚洲的部分出口市场。贸易规模的急剧扩张，改善了美国的黄金国际收支状况，美国也由债务国转变为债权国。第二次世界大战对欧洲主要工业国家生产能力造成毁灭性打击，而远离主战场的美国，实力却得到进一步增强。战争结束时，美国在工业生产、对外贸易等方面实力遥遥领先，世界首屈一指的黄金储备水平为美元国际化奠定了坚实的信用基础。

第二，英镑价值稳定性受到削弱提升美元资产吸引力。第一次世界大战期间，受战争影响，英镑出现持续性贬值，给英镑持有者带来严重损失。1916 年，英镑通过与美元挂钩，其价值暂时得到稳定，但随着战后美国撤回支持，英镑再度贬值 1/3。相比价值波动剧烈的英镑，美元在这一时期维持了美元同黄金的可兑换性，并且相比英国更晚退出金本位制，美元及美元计价资产的吸引力得到提升，欧洲银行开始接受美元计价的背书票据，美元由此开始在国际贸易计价结算以及储备货币方面扮演更加重要的角色。而第二次世界大战结束后，英镑开始不断贬值，1949 年美元/英镑汇率从 4.03 美元贬值至 2.8 美元，1967 年，英国贸易赤字达到 9.83 亿

① The UK recession in context — what do three centuries of data tell us？[EB/OL]. [2010 - 12 - 13]. http：//www. gov. cn/xinwen/2021 - 10/29/content_ 5647664. htm.

美元，英镑随即承受贬值压力，经过 3 年的努力后，英国政府 1967 年被迫宣布英镑再度贬值 14.3%，而近三年美元/英镑汇率则基本处于 1.3 水平①。

第三，战后海外美元贷款提升美元影响力。第一次世界大战结束后，欧洲资金极度匮乏因而催生了较高的利率水平，美国投资银行代表外国政府和公司发行了大量以美元计价的债券，大量美元资金由此流向欧洲，提高了美元的影响力。而第二次世界大战结束后，冷战很快爆发，为与苏联对抗，美国开始构建其海外美—欧、美—日同盟，由于欧洲主要工业国家和日本均在战争中受到毁灭性打击，生产能力瘫痪，物资极度匮乏。因此，美国一方面通过"马歇尔计划""道奇计划"向欧洲和日本提供大量美元资金帮助其进口原材料，恢复工业生产能力；另一方面，通过开放国内商品市场，使上述国家可以通过出口逐步积累美元储备。在这一过程中，美元作为重要的纽带，其影响力得到了进一步的提升，根据艾肯格林（2019）的研究，到 1959 年，各国美元储备价值已经从战后的 30 亿美元上升至 104 亿美元。

第四，发达的金融市场为美元国际化创造条件。第一次世界大战结束后，大部分国家采用金汇兑本位制以解决黄金产量增长无法满足经济增长需求的问题，以外汇储备作为黄金储备补充的需求进一步增强，1913 年全世界外汇占央行储备的 20%，而在 1927~1928 年，这一比例上升至 42%（Eichengreen and Flandreau，2008）。而此时纽约金融市场在美联储的努力下流动性及稳定性水平得到了极大的提高，纽约作为国际金融中心的吸引力不断增强，美元资产也成为英镑以外的优质外汇资产，与美国经济联系紧密的加拿大、拉美国家以及澳洲等选择将其货币与美元挂钩，并将其大部分黄金和外汇储备资产存放在纽约，美元储备货币地位得到快速提高。根据美联储统计，1928 年全球 21 亿外汇储备资产中大约有 10 亿是以美元计价的。第二次世界大战结束后，各国认为 20 世纪 30 年代的浮动汇率是第二次世界大战悲剧的原因之一，因此固定汇率制度成为战后国际货币体系重建的共同选择。黄金产量不足使得恢复金本位制并不可行，而直到 20 世纪 80 年代，大部分国家出于不同的原因，如德国为了坚持其反通货膨胀

---

① 资料来源：Bank of England。

目标、日本为维护其定向信贷政策，而实施资本管制，限制了其货币的国际使用。相比之下，美国具有全球最具深度、广度和流动性的金融市场，使美元成为第二次世界大战后固定汇率体系核心货币的最好选择。

二、美元国际化的历程

根据美元在国际货币体系中的地位变化以及产生相应变化的关键事件，本部分以布雷顿森林体系的形成和崩溃为时间节点，将美元国际化历程划分为三个阶段，具体如下。

(一) 第一阶段：美元国际化的初始阶段 (1913~1944 年)

第一次世界大战前夕，美国金融市场投机性极强，金融危机频发，严重影响了美元在国际货币体系中的地位。在吸取 1907 年金融危机教训的基础上，1913 年美国效仿英国等欧洲国家成立美联储。新成立的美联储以贸易承兑汇票市场为抓手，致力于培育基于真实贸易的金融市场，以提高其稳定性。而随着美国金融市场的发展，美元在国际交易、储备货币等领域也逐步开始扮演重要角色，由此开启了美元的国际化进程。

1. 放宽美国银行海外经营政策限制。出于发展贸易信贷市场目的，《联邦储备法》放开了美国银行海外经营限制，允许其在国外开设分支机构，购买贸易承兑汇票。政策限制的放宽带来了美国海外银行急剧扩张，截至 1920 年底，美国银行海外分支机构数量达 181 家。第一次世界大战期间进口需求的扩张、英镑价值的波动叠加美国银行海外网络扩张所带来的便利性，使各国进出口商在贸易中开始逐渐使用美元汇票进行交易结算。

2. 积极培育美元承兑汇票市场。美元贸易承兑汇票市场发展初期由于缺少投资者，市场流动性严重不足，发行的大量银行承兑汇票以自持形式留在银行体系内部，给银行带来较高的成本负担。鉴于单纯依靠市场力量难以解决美元承兑汇票市场初期发展问题，美联储开始参与交易，并且在 20 世纪 20 年代上半期成为该市场的主要交易商。在美联储的积极培育下，该市场逐步吸引了包括其他国家央行在内的持有美元盈余的外国参与者。而到 20 世纪 20 年代后半期，由于纽约相比伦敦在费用上的优势，美元承兑汇票开始大量应用于美国本国以及第三国之间的国际进出口贸易。

这一时期，美元摆脱了第一次世界大战前在国际货币体系中的落后局面，美元报价频率提升，美元承兑汇票数量超过英镑，在各国外汇储备中，美元份额也一度超过英镑。但1931年英国宣布放弃金本位制，这同时引发了对美元安全性的担忧，大量投资者开始将美元兑换为黄金。美国试图捍卫美元并大幅上调利率，却加重了银行体系的危机。1933年美国放弃金本位制。各国纷纷减少持有的外汇资产数量，但由于帝国特惠制下英联邦以及英国海外殖民地对英镑储备形成支撑，所以英镑在这一时期受到的冲击小于美元。总体而言，这一时期美元在国际货币体系中达到了与英镑相当的地位。

(二) 第二阶段：美元国际化的确立阶段 (1944～1973 年)

1944年7月，西方主要国家就战后国际货币体系重建展开协商。英国和美国分别提出"凯恩斯计划"和"怀特计划"，最终美国以实力优势，使各方接受了一个更接近于"怀特计划"的方案，即以美元为核心的布雷顿森林体系，美元由此确立其顶级国际货币地位。

1. 建立"双挂钩"机制。布雷顿森林体系的核心内容是"美元与黄金挂钩，各国货币与美元挂钩"的"双挂钩机制"。具体而言，一是根据当时美元含金量，确定1盎司黄金等于35美元的黄金官价，各国政府或中央银行可随时按该官价用美元向美国兑换黄金，即美元与黄金挂钩。二是各国政府确定其各自货币的含金量，并以该含金量确定与美元固定比价，即各国货币与美元挂钩。三是为保证体系正常运转，协定规定汇率平价不得随意变更，只有成员国国际收支出现根本性失衡时，才可在 IMF 批准后调整。而当外汇市场上出现各国货币对美元波动幅度超出 ±1% 情形时，成员国有义务对汇率水平予以干预。美元地位超越其他货币，处于国际货币体系的中心。

"双挂钩"机制以国际协定方式赋予了美元同黄金一样好的法律地位，在黄金供应不足，且各国均急需美元以购买战后重新生产生活所需资料的背景下，美元替代了黄金的货币属性，成为各国主要的储备资产来源，并在国际贸易、国际外汇交易中发挥国际货币职能，美元的国际货币地位也在这一时期得到确立。

2. 建立国际货币基金组织和世界银行两大国际金融机构。布雷顿森林体系下的另一重要产物是国际货币基金组织和世界银行的成立。前者负责维护布雷顿森林体系的稳定运行。IMF 就该以美元为核心的固定汇率机制出台各项规定，加强国际货币合作和协商，此外还可为国际收支逆差成员国提供短期借贷。而后者通过战后欧洲复兴援助输出美元，后逐步发展为全球性发展援助。美国以向国际货币基金组织提供的最高份额资金而在决策权上拥有绝对优势。布雷顿森林体系时期，国际货币基金组织在维护汇率稳定，支持国际经济贸易发展方面发挥了重要作用。布雷顿森林体系崩溃后，国际货币基金组织作为美国代理人，继续发挥维持国际金融稳定的作用，作为最后贷款人，向危机国家提供美元流动性救助。

3. 特里芬难题与布雷顿森林体系的崩溃。20 世纪 50 年代，美国国际收支由顺差转为逆差，黄金储备水平不断下滑，这引发了对美国能否按照承诺自由兑换黄金的质疑。1960 年，美国黄金储备首次低于其短期外债水平，随即爆发第一次美元危机。同年，美国耶鲁大学教授特里芬在其《黄金与美元危机》一书中，明确指出布雷顿森林体系下，为发展国际贸易以及经济增长，美国需要向世界提供美元流动性，美元在海外沉淀，因此美国会存在长期贸易逆差；但作为国际货币，美元需要保持币值稳定和坚挺，而这又要求美国是一个长期顺差国，即"特里芬难题"。"特里芬难题"指出了布雷顿森林体系的内在不稳定性，并预言了该体系最终会因为美国黄金储备遭到挤兑或美国放弃固定兑换承诺而走向崩溃。

20 世纪 60 年代，美国黄金储备外流加剧，威胁国际货币体系稳定，美国从政治角度出发，发挥美元"协商货币"功能，与其盟友达成一系列协议与机制，具体如表 5 - 1 所示，但这些努力只是延缓了布雷顿森林体系崩溃的速度，布雷顿森林体系的内在缺陷并未得到解决。1972 年，美国为刺激经济，再度加大货币供应量，美国通货膨胀加速，1973 年爆发了新一轮美元挤兑危机，布雷顿森林体系也随之彻底崩溃。

表 5 - 1　　　　　美国为挽救布雷顿森林体系所采取的举措

年份	举措
1961	与英国、法国、德国、意大利等盟国共同建立黄金储备库，用于干预黄金市场价格，但 20 世纪 60 年代末，黄金储备库给各国造成大量实质性损失，大量的黄金流失使得各国央行最终于 1968 年签订协议，中止黄金储备库

年份	举措
1967	各国财长达成一致，授权国际货币基金组织发行特别提款权，作为储备资产的补充。但特别提款权由于使用范围受限且数量较少，提供的帮助十分有限
1968	建立"双层级"黄金市场方案，官方层级交易仍维持黄金官价，但允许市场层级黄金价格自由浮动，避免了各国因干预私人市场价格而造成的黄金储备损失
1971	尼克松实施"新经济政策"，终止美元和黄金兑换，在欧洲各国的强烈反弹之下，美国被迫考虑降低美元的黄金价格。1971 年 12 月，《史密森协定》签订，美元相对其他货币贬值，基于美元的固定汇率体系暂时得以恢复

（三）第三阶段：牙买加体系下的美元主导阶段（1973 年至今）

布雷顿森林体系崩溃后，国际货币体系进入浮动汇率合法、国际储备多元化的牙买加体系时代。虽然这一时期并不存在类似布雷顿森林体系这样的国际协议赋予美元在国际货币体系中的核心地位，但从各国所采取的汇率制度安排看，美元的中心地位并未发生改变，牙买加体系下的国际货币体系依然是一个美元占据绝对主导地位的国际货币体系，具体而言：

布雷顿森林体系崩溃之初，各国进入浮动汇率时代，但并非完全自由浮动，而是以美元为核心的有管理浮动，还有部分国家选择将其货币直接与美元挂钩，具体如表 5 - 2 所示。根据 IMF 报告，1975 年各国汇率制度安排大致可以分为单独浮动、钉住单一货币、钉住货币篮子、爬行钉住、联合浮动几类。选择钉住单一货币的国家数量为 81 个，其中选择钉住美元国家为 54 个，占成员国贸易份额百分比为 14.4%，居于该分类下首位。此外，还有以下几方面因素值得考虑：一是考虑到美元在 SDR 货币篮子中占据最高份额，选择钉住 SDR 货币篮子国家，在一定程度上同样是钉住美元；二是选择爬行钉住国家大部分是通货膨胀率高于平均水平的国家，而其选择的钉住货币均为美元；三是选择联合浮动的国家主要为欧洲加入窄幅波动机制，即蛇形浮动的国家，20 世纪 70 年代该机制联合浮动的中枢依然是美元，直到欧洲货币体系建立，其浮动中枢才开始脱离美元。因此，综合来看，布雷顿森林体系的崩溃并未影响到美元在国际货币体系中的核心地位。

表 5 - 2　　　　　　　　IMF 成员国汇率制度安排（1975 年）

项目	数量	占成员国贸易百分比
单独浮动	11	46.4
钉住单一货币	81	14.4
钉住美元	54	12.4
钉住法郎	13	0.4
钉住英镑	10	1.6
钉住西班牙比塞塔	1	—
钉住南非兰特	3	—
钉住货币篮子	19	12.4
钉住 SDR	5	5.0
钉住其他货币篮子	14	7.4
爬行钉住	4	2.0
联合浮动	7	23.2
合计	122	98.4

资料来源：IMF Annual Report，1975。

表 5 - 3 展示了近年来以美元为锚货币的国家占 IMF 成员国数量比重，可以看出，虽然比重有所下滑，以美元为锚货币的国家数量依然居首。而从 GDP 角度来看，根据美联储研究，2015 年，除去美国自身，世界 GDP 50% 的生产发生在以美元为锚货币的国家，这一比例在近年并未发生太大变化。即便是钉住货币篮子的国家，因为篮子货币中钉住美元的货币占比超过 50%，其浮动的核心也依然是美元①。

表 5 - 3　　　　钉住汇率国家数量占 IMF 成员国数量比重　　　　单位：%

年份	钉住美元	钉住欧元	钉住货币篮子	钉住其他货币
2013	23.0	14.1	6.8	4.2
2014	22.5	13.6	6.3	4.2
2015	22.0	13.1	6.3	4.2

---

①　The International Role of the U. S. Dollar ［EB/OL］. ［2021 - 10 - 06］. https：//www. federalreserve. gov//econres/notes/feds - notes/the - international - role - of - the - u - s - dollar - 20211006. htm.

续表

年份	钉住美元	钉住欧元	钉住货币篮子	钉住其他货币
2016	20.3	13.0	4.7	4.7
2017	20.3	13.0	4.7	4.7
2018	19.8	13.0	4.7	4.7
2019	19.8	13.0	4.2	4.7
2020	19.8	13.0	4.2	4.7
2021	19.2	13.5	4.1	4.7

资料来源：IMF Annual Report on Exchange Arrangements and Exchange Restrictions。

三、美元体系的主要运行机制

美元是迄今为止最成功、最完全的国际货币。根据美联储 2021 年一份调查报告显示，1999~2019 年，除欧元主导的欧洲外，美洲（96%）、亚太（74%）以及世界其他地区（79%）的多数国际贸易以美元计价。全球外汇交易中，约 88% 的交易涉及美元。自 2000 年以来，以美元计价的国际及外币负债和债权占比约为 60%，2021 年，美元占全球官方外汇储备 60%，外国人持有的美元约占流通总数的 44.7%，而维持当前美元体系运行的机制主要有以下几项。

第一，以石油为代表的大宗商品美元计价机制。随着布雷顿森林体系在"黄金魔咒"下崩溃，美元与黄金解绑。为消除失去黄金支撑给美元带来的冲击，美国迅速将美元与石油挂钩，以武器出售为条件，于 1974~1975 年与沙特阿拉伯等国达成石油交易以美元计价结算协议。各国为购买石油，就必须储备用于支付的美元，随着 20 世纪 70 年代石油价格上涨，各国美元储备需求也迅速增加。当前，除石油外，作为全球主要粮食生产国以及最大粮食出口国，美国掌握着大豆、玉米等农产品定价权。2021 年联合国贸易和发展会议（UNCTAD）公布的商品价格指数中，以美元定价比例达到 75.93%。大宗商品美元计价结算机制依然在维持美元储备货币地位方面发挥着重要作用。

第二，商品与金融双市场开放支撑美元全球循环。美元体系时代，美国通过高需求的国内消费品市场与高度发达的金融市场构筑了美元在美国和出口导向型国家之间的美元循环，如图 5-1 所示。首先，美国向世界提供了一个规模庞大的最终产品市场，通过发行美元，美国向出口国家购买各类商品满足国内需求，获取国际货币铸币税收益，出口国家则通过出口贸易实现经济稳定增长，20 世纪 80 年代日本通过产业政策转型成为制造强国，汽车、电子产品等产业在国际竞争中处于领先地位，日本出口占世界出口比重从 1979 年的 6.7% 上升至 1989 年的 20.2%，并且对美国市场依赖很高，流向美国出口占日本总出口比例从 1980 年的 24.2% 上升到 1989 年的 33.9%，远高于同期其他主要工业国家。中国自加入 WTO 之后，逐步形成了从周边国家进口原材料及中间品并向美国出口最终产品的模式，出口占 GDP 比重常年保持在 20% 以上，而对美国出口占 20% 左右份额[1]。其次，美国向世界提供了一个最具深度、广度、流动性的金融市场，为各国出口积累的美元提供了投资渠道。各国的储备投资需要考虑安全性、流动性、收益性，美国国债投资虽然收益水平较低，但其高水平的流动性，满足了出口国家及时干预外汇市场以稳定汇率和出口的诉求。这一循环方式减少了通过经常项目逆差沉淀在海外的美元，有助于维持美元币值稳定。

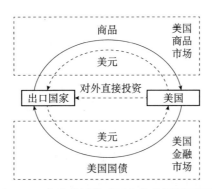

图 5 - 1　当前美元体系下商品美元循环机制

此外，大量投资者的参与进一步提高了美国金融市场的流动性，降低了美国的融资成本（Craine and Martin，2009；Bandholz，Clostermann and Seitz，2009），通过将低成本的资金投向高收益的新兴经济体，所获取的利差收益还可以为美国的经常账户赤字提供融资，这一模式是美元特权的另一种表现形式。

---

① 资料来源：中经网、CEIC。

第三，对外债务本币计价以摆脱债务规模约束。从希腊主权债务危机，再到近期斯里兰卡国家破产事件，债务危机在外债依赖程度较高的国家中层出不穷，但美国却是例外。美国80%以上外债以本币计价，因此并不存在错配风险，且对于此类债务，总是可以通过美联储直接印刷美元的方式加以偿还。2021年，美国外债总额为23.31万亿美元，超过同期23.02万亿GDP水平，而截至2022年3月，政府公共债务占GDP比重达到150%，外债水平和公共债务水平均超过国际警戒线标准。但美国外债中以美元计价占比达85%，其公共债务也主要以美元计价，且两者均以长期债务为主①，而在美国通胀高企的背景下，其债务负担得以进一步降低。这一机制事实上帮助美国摆脱了一国债务水平的上限硬约束，使其可以通过不断扩大的债务规模从世界范围内攫取经济利益，并且在危机时刻向世界范围内转嫁其极度宽松救助方案的成本。

第四，美国的军事力量是美元体系有效运行的重要保障。美国的军事实力、经济金融实力是美国霸权的重要组成部分，彼此之间相辅相成。美国军事力量通过提供安全保障以及打压竞争对手两个方面维护着美元体系的有效运行。一是通过海外军事基地以及海外驻军，美国控制着各大洲的重要航线，维护着美国的石油利益。例如，美国贾法勒海军基地控制着波斯湾、苏伊士运河等石油资源战略要地、新加坡樟宜海军基地对马六甲海峡的通航有着重要影响等。二是美国的军事力量是其打击和震慑美元体系威胁者的重要手段。1999年，美国利用科索沃战争打压新诞生的欧元，欧洲局势的不稳定性使欧元在这一时期出现较大贬值。萨达姆政权将伊拉克石油国有化降低了美国的控制，并且试图用欧元替代美元作为石油结算货币，美国随即动用军事力量推翻萨达姆政权，扶持亲美政府以维护美元在中东的利益地位。

不过，美元体系也存在其内在缺陷。牙买加体系时代，美元基于美国的国家信用；同布雷顿森林体系一样，美元作为国际货币这一公共品，需要向世界提供美元流动性，以满足经济增长的需求，但随着大量美元在海外沉淀，美元币值稳定性又会受到冲击，牙买加体系下的两难境地依然存在。随着世界经济增长，在外流通美元数量不断增长，美元所面对的信用

---

① 资料来源：CEIC。

威胁也就愈加严重。尽管美元体系存在其问题，但美元连接的庞大交易网络、强大的在位货币优势以及使用惯性使得颠覆美元体系的代价极为高昂，并且也需要极其特殊的历史机遇以及更好的替代品。因此当前各国应对美元问题的举措更多是在美元体系之下，创造或寻找美元以外的补充资产，以提高国际货币体系的稳定性，降低美元风险。但整体而言，无论是欧元、日元抑或是人民币以及一些非传统储备，其在国际货币职能上均与美元存在较大差距。

四、美元国际化的评价

美元从无足轻重，到与英镑并驾齐驱，再到彻底取代英镑成为顶级国际货币，至今已有百年历史。不同于金本位制下的英镑，自布雷顿森林体系崩溃后，美元摆脱黄金约束，完全以一国主权信用货币充当国际货币并维持至今，成为当今世界上最成功、最彻底的国际货币。两次世界大战为美元国际化创造了极佳的历史机遇，就当前情况看，短时间内美元被取代的可能性并不高。首先，网络外部性与在位优势支撑美元在计价结算职能上发挥主导作用；其次，发达的金融市场为商品美元循环提供基础设施，商品美元循环在一定程度上缓解了美元体系内在缺陷对美元币值的威胁；再次，世界各国对美元及美元储备仍有需求，绝大多数外债以本币计价，并不存在较高债务风险；最后，相比美元，欧元、英镑、日元、人民币等其他货币存在更为严重的问题，目前世界上尚未出现取代美元的替代选项。

美元体系对国际货币体系及国际贸易发展存在不可否认的积极作用。一是美元是国际贸易繁荣发展的重要基础。布雷顿森林体系时代，美元为核心的固定汇率机制使主要工业国家快速完成战后经济复苏。而当前，美国向世界提供了无可替代的最终商品市场，使其他国家可以通过商品出口实现经济增长，根据 WTO 发布的《世界贸易统计评论 2021》（World Trade Statistical Review 2021），2020 年，美国商品进口占世界商品进口比重的 13.5%，居世界首位。二是降低了交易成本。美国向世界提供美元这一公共产品，不同国家货币只需确定同美元的汇率即可确定彼此之间的双边汇率，便利了国际贸易与投资，并且美元强大的流动性也进一步降低了交易成本[①]。根据 BIS 报告[②]，2019 年美元占全球外汇交易量的 88.3%，远超包括欧元在内其他货币，美元在交叉货币交易中起到了载体货币的作用，而阿尔斯兰纳普等（Arslanalp et al.，2022）的研究从买卖差价角度证明了美元市场流动性更强，交易成本更低。三是履行最后贷款人角色。次贷危机以及新冠肺炎疫情期间，各国金融机构均出现了不同程度美元紧缺，在国际货币基金组织的救助无法满足需求时，美联储通过双边货币互换协议方式，为各国央行注入流动性，以稳定各国金融体系[③]。

美元体系在全球范围内收割利益给美元储备持有国家带来损失。一是以主权货币充当世界货币，在二者利益相冲突时，基于美国优先原则，采取极度宽松货币政策，美元超发导致各国储备资产贬值，即美元计价债务存在隐性违约。二是美联储货币政策极大影响全球资本流动，影响其他国家货币政策自主性以及金融稳定性。当前美国为应对国内高水平通胀激进加息，资本回流美国，各国货币政策陷入两难境地。2022 年 7 月，欧元区自 2011 年首次加息 50 个基点的同时欧元区 7 月综合 PMI 降至 17 个月来的最低点，低于荣枯线水平[④]，但若不跟随加息，美元资本外流会进一步恶化通胀。而更为严重的情形发生在外债依赖程度高的新兴经济体，美元加息带来债务成本增加，导致债务危机风险放大。国际货币基金组织（IMF）和世界银行估计，低收入国家中已有六成处于或即将陷入债务困境[⑤]。三是美元体系下的金融武器化威胁非美国盟国国家的金融安全。美联储在危机期间，以有选择性的方式为其盟国提供流动性安排，而将非盟国排除在外。而俄乌冲突爆发以来，美国联合其盟国通过将俄罗斯银行排除在SWIFT 之外、冻结俄罗斯储备等方式制裁俄罗斯，以破坏俄罗斯经济，这

---

① Canales – Kriljenko, Jorge Ivan. "Foreign Exchange Market Organization in Selected Developing and Transition Economies: Evidence from a Survey," IMF Working Paper no. 04，2004.

② 数据来源：Triennial Central Bank Survey of Foreign Exchange and Over – the – counter（OTC）Derivatives Markets in 2019，BIS。

③ The International Role of the U. S. Dollar［EB/OL］.［2021 – 10 – 06］. https://www. federalreserve. gov//econres/notes/feds – notes/the – international – role – of – the – u – s – dollar – 20211006. htm.

④ CEEM 一周全球财经要闻（总第 515 期）［EB/OL］.［2022 – 07 – 25］. http://www. iwep. org. cn/xscg/xscg_ sp/202207/t20220725_ 5419417. shtml.

⑤ 美联储大幅加息影响几何［EB/OL］.［2022 – 06 – 16］. http://www. news. cn/world/2022 – 06/16/c_ 1128747395. htm.

一举措使得非美国盟友国家所持有的大量美元储备的安全性直接受到质疑。四是美元体系给美国带来经济金融化问题。金融行业对 GDP 的贡献率不断上升，而与之相对应的却是制造业部门份额的下滑。在股东价值论的影响下，资本所有者掌握了公司治理的决策权。但资本逐利的天性使包括金融业在内的企业在经营活动中，更重视短期利益以及过度的风险承担，对经济金融体系的稳定性造成冲击。

第二节　欧元国际化的实践

欧元是政治协商的产物，是欧洲政治经济一体化过程中的中间品。然而作为美元最有力的竞争者，欧元的诞生改变国际货币体系中美元一家独大的情形，形成了"一超一强多极"的国际货币体系格局。本节首先介绍欧元诞生的历史背景；其次梳理欧元诞生的进程，阐述欧元在欧洲中央银行驾驭下的运作机制；最后对欧元国际化进行评价。

一、欧元国际化的历史背景

两次世界大战是人类历史的悲剧，在对战争的反思中，欧洲的政治精英普遍认为建立一个政治经济相互依存的欧洲是避免悲剧再度发生的关键。此外，单个欧洲国家的影响力有限，而大一统的欧洲可以在国际社会中享有更高的地位与话语权。欧洲货币一体化在政治一体化愿景的激励下、在经济一体化现实利益的推动下，不断向前发展。

（一）货币一体化是融合欧洲各国的重要方式

将实力强大的德国嵌入欧洲政治、经济框架中是欧洲一体化的重要目标，而货币一体化则是重要的实现手段。从具体动机差异，政治力量推动欧洲货币一体化主要包括以下两个方面。

第一，将实力强大的德国绑定在欧洲。冷战威胁使盟国转而支持西德重建。在这一背景下诞生"舒曼计划"建立了欧洲煤钢共同体，平息了德法关于萨尔区的纷争，整合了德国工业与法国煤炭钢铁资源，这是欧洲经济共同体与欧洲原子能共同体乃至欧盟和欧元诞生的起点和基础。20 世纪

80 年代中期，联邦德国中立主义盛行，即在美苏之间保持中立，为了防止德国滑向东欧，《单一市场法案》出台并提出将稳步实现货币联盟。20 世纪 80 年代末，德国统一势在必行，斯特拉斯堡欧洲首脑峰会再次决定通过强化欧洲一体化来"绑定"德国，作为主要手段的货币联盟因此得到飞速推进。

第二，以共同货币削弱德国马克实力。联邦德国的经济繁荣与德意志联邦银行良好的信誉，使德国马克不断走强，20 世纪 80 年代后期至 90 年代，欧洲已经成为事实上的马克区。德意志联邦银行不受任何政治势力左右，但却左右着欧洲各国的货币政策，德国马克和德意志联邦银行成为德国的"核武器"。为了改变德国主导欧洲货币金融秩序的局面，通过单一货币与共同中央银行实现集体决策成为唯一的办法。而随着两德统一，德国实力再度得到提升，欧洲各国对此的不安与疑虑直接推动欧洲货币一体化进程完成从欧洲货币体系向欧洲货币联盟的过渡。

（二）经济一体化的现实利益推动货币一体化发展

欧洲货币一体化虽是一系列人为设计的结果，但从推动欧共体各国彼此达成协议的动力看。除上述所提到的政治一体化战略意图外，共同市场的发展推动欧共体内部贸易水平不断上升，由此带来内部汇率稳定诉求，内部贸易的经济利益同样驱动着欧洲货币一体化的进程不断向前推进，具体来看。

第一，欧洲共同政策与关税同盟需要稳定汇率环境支持。第二次世界大战结束后，法国和意大利的农业替代了被分裂出去的民主德国和东欧，与联邦德国工业形成互补。《共同农业政策》对欧洲农产品价格实施管制，以确保法国农民能获得稳定收入。与此同时，欧共体内部大幅度降低关税，开放跨境贸易，以支持德国制造业的发展，1968 年欧共体初始成员国之间实现取消内部关税并建立起对外共同关税，关税同盟较计划提前两年完成。然而，欧洲汇率平价的波动会对欧洲内部贸易和共同农业政策的运作产生严重影响，并增大政府调控难度。20 世纪 60 年代马克、荷兰盾升值以及法郎贬值对共同农业政策的冲击直接带来了对货币联盟最初的呼吁。

第二，内部贸易水平的不断提升呼唤稳定的内部汇率。欧洲大部分国家为开放型经济体，汇率波动对其经济冲击明显。在经济一体化政策作用下，欧共体区域内贸易水平不断提升。根据霍斯利（Hosli，2011）的研究，欧共体内部成员国间的贸易份额从 1960 年的 39.9% 上升至 1990 年的 58.9%；1992 ~ 2002 年，欧盟 15 国彼此间的进口额占总进口的 62% 左右，而出口额占 63%。共同市场显著提高了欧共体国家彼此的贸易依存度，为欧共体国家提高内部汇率稳定和单一货币诞生提供了强烈动机。这一动机同时也为货币联盟的发展提供了强大的惯性，到 20 世纪 90 年代，货币联盟的失败带来竞争性汇率和保护主义风险的大幅提升，潜在的严重后果在很大程度上平息了以德意志联邦银行为代表的对货币联盟持反对意见的势力，并促成了德法等国就欧洲中央银行选址、共同货币名称以及政策目标等问题再一次达成妥协。

（三）降低美元依赖是推动欧洲货币一体化的现实需要

20 世纪 60 ~ 70 年代，美国"善意忽视"的货币政策以及布雷顿森林体系越发难以维持的困境，使欧洲各国出于规避美元风险的动机，积极推动欧洲货币合作，以降低对美元的依赖。尼克松时期，美国单边主义倾向越发严重，即便是依赖美国防务力量的联邦德国同美国的合作也越发困难。1971 年尼克松事件冲击后，各国财长和央行行长在华盛顿达成《史密森协议》，暂时恢复了美元的固定汇率体系，美元依协议对欧洲主要货币贬值，给积累了大量美元储备的欧洲国家造成了巨大损失。但 1972 年初，美国再次实施"善意忽视"政策，降低利率以刺激经济。面对美国不负责任的美国优先政策，1972 年 3 月，欧洲各国同意降低彼此之间的双边汇率，重启 1971 年被搁置的窄幅汇率波动。此后随着布雷顿森林体系彻底崩溃，欧洲货币体系诞生，美元便不再是欧洲汇率的浮动中枢。

（四）政策理念趋同得到巩固为货币一体化奠定基础

20 世纪 80 年代欧共体各国在实施宏观经济政策和货币政策方面出现了"理念趋同"（Kathleen R. McNamara，1998），并就政策方向做出改变，最终带来了实际经济指标的趋同，为欧元诞生奠定了基础。20 世纪 70 年代，欧共体各国曾就缩小双边汇率波动幅度达成一致，但此时德意志联邦银行的反通胀目标和法国的扩张性财政货币政策不相容，随着马克升值，法国为避免外汇储备大幅损失，而放弃维护汇率平价。然而，随着理性预期学派兴起及对失业和通货膨胀之间替代关系无效性的强调，物价稳定超越经济增长以及降低失业成为欧共体各国的头号政策目标。物价稳定目标的趋同带来欧共体各国实际通胀水平的趋同，欧共体 12 国的通胀率标准差从 1979 年的 6.4，下降到 1989 年的 3.9 和 1995 年的 2.3。20 世纪 80 年代中后期，法国、意大利等国家通过欧洲汇率机制引入德国的反通胀目标，并开始自发维持稳定中心汇率，以避免汇率调整对政府反通胀信誉造成的可能影响。稳定的汇率波动水平带来了欧洲乐观主义，也为此后向共同货币的过渡奠定了基础。

二、欧元国际化的历程

根据欧元诞生过程中，各阶段欧洲各国货币联合浮动机制的差异，本部分将欧元国际化的历史进程划分为四个阶段，具体如下。

（一）欧元诞生的萌芽阶段（1970～1978 年）

为了降低国际货币体系动荡对欧洲内部共同政策的影响，欧共体国家关于共同货币的讨论初现端倪，探索并建立了以美元为中枢的蛇形浮动机制，缩小欧共体各国之间双边汇率波动幅度。

1. 维纳报告提出分三阶段实现欧洲货币联盟。1969 年海牙峰会欧共体国家就共同货币的实现方式展开讨论，邀请卢森堡首相兼财政大臣皮埃尔·维纳成立专家委员会，为未来欧洲单一货币制定规划。1970 年 10 月，维纳报告发布。报告建议分三阶段实现欧洲货币联盟，从缩小各国间汇率波动幅度到最终锁定汇率且不得变动，以此降低美元冲击对欧洲的影响，保全共同市场，但对于如何实现最终目标并未给出清晰说明。此外，报告还建议在欧洲设立一个类似联邦储备系统的中央银行系统，强调各国应就预算进行协调，并希望设立一个支持贫弱国家政府间转移支付体系。维纳报告发布后，因内部分歧较大，各国初期反应平淡。1971 年美国再度实施扩张性货币政策，各国就缩小双边汇率波动浮动幅度以及建立货币救助机制达成一致，但此后并未进一步召开政府间会议以协商落实。

2. 建立蛇形浮动机制。《史密森协议》下各国相对美元汇率波幅限制放宽，使欧共体内部各国汇率波动限制同步放大，并对欧洲以共同农业为代表的内部贸易造成影响。1972 年 3 月，比利时、法国、德国、意大利、卢森堡和荷兰设计了一种区域性汇率浮动机制，即著名的"蛇形浮动"。在这一机制下，在维持对美元比价基础上，欧共体内部任意一对货币的汇率所允许的浮动幅度是 2.25%，即如同一条在《史密森协议》规定的浮动"隧道"中游动的蟒蛇。此后，英国、爱尔兰和丹麦相继加入。1973 年 3 月布雷顿森林体系彻底垮台，但共同体国家依然维持着"蛇形"汇率波幅，但不再需要维持对美元比价，因此由"洞中蛇"转为"湖中蛇"。然而由于宏观经济政策目标分歧、马克的升值压力，蛇形机制维持困难。继英国、意大利、丹麦后，法国最终于 1976 年被迫退出，20 世纪 70 年代末，蛇形机制演变为一个延伸的马克区。

（二）欧元诞生的准备阶段（1978～1990 年）

在吸取蛇形浮动机制经验教训基础之上，欧共体国家在 20 世纪 80 年代建立了脱离美元中枢的欧洲汇率机制，以稳定欧共体内部汇率波动。

1. 建立欧洲货币体系。1978 年，欧洲首脑峰会上，欧共体正式批准创立一个新的欧洲货币制度的计划。1979 年 3 月，欧洲货币体系（European Monetary System，EMS）启动。欧洲货币体系包含欧洲汇率机制和欧洲货币单位两部分内容。欧洲汇率机制下，一方面，央行有责任对汇率进行干预以将汇率波动维持在双边中心汇率的上下各 2.25% 范围，并确定了 75% 的汇率波动干预界限。另一方面，采取固定可调节的汇率原则，相比蛇形浮动机制，欧洲货币体系的调节灵活性提高，允许在汇率波动幅度过大时，对中心汇率进行调整。而欧洲货币单位（ECU）由各国货币加权构成，并取代美元成为欧洲货币体系的核心。欧洲汇率机制在 20 世纪 80 年代中期到 90 年代初期运行稳定，并逐步演变为各成员国控制通货膨胀的纪律机制。然而，20 世纪 90 年代随着各国放开资本流动，弱势货币开始受到投机攻击，随着芬兰马克、英镑、意大利里拉相继离开以及法郎逼近波动界限，欧洲汇率机制的波动幅度被扩大至上下各 15%，实际上等于终止了欧洲汇率机制。

2. 《德洛尔报告》的出台推动《马斯特里赫特条约》的形成。20 世纪 80 年代末欧洲货币体系的稳定运行以及德国中立主义盛行背景下，欧洲经济和货币整合再次加速。1988 年 6 月汉诺威峰会决定由各国央行行长组成专家组，研究货币联盟实现方式。1989 年 4 月《德洛尔报告》发布，建议分三步实现货币联盟，一是为了避免成员国之间的经济失衡给联盟稳定性造成冲击，强调同时推进经济和货币整合，对成员国发展不均衡问题进行纠正；二是设立一个以物价稳定为目标、独立自主的欧洲中央银行体系，各成员国将货币政策主权逐步过渡给欧洲中央银行体系；三是协调各国财政，强化生产要素跨境自由流动与金融市场整合，从而在永久固定汇率下对经济失衡进行调整。《德洛尔报告》目标包括永久固定汇率，单一货币只是选项之一。《德洛尔报告》为后来的《马斯特里赫特条约》和欧洲货币一体化奠定了路线基础。随后两德统一所带来的契机飞快推动欧共体各国从欧洲货币体系过渡到欧洲货币联盟。

（三）欧元预备启动阶段（1990～1999 年）

随着两德统一，欧共体各国对以统一货币绑定实力强大德国的诉求空前强烈，推动欧洲货币体系向欧洲货币联盟过渡。欧元按照《马斯特里赫特条约》所确定的时间和路线如期诞生。

1. 确定欧元诞生的时间与路线。1992 年欧洲各国在荷兰马斯特里赫特签订《欧洲经济与货币联盟条约》《欧洲政治联盟条约》，统称《欧洲联盟条约》，又称《马约》。《马约》正式提出欧洲单一货币，在参考《德洛尔报告》基础上决定分三阶段实现货币联盟，并设定了明确的时间和路线。第一阶段，开始于 1990 年，实现资本自由流动，加强欧共体各国经济趋同，各国已实质开始让渡货币政策主权。第二阶段，开始于 1994 年，包括成立欧洲中央银行的前身欧洲货币局，协调监控各国宏观经济政策，为欧洲中央银行和共同货币做准备。第三阶段，最晚于 1999 年实施，在建立欧洲中央银行基础上，引入共同货币，除得到豁免的英国和丹麦，所有满足趋同标准的国家自动成为欧洲货币联盟成员。

2. 欧元参与国的甄选。根据《马约》协议，各国必须首先降低国内通货膨胀、削减预算赤字、减少债务，条约设计了通货膨胀率、利率、财政赤字、汇率稳定和政府债务五个指标作为经济整合趋同的标准，未达到标准的国家将无法参与货币联盟。欧洲经济衰退使 20 世纪 90 年代中期包括德国在内的各国在满足趋同标准时存在困难，但是以下几方面因素最终促成了各国达到马约标准。一是美元走强，欧洲出口竞争力提升，1997 年欧洲经济的强劲增长使各国削减赤字满足标准成为可能。二是德意志联邦银行下调贴现率和伦巴德利率，欧洲各国利率同步下调。利率的下降，减轻了政府债务负担，进一步减轻了各国达到趋同标准的压力。三是为按计划加入货币联盟，财政赤字较高的国家主动推进改革。1997 年，意大利完成养老金改革，以使其财政预算在 1998 年达到趋同标准。1998 年 5 月 2 日，欧盟理事会宣布 11 个成员国已满足采用单一货币的必要条件。

（四）欧元的正式启动阶段（1999 年至今）

欧元诞生后前十年运行平稳，根据 IMF 统计，欧元在国际储备中的份额从 1999 年的 18.12% 稳步提升至 2009 年第三季度的 28.02%。然而 2009 年的欧债危机暴露了欧元区财政一体化程度较低所带来的困境，针对这一问题，欧元区各国政府进一步明确了主权债务应对机制，以稳定欧元信心。

1. 欧元诞生与欧元区的扩大。1998 年 6 月 1 日，欧洲货币局变更为欧洲中央银行。1998 年 12 月 31 日，欧洲理事会决定欧元实行"不可撤销的转换率"，并于成员国当地时间 1999 年 1 月 1 日零时正式生效。1991 年 1 月 1 日，欧洲联盟中的 11 个成员国（奥地利、比利时、芬兰、法国、德国、爱尔兰、意大利、卢森堡、荷兰、葡萄牙和西班牙）加入了欧洲经济与货币联盟，形成了欧元区，各国货币政策主权移交欧洲中央银行统一行使。2001 年 1 月 1 日，希腊加入。2002 年 1 月 1 日，货币联盟国家开始发行欧元纸币和硬币，到 2002 年 7 月，德国马克、法国法郎和意大利里拉等各国原有货币不再流通，欧元成为唯一法定货币。

此后，随着欧盟的扩大，斯洛文尼亚（2007 年 1 月 1 日）、塞浦路斯（2008 年 1 月 1 日）、马耳他（2008 年 1 月 1 日）、斯洛伐克（2009 年 1 月 1 日）、爱沙尼亚（2011 年 1 月 1 日）、拉脱维亚（2014 年 1 月 1 日）、立陶宛（2015 年 1 月 1 日）相继加入欧元区，欧洲经济与货币联盟成员国数量增至 19 国。

2. 进一步明确主权债务危机统一应对机制。一国加入欧洲货币联盟后，其财政行为的规范主要依赖《稳定与增长公约》约束。根据规定，欧元区各国政府的财政赤字以及公共债务分别不得超过当年 GDP 的 3% 和 6%，若一国财政赤字连续 3 年未达到约定标准，将被处以相应罚款。然而在实际运行过程中，屡屡出现突破约束情况，惩罚措施也并未执行。

2009年10月20日，希腊政府宣布2009年政府财政赤字和公共债务将分别占到GDP的12.7%和113%，远高于上限水平，希腊主权债务危机由此引爆。危机暴露了由于缺乏有效约束机制，《稳定与增长公约》并未得到落实的问题。基于此，欧元区在吸取此次债务危机的基础上，对主权债务危机的统一应对机制从紧急救助、监控预警方面进行了进一步的明确。一是欧元区成员国共同出资，建立欧洲稳定机制与单一处置基金，向面临困境的国家以及金融机构提供救助，提高了危机发生时的反应速度，以此来维护欧洲金融稳定。二是通过"欧洲学期"和"六包立法"等加强经济政策协调以及各国财政预算协调监管。"欧洲学期"制度下，各国虽然依然拥有预算的最终决策权，但赋予了欧盟在准备阶段提前介入审核预警的职能。而2011年9月通过的"六包立法"则是六部欧盟二级法律的统称，旨在加强成员国预算控制、预防失衡以及加强趋同，从而对《稳定与增长公约》起到有效补充。

三、欧元区的运行

就欧元的运行而言，其日常运行由欧洲中央银行统一驾驭管理，欧洲主权债务后所设立的欧洲稳定机制与单一处置基金则为危机时刻提供了应对保障。作为人为设计的信用货币，欧元自诞生之日起就并非一个完美的货币，因此成员国政府的政治协商合作是欧元稳定运行的基础。但是，从根本而言，财政一体化的有限进展成为始终困扰着欧元稳定的一大隐患。

（一）欧元由欧洲中央银行统一发行与管理

欧元的诞生实现了欧元区成员国内部永久固定汇率，各国货币政策权力统一移交至1998年6月1日成立的欧洲中央银行，由其负责欧元的统一发行与欧元区货币政策的制定，维持欧元的稳定运行。欧洲中央银行传统向市场提供欧元流动性的方式是向欧元区信用机构提供欧元借款，而2008年金融危机之后非常规货币政策下大规模的资产购买计划则逐步成为另一种重要途径。欧洲中央银行的运作主要是围绕其价格稳定的政策目标，基于分析评估结果作出货币政策决定，并通过一系列政策工具进行调控。

欧洲中央银行以法律形式确定了其主要目标是维持价格稳定，此外还包括银行和央行审慎监管、维护欧元区金融稳定等其他目标，其中，维持价格稳定是将以调和消费者物价指数（HICP）衡量的通货膨胀率在中期维持在2%水平。为实现这一目标，欧洲中央银行管理委员依据经济分析和货币分析"双支柱"综合分析框架作出具体货币政策决定。前者主要考察在中短期范围内影响价格稳定的因素，后者则主要关注中长期范围内影响因素。欧央行的主要政策工具是主要再融资利率、存款便利利率和边际贷款工具利率三类政策利率，后两者共同构成了货币市场的利率走廊。金融危机爆发后，短期利率接近有效下限而逐渐失去作用，欧洲中央银行也采用了更多创新型的政策工具，包括为畅通商业银行向实体经济的贷款渠道，设定负利率水平；向银行提供有针对性的长期再融资操作、购买私人和公共金融资产以及提供前瞻指导等。

（二）欧洲稳定机制与单一处置基金为稳定欧元币值保驾护航

金融危机及主权债务危机后，面对欧盟缺少应对危机的统一救助机制而不能及时有效对危机加以处置的问题，欧洲稳定机制与单一处置基金得以建立以保证欧洲金融稳定，从而稳定欧元信心。

2010年底欧盟领导人就建立永久性的欧洲稳定机制达成一致，并于2012年10月正式生效，其主要目的是向处于困境中的成员国提供帮助，帮助其恢复以正常水平利率进行融资的能力。欧洲稳定机制以较低的利率通过金融市场进行融资，融资规模上限为5 000亿欧元。欧盟委员会和欧洲中央银行对申请国家进行评估，通过评估的国家在获取资金前还必须实行严格的经济改革计划。经过多年发展，欧洲稳定机制的救助方式也从提供稳定支持贷款、金融机构重组支持工具等逐步扩大至向单一处置基金提供支持以及危机预防的监督角色等。而单一处置基金则用于危机时期的紧急资金以解决银行破产问题。由银行联盟参与国的金融机构每年以其具体负债情况向单一处置基金注资。根据计划，单一处置基金2023年建成后规模约为800亿欧元，截至2022年7月，已筹集资金660亿欧元。单一处置基金作为最后手段，其职责范围包括为处置机构的资产和负债提供担保、购买处置机构资产或提供贷款，对相比正常破产程序遭受了更大损失的股东以及贷款人提供补偿等。单一处置基金确保了当危机发生时，不必第一时间由纳税人向金融机构出资，降低了对公共财政的影响，提高了金融体系的稳定性。

（三）强大的政治协调是欧元稳定运行的坚实保障

欧元是基于一系列政治协议的产物，人为设计的不完善使欧元的运行过程中难免出现种种问题，但是政治协调为欧元的发展带来了韧性，使以德国、法国为核心的欧元区国家总能在危急关头表现出极强的政治决心，以协议的方式共同推进改革以解决矛盾，以使欧元能够稳定向前。

一方面，主权债务危机期间所提供的援助贷款以及此后欧洲稳定机制下的各类贷款都附带有经济改革的条件，危机中为获取相应援助，申请国不得不对此前不负责任的财政政策作出调整。希腊主权债务危机爆发后，在欧盟与 IMF 就援助方案达成一致的同时，希腊宣布 3 年内紧缩开支 300 亿欧元，同时采取公务员冻薪、削减补贴以及提升税率等多项紧缩措施，直至 2022 年 8 月对希腊财政支出的"强化监控"机制才宣告结束。另一方面，危机所暴露的问题强化了欧元区监管，推动各国实行对内改革。希腊主权债务危机后，欧盟对成员国实施检查，其中塞浦路斯、丹麦、芬兰的财政赤字水平过高而被欧委会列为"观察国"，并为其设定整改期限，而包括德国在内欧元区多个成员国均采纳了欧委会提出的包括削减赤字在内的整改措施，以强化欧元区的财政稳定。

（四）缺乏统一的财政政策是欧元体系的根本缺陷

缺乏统一财政政策使无法对个别国家的过度赤字形成有效约束，且造成内部持续性失衡进而带来欧元区不同国家的政治冲突。一是无法对个别政府的过度赤字进行有效约束。随着欧元诞生，欧元区成员国采用单一货币与统一的货币政策，使其无法通过货币贬值等方式调整国内经济问题，扩张性的财政政策成为刺激国内经济的唯一手段，并带来了政府的财政赤字以及负债水平不断提升。而由于缺乏联盟层面对各国财政预算情况的统一监督且《稳定与增长公约》的惩罚措施从未被执行过，突破财政约束上限的情况屡次发生。个别政府过度赤字的问题不断累积，在金融危机以及经济衰退之时，随着政府因失业等问题而造成的公共开支上涨而格外突出，最终以主权债务危机的形式极端爆发出来。二是内部失衡难以调节激化政治矛盾。欧元诞生后，以德国为代表的北欧国家贸易不断扩张，长期处于经常账户顺差状态，而以希腊为代表的欧洲南部国家则经济结构单一，长期处于经常账户逆差状态，政府不得不依靠举债扩张。缺乏统一财政政策的背景下，难以对不同国家的财政收支进行统一协调，实现对落后地区的财政转移，欧元区各国内部发展不平衡的问题始终存在，而随着债务危机爆发，希腊等国已无力通过自身努力摆脱危机，只能依赖欧元区核心国家的援助，南欧国家认为其利益受到了北欧国家的收割，同时还要因为援助而降低国内支出，北欧国家则认为其要为南欧挥霍的生活买单，援助问题造成了双方国民的不满，激化了双方的政治矛盾。

四、欧元国际化的评价

一方面，欧元是当前国际货币体系中仅次于美元的国际货币，也是在美元体系下唯一成功实现区域化的货币。但另一方面，多年来财政一体化进展有限、统一货币政策带来不对称冲击等问题也一直影响着欧元的稳定，削弱了欧元区整体应对外部冲击的能力。

（一）欧元诞生挑战美元霸权，形成"一超一强多极"国际货币体系格局

从布雷顿森林体系到美元体系，美元作为国际货币所暴露出来的问题已经被人们所关注，但由于缺乏替代品，美元的地位依然十分稳固。不过欧元区从经济实力、国际贸易、人口规模等各方面都具备挑战美国的实力，欧元一经诞生便成为重要的区域货币。虽然从国际货币各项职能看，欧元同美元相比仍有较大差距，但欧元改变了国际货币体系中美元一家独大的局面，并发挥区域货币职能。

一是欧元在欧盟内部及周边地区部分取代美元发挥国际贸易计价结算职能。欧盟内部的巨大贸易份额对欧元的使用起到重要支撑作用，而以其邻国为代表的与欧盟有紧密贸易联系的国家和一些非洲国家也倾向于使用欧元计价。根据 IMF 研究，1999～2019 年欧元在全球出口计价中平均份额为 46%，同时出口至欧元区国家商品占全球总出口比例平均为 37%[①]。此

[①] Emine Boz, Camila Casas, Georgios Georgiadis, etal. Patterns in Invoicing Currency in Global Trade [R]. IMF Working Paper, 2020.

外，欧洲中央银行以制度方式确保其不受政府干扰，以物价稳定为首要政策目标，进一步提高了欧元作为国际贸易计价货币的吸引力。

二是欧元是美元之外的主要锚货币。根据 IMF 2021 年报，有 26 个国家选择以欧元为锚，占 IMF 成员国数量的 13.5%，仅次于美元。选择将货币钉住欧元的国家主要是欧元区国家经贸往来密切的国家出于降低交易成本以及出于未来加入欧元区考虑。此外，由于历史原因，非洲部分此前以法郎为锚的国家在欧元诞生后选择与欧元挂钩。以欧元为锚货币的国家，其以欧元作为外汇市场干预货币的需求也会自然提升。例如，欧洲货币体系是以各成员国货币加权而成的欧洲货币单位为核心，该体系下以成员国货币进行外汇干预份额出现明显提升，从 1979～1982 年的 27.2% 逐步上升至 1986～1989 年的 71.7%，而美元份额则从相应从 71.5% 下降至 26.3%。

三是储备货币多样化格局已然形成。2022 年第一季度，欧元在各国储备资产中所占份额为 20.06%，美元为 58.88%，欧元储备份额占比虽然低于美元，但相比其他货币优势明显。欧元一方面补充了国际货币体系流动性，另一方面也为央行分散储备资产投资风险提供了必要工具，提高了国际货币体系稳定性。就私人领域投资而言，2021 年欧元计价国际债券总发行额占比为 34.47%。地理与历史因素使得其邻国与非洲国家倾向于以欧元作为债务计价货币，而欧盟对欧洲金融市场基础设施的建设以及欧元对外投资及援助计划也将不断提升欧元在投资领域影响力。

（二）欧元区的形成在一定程度上改善发展不平衡，推动了欧洲一体化

欧洲一体化的政治愿景推动了欧元的诞生，而欧元区的形成也同样有助于欧洲一体化的进一步深化。

一是欧元为欧洲单一市场的形成与运行提供了保障。首先，欧元降低了贸易中的汇率风险，内部贸易水平以及经济发展水平得以进一步提高。根据欧盟统计局数据，1999 年初欧元区内部进出口规模分别为 630 亿欧元和 688 亿欧元而 2022 年 5 月则增长至 2 265 亿欧元和 2 316 亿欧元，人均GDP 从 1999 年的 2.09 万欧元增至 2021 年的 3.58 万欧元。其次，欧元推动了欧洲金融一体化发展。根据欧洲中央银行发布的欧洲金融一体化报告，基于价格以及数量的欧洲金融一体化指标在欧元诞生的前十年中不断提高，此后虽然在次贷危机和欧洲主权债务危机期间出现下滑，但随着2012 年中关于欧洲银行业联盟建立的构想提出并于 2013 年最终决议通过，欧央行开始对欧元区内大型银行直接监管，欧洲金融一体化指标得以逐步恢复。

二是解决欧元问题的过程中推动欧洲一体化发展。欧洲一体化在 20 世纪欧洲政治精英的设计中即存在一种只能向前的惯性，欧元从诞生以及运行过程并非完美，通过在这一过程中逐步解决所遇到的问题来推动欧元以及欧洲一体化向前发展。无论是此前希腊主权债务危机中欧洲稳定机制以及欧洲学期的建立还是当前欧洲复苏基金的敲定都在一定程度上推动了欧洲财政一体化的发展。

（三）成员国丧失货币主权，加剧了欧元的内在不稳定

第一，单一货币无法适应不同国家的经济发展状况。欧元诞生之后，得益于稳定的货币以及市场的扩大，欧元区整体迎来了经济的发展，2008年全球金融危机爆发前，欧元区生产总值年均增速 2.3%。但从欧元区内部来看却存在深层次失衡，一方面，欧元区不同国家经济发展状况存在差异，但使用统一货币情况下，使欧元对不同国家而言存在低估或高估的情况。具体而言，根据 IMF 数据，欧元诞生之后，相对德国经济情况，欧元低估水平在 5%～15%，从而极大地刺激了德国出口和贸易扩张。而另一方面，对希腊等经济结构单一，发展相对落后的国家而言，欧元则存在高估。长期存在的经常账户逆差且无法通过货币贬值等方式加以纠正，只能通过大规模举债为经常账户逆差融资，而加入欧元区后所获得的隐性担保也降低了这一模式的融资成本，债务规模快速膨胀。但是这种扩张模式随着金融危机的到来变得不可持续，在金融市场流动性趋紧、资金成本大幅上升背景下，最终导致债务危机的爆发。

第二，经济失衡带来欧元区分裂风险。在最优货币区条件达成的情况下，货币区成员国经济周期趋同，中央银行才可以更加容易地采取统一的货币政策对经济进行调节，否则经济稳定性的损失可能会超过固定汇率所带来的收益（Babetskii，2005；Krugman et al.，2018），而根据测算，金融危机以及欧洲主权债务危机后欧元区经济周期的一致性处于下降状态（Degiannakis et al.，2014；Camacho et al.，2020；Gehringer，2021），进而

加剧了欧洲中央银行的政策协调难度，也带来了欧元区分裂的风险。例如，当前由于俄乌冲突、能源危机问题，欧元区通胀达到8.6%，创25年新高，德国、荷兰等北欧国家亟须通过紧缩的货币政策来应对过高的通胀水平，但这会进一步加剧以意大利、西班牙为代表的重债南欧国家财政赤字压力，进而可能诱发新一轮欧债危机，影响欧元区稳定。欧洲中央银行推出传导保护机制以应对欧元区金融碎片化风险，但是在欧元区各国经济发展水平以及财政状况未能实现趋同的背景下，统一的货币政策就很难适应所有国家的需求。

第三节　日元国际化的实践

出于提高日元在国际贸易中交易结算比例以降低汇率风险、缓和同美国贸易摩擦目的，日本政府在20世纪80年代中期正式开启日元国际化进程。本节在介绍日元国际化背景基础之上，梳理日元国际化的具体历程，阐释日元国际化的运行机制，最后对日元国际化加以评价。

一、日元国际化的历史背景

日元国际化的基础是日本自20世纪50年代中期开始的经济长期高速增长，日元的升值预期提高了日元的吸引力。此后，日本政府通过金融自由化缓和不断加剧的日美贸易冲突，进而快速推动了日元国际化的发展。

（一）日本经济崛起为日元国际化提供了基础

在出口导向型经济增长模式下，日本经济的高速发展以及日元升值预期是日元国际化的重要基础。根据世界银行统计，20世纪70~80年代，日本GDP年均增速为4.38%，同期商品和服务出口年均增速7.84%。1968年，日本超越德国，成为世界第二大经济体。日本经济的良好表现使日元汇率在20世纪70~80年代整体处于升值状态，1989年达到了143.45日元水平。[①]

---

① 资料来源：世界银行官网。

首先，从经济增长看，日本在"朝鲜特需"影响下经济快速复苏，自1955年起，日本经济数十年保持在10%左右的高增速水平，国内生产水平不断提升，经济实力跻身世界前列。日本采取的是出口导向型经济增长模式，受石油危机冲击影响，日本产业政策也由发展能耗大产业向能耗低、技术密集的产业转型，相应出口产品也逐渐由化纤、大型材料等转向加工组装型制造业，汽车、民用电子等产业的产品在国际贸易中拥有非常强的竞争力，1985年，日本成为全球最大债权人，1987年日本外汇储备水平跃居世界首位。强大的经济实力、外汇储备水平以及庞大的对外贸易规模奠定了日元国际化的经济基础。

其次，从汇率水平看，战后美国为日本制定的"1美元=360日元"的汇率水平对日本出口有较强刺激作用，该汇率水平持续22年之久。而随着布雷顿森林体系崩溃，日元从固定汇率转向浮动汇率，日元升值趋势明显，出于收益性考虑，人们开始配置日元资产。在经济、汇率两方面因素的共同作用下，日元的吸引力以及自发使用水平得到提升。

（二）日美贸易摩擦加剧倒逼日本推动日元国际化

20世纪80年代，凭借较高的劳动生产率水平，日本对美国有大量贸易顺差，根据IMF统计，日本对美国的贸易顺差从1980年的73.43亿美元逐步增加到1985年的405.84亿美元，美日贸易摩擦不断升级。为改变美日之间贸易失衡问题，美国要求日本实施日元国际化，其主要出于两方面原因：一是美国认为美日之间贸易失衡的主要原因在于日元汇率低估，而日元国际化可以使日元升值；二是通过日元国际化使日本对外开放领域扩展到金融市场，从而使美国的金融公司可以参与其中并获利。

对日本政府而言，虽然有迫于外国政府压力的因素，但一方面，日元升值压力明显，根据IMF汇率数据，日元自浮动之初，就从1美元等于360日元水平升值到260日元，此后第一次石油危机导致国际收支恶化，曾回落至300日元，而1977～1978年再度升值，并首次突破200日元水平，此后20世纪80年代前半期维持在该水平。日本政府也希望通过日元国际化，提升日元在国际贸易中的结算地位，以降低国际贸易的汇率风险。另一方面，同样作为战后经济崛起并拥有强大经济实力的国家，德国马克在欧洲地区的影响力，使日本认为日本的经济实力同日元的国际地位并不匹配，希望通过日元国际化提升日元在国际货币体系中的地位。

二、日元国际化历程

日元国际化是由日本政府政策推动的，基于日本政府的态度变化及其出台的相应政策，同时结合日元国际地位的变化，本部分将日元国际化历程划分为四个阶段，具体如下。

（一）日元国际化的萌芽阶段（1964~1980 年）

这一时期，日元在国际货币体系中的地位随着日本经济实力的崛起而得到提升。但出于对日元国际化冲击日本倾斜式生产方式，进而影响日本经济的担忧，日本政府对日元国际化采取了相对消极的态度，并采取了一定的限制措施，日元的国际使用非常有限。

1. 实现日元经常账户可自由兑换，并逐步放开外商直接投资。1964年，日本接受 IMF 协定条款第八条所规定义务，日元实现经常账户可自由兑换。此后，日本开始逐步取消在资本管制方面的政策限制。1964 年，日本修改《外资法》开放外商直接投资，并采取分行业逐步开放的方式，1967 年首批开放 50 个行业，到 1976 年 5 月，除农业、林业、渔业、采掘业和皮革业外，外商直接投资限制基本废除（成思危，2017）。但由于日本国内依然存在种种限制，这一时期日本实际吸引到的外商直接投资水平并不高。而就其他资本项目日本政府也采取了一定放松措施，1970 年，日本允许非居民发行以日元计价的外国债券，1972 年允许境外企业在日本上市与并购，并放宽私人对外投资限制（黄继炜，2010）。

2. 实施资本管制。日本出口导向型经济增长模式需要稳定的汇率环境，为应对 20 世纪 70 年代多变的国际环境以及短期资本流动，资本管制是日本当时重要的政策工具。日本政府通过日元兑换限额、非居民在日本金融投资额度等方面规定的调整，影响资本流动的方向，以稳定日元汇率。例如，在 1971 年"尼克松冲击"发生后以及 1974~1977 年日本经济复苏，日元存在升值压力时，日本政府将日元兑换上限由月平均额度改为日基准额度，降低贸易预付款上限以及规定非居民购买股票债券额度不能超过此前卖出额度等措施限制资本流入。而在两次石油危机期间，日本国际收支恶化，日元存在贬值压力时则采取反向操作，鼓励资本流入，限制资本流出。日本通过资本管制的方式为其出口产业的发展保驾护航，但资本管制也阻碍了这一时期日元国际化的发展。总体来看，这一时期日元在国际贸易、国际金融交易中的角色无足轻重。

（二）日元国际化的快速发展阶段（1980～1997 年）

20 世纪 80 年代，为缓和美日贸易摩擦以及提升日元国际地位，日元国际化正式提上日程。这一时期，日本政府通过政策出台实现了日本资本项目开放、金融自由化以及离岸金融市场发展，从而推进了日元国际化的发展。但是作为这一时期缓和日美贸易摩擦的另一项重要举措，1985 年日本同美国签订《广场协议》，约定美元相对日元有序贬值。为对冲《广场协议》下日元升值带来的负面影响，日本政府将央行贴现率下调并维持在2.5% 的较低水平。低利率水平催生了资产泡沫，而此时日元国际化下资本项目开放，各项交易限制的放开以及离岸市场的发展则为套利资金规避监管提供了必要的通道，从而进一步加剧了日本资产泡沫，日元国际化的发展逐渐走向了以套利交易为主导的形式化发展而偏离了日本政府最初的政策目标。

1. 修订《外汇管理法》实现资本项目自由化。日本 1949 年出台的《外汇法》《外商投资法》，严格控制着日本的资本流动。为了适应日本经济发展以及环境变化，1978 年，日本政府对《外汇法》进行修订，将其法律基础从"原则上禁止"改为"原则上允许"，并于 1980 年 12 月正式生效，其根据审批和审查要求的不同，将交易分为需要批准的交易、需要事先通知但政府不会审查的交易、需要事先通知且政府可能会审查的交易以及不需要批准也不需要通知的交易四类。日本政府基于国际收支或汇率管理的目的，实施"最低限度的必要控制"[①]。获授权的外汇银行和证券公司在交易以及政府监控方面均扮演了核心角色，而除需要批准的交易外，日本基本实现资本项目自由化。

2. 推动金融市场开放以及自由化发展。1983 年日本大藏省和美国财政部成立日美间日元美元委员会以解决美日贸易失衡问题，并就日本金融自

---

① Shinji Takagi, Internationalizing the yen, 1984 - 2003: unfinished agenda or mission impossible? BIS, 2011.

由化和日元国际化问题展开谈判。1984 年 5 月，该委员会的《日元美元委员会报告书》以及日本大藏省《关于金融自由化、日元国际化的现状与展望》同时发布，日本金融市场的开放与自由化是二者共同关注问题，在这两份报告的共同指导下，日本自谈判开始便实施了一系列市场开放和自由化措施，具体如表 5-4 所示。

表 5-4　　　　日本跨境金融交易与国内金融市场发展相关政策

时间	政策
1984.04	取消"实际需求规则"，远期外汇合同不再需要同真实交易相对应
1984.06	废除"日元转换规则"，即取消银行对国内实体外国借款比例规定
1985.06	建立日元计价的银行承兑票据市场
1986.12	建立东京离岸市场
1987.06	引入股票期货交易（大阪）
1988.09	引入日经 225 股指期货交易（大阪）
1989.04	东京金融期货交易所成立
1989.06	引入日经 225 股指期权交易（大阪）
1989.07	放宽居民境外外币存款限制（个人低于 500 万日元无须审批）
1990.07	放宽居民境外外币存款限制（个人或企业出于投资组合目的，低于 3 亿日元无须审批）
1994.01	放宽居民发行外债以及武士债券发行标准
1994.06	放宽日元计价外债发行标准
1995.04	采取更加灵活的非居民发行国内债券的审批通知流程
1996.01	废除非居民发行国内债券的资格标准

资料来源：Japanese Ministry of Finance & Shinji Takagi, Internationalizing the yen, 1984 – 2003: unfinished agenda or mission impossible? BIS, 2011.

从上述政策措施可以看出，日本在开始推进日元国际化的过程中，主要关注日元转换、资本流动等方面限制措施的放宽，但同期日本国内金融市场改革尚未完成。例如"实际需求原则""日元转换规则"限制措施的取消提高了日本银行、机构投资者以及企业家的资金筹措能力以及进行投机操作的能力，为此后日元离岸、在岸市场套利套汇提供了条件。

3. 多措并举发展欧洲日元市场。1985 年，日本大藏省的咨询机构外汇理事会在《日元美元委员会报告书》以及《关于日本金融自由化、日元国际化的现状与展望》的基础之上，发表了《关于日元国际化》的报告，日元国际化成为日本的一大政策目标。该报告一方面对日元国际化作出定义，即"提高国际交易中日元的使用率和价值"；另一方面提出应当从三个方面出发推动日元国际化：（1）金融自由化；（2）欧洲日元交易自由化；（3）东京市场国际化。该报告重点强调了对欧洲日元市场的发展，包括欧洲日元债券的自由化和中长期欧洲日元贷款自由化（菊地悠二，2002）。基于该报告，日本也推出了一系列欧洲日元交易自由化的政策措施，具体如表5－5所示。

表5－5　　　　　　　　　　　欧洲日元交易自由化相关政策

时间	政策
1984.06	放宽居民短期欧洲日元贷款
1984.12	废除对外国证券公司作为欧洲日元债券主承销商的限制
1985.04	废除对居民欧洲日元债券的预扣税
1986.04	放宽非居民发行欧洲日元债券条件（信用评级为唯一标准）
1987.07	放宽居民发行欧洲日元债券条件（引入信用评级）
1987.11	批准非居民发行欧洲日元短期融资券
1989.05	批准日本银行向居民部门的中长期欧洲日元贷款
1989.06	进一步放宽非居民发行欧洲日元债券的条件（无须信用评级）
1989.06	批准非居民发行期限不足4个月的欧洲日元债券
1993.06	废除非居民欧洲日元债券发行标准
1995.04	非居民欧洲日元债券的审批和通知流程更加灵活
1996.04	取消欧洲日元短期融资券的发行规则（事实上消除了收益返回国内市场的所有限制）

资料来源：Japanese Ministry of Finance & Shinji Takagi, Internationalizing the yen, 1984 - 2003: unfinished agenda or mission impossible? BIS, 2011.

日本政府对欧洲日元市场的发展显著推动了以日元计价的欧洲债券的发展，并吸引了大量非居民参与到欧洲日元债券发行与投资中，非居民的欧洲日元债券发行量从1980年的550亿，迅速增长到1985年的1.4万亿和1989年的3.5万亿（Shigeo Nakao，1995）。

（三）日元国际化的衰落停滞阶段（1997~2008年）

1997年，日本开始着手进行日本国内金融市场改革计划，希望通过金融改革刺激日本因 1990 年资产泡沫破灭而陷入低迷的经济。日本"金融大爆炸计划"致力于进一步提高金融市场开放度与市场效率。亚洲金融危机与欧元的诞生也提升了日本推动日元国际化的热情，但受限于日本国内的经济环境，这一时期日元国际化并未取得实质性进展。

1. 修改完善《外汇法》进一步加大金融开放力度。作为日本"金融大爆炸计划"的先导，日本再次对《外汇法》进行修订，并于 1998 年 4 月 1 日开始实施。新的《外汇及对外贸易法》取消了此前的事前审批和通知的要求，资本自由流动进一步畅通；且非金融机构可直接参与外汇交易，仅出于统计目的，对超出一定限额的交易要求事后报告，日本的金融开放程度得到了进一步提升，阻碍资本自由流动的相关限制已经基本被撤销。

2. 发展有吸引力日元资产以提高日元可用性。日本外汇审议会 1999 年 4 月发布报告《面向 21 世纪的日元国际化》，对日元国际化的定义进行了新的阐述，对于日元国际化的发展重点强调提高日元可用性。从日元国际化定义看，相比 1985 年其发布的《关于日元国际化》报告中的定义，"提高国际融资交易和海外交易中日元的使用比率以及提高外国投资者资产保有中日元计价的比例，也就是提高日元在国际通货制度中的作用以及日元在经常交易、资本交易、外汇储备中的地位"，该报告更强调日元价值储藏职能的发挥。基于日元国际化的定义，日本外汇审议会认为应从提供有吸引力日元资产角度出发提高日元可用性，包括推动日本政府债券市场发展以提供无风险、高流动性的金融资产。日本政府采纳了相关建议，实施融资票据公开拍卖、废除融资票据和日本政府债券非居民预扣税制度、改革此前基于现金担保的回购市场并发展基于回购和转售协议的回购市场、发行 30 年期和 1 年期国债以提升国债期限种类多样化水平等。

3. 加强亚洲金融合作。1999 年 9 月日本成立日元国际化研究小组，根据 1999～2003 年发布的报告，一方面，认为在日本经济长期低迷背景下，日元信心受到相应影响，因此日元国际化的推进需要建立在日本经济金融再度繁荣的基础之上。另一方面，根据其相关政策建议，这一时期对于日元国际化的认识也已经由此前的日元国际本位化转向日元亚洲化，强调加强区域金融合作。亚洲金融危机所暴露的不稳定性提升了日本推动日元国际化的动力，日本 1997 年提出建立亚洲货币基金构想，由日本和亚洲其他国家分别出资 500 亿美元，以在成员国出现货币危机时提供紧急援助，但由于亚洲货币基金直接同 IMF 形成竞争，且显著提升日本的地缘政治影响力，故受到美国的坚决反对而未能实现。日本继而在 1998 年提出"新宫泽构想"，倡议建立总额 300 亿美元的亚洲基金，其中 150 亿美元用于满足遭受危机国家中长期资金需求，150 亿美元用于满足短期资金需求，并在这一倡议下为印度尼西亚、韩国、马来西亚、泰国等提供了贷款或贷款担保。而 2000 年，中日韩与东盟十国财长签署的《清迈协议》则是亚洲金融合作的重要成果。

但由于日本经济自资产泡沫破灭后陷入长期低迷，1998～2009 年，GDP 同比年均增速仅为 0.255%，日本政府虽然对日元国际化态度积极，但日元国际化却并未取得实质进展。根据 IMF 数据，日元在官方储备中份额从 1995 年的 6.77% 一直下降到 2009 年第四季度的 2.79%。

（四）日元国际化的回暖阶段（2008 年至今）

日元国际化的前期发展使日元成为一种可自由兑换的货币，加之日本长期较低的利率和通胀水平，使得日元成为机构投资者套息交易的首选货币，并且因为套息交易而具备了避险货币的属性，这一点自 2008 年金融危机起表现得较为明显。这一时期，在市场力量的作用下，日元在国际外汇交易中始终保持着领先地位，根据 BIS 的调查报告，2019 年日元外汇日均交易额占比为 16.8%，位列第三，仅次于美元和欧元。日元在外汇储备中的份额由 2009 年第四季度的低点逐步回升至 2022 年第一季度的 5.36%。

日元之所以成为套息交易的首选货币主要有以下原因：一是日元国际化的发展带来的日元可自由兑换以及日本资本市场国际化程度的提高。日元国际化主要通过金融自由化实现，在这一过程中，对于市场参与主体而言，日元兑换限制的放开提高了日元交易的便利性。二是日本长期的低利率水平降低了日元的资金成本。日本经济泡沫破灭后，长期将利率维持在相对较低水平，央行官方贴现率在 1995 年下调至 0.5% 后，常年保持在 1% 以下水平，而随着零利率和量化宽松重启，2008～2021 年则一直维持在 0.3% 水平。三是物价稳定带来稳定的货币政策预期。相比其他经济体，日本经济长期处于一定通缩状态，日本消费者物价指数同比增长常年保持在 2% 以下水平，稳定物价水平使得市场普遍预期日本央行不会改变其货币政策方向，从而降低了套息交易的风险。

三、日元国际化的运行模式

日元国际化采取了"贸易结算＋离岸市场"模式（殷剑锋，2011），但从实际运行效果来看，资本项目是日元输出的主要渠道，金融自由化以及金融市场的发展为套利交易创造了契机，并成为日元国际化发展的主要驱动因素，但受到自身贸易结构的制约使日元在贸易计价结算职能上难以实现突破。

（一）套利需求驱动日元国际化发展

日元套利交易是驱动日元国际化发展最重要的推手，20 世纪 80 年代日元套利交易促成了欧洲日元市场以及日元计价国际借款的蓬勃发展，而当前日元套息交易则维持了日元在国际外汇交易货币中的地位。

第一，日元套利交易下欧洲日元债券的发展。1984 年，日本推行金融自由化后，欧洲日元债券发展迅速，1980 年非居民欧洲日元债券发行仅为550 亿日元，而 1989 年达到了 3.5 万亿日元，并成为日元国际化发展的重要标志。但从其本质模式来看，主要是非居民通过欧洲日元债券发行与互换合约结合实现低成本美元融资，而日本外汇银行则利用受严格管制的国内金融市场和较为自由的欧洲市场之间的利差进行套利。具体而言，日本证券公司将欧洲日元利率设定在偏低水平（Hammond，1987），吸引非居民资金需求者参与。非居民发行欧洲日元债券的同时进入互换合约，在该合约下，非居民向日本银行支付浮动美元利率，而日本银行向非居民支付固定日元利率，这一固定日元利率可以和日本银行向国内借款人发放的长期贷款资产利率相匹配，且前者往往低于后者，日本银行由此可以通过利差实现套利。而非居民获取日元资金后很快将其兑换为美元，因此日元更多是作为美元融资的中转货币。

第二，监管套利下日元国际借款规模扩张。为减少日元国际化对日本国内金融市场造成的冲击，日本政府在发展离岸金融市场时采取了内外分离型的离岸金融市场模式，通过设置特定的资金往来账户对离岸与在岸资金流动进行监控。随着离岸市场的开放，日元计价贷款规模迅速提升，根据 BIS 统计，1989 年在对外贷款计价货币方面，日元地位仅次于美元，而因为与日本在这一时期的密切交易，中国香港地区离岸借贷的市场份额也从 1980 年的 10% 上升到 1987 年的 22.8%①。但这一时期日元计价贷款规模扩张同日本银行和企业利用离岸和在岸市场进行迂回资金交易以实现监管套利息息相关。由于这一时期日本已实现资本项目开放，日本银行和企业通过先将离岸资金贷款给香港等地境外分支，再由这些境外分支向日本国内的企业和机构进行贷款的方式绕过政府监管（卢季诺等，2016），1985 年，仅有 17.8% 的中国香港地区资金流入日本。而 1989 年，2/3 的香港国际银行间贷款直接流向日本，而大量日元资金回流日本国内股票和房地产市场，则进一步加剧了日本资产泡沫。

第三，日元套利交易维持日元国际外汇交易货币地位。日元在全球外汇交易市场中的领先地位是当前日元国际化的重要表现，日元作为融资货币的套息交易是日元国际外汇交易活跃的重要原因。低利率水平以及可自由兑换的属性使日元成为套息交易中优质的低成本融资资金，正常市场环境下，机构投资者先借入日元资金，将其兑换为美元、澳元等高息货币，并投资于对应的债券或存款，利用两种货币资产的息差赚取收益。影响套息交易收益的因素主要是汇率变动，若高息货币相对于低息货币升值，则还可以获取部分汇差收益，但若出现相反情况，交易则有可能会出现损失。所以机构投资者往往会利用远期合约锁定风险敞口，但非标准合约仍存在风险。当市场环境发生变化，例如 2008 年全球金融危机，2011 年欧债危机以及日本国内出现地震等自然灾害时，机构投资者预期美元等高息货币汇率会下跌或者日本国内资金需求增加将推升日元汇率的情况下，就会纷纷对套息交易进行平仓，从而使日元相对于其他货币在危机时期反而出现升值，表现出避险货币属性。

（二）以对外投资实现资本输出

20 世纪 80 年代后期，随着《广场协议》签订，日元汇率水平从 1985 年的 1 美元等于 200.50 日元水平逐步升值到 1989 年的 1 美元等于 143.45 日元，并在 1995 年一度突破 80 日元水平。日元升值使海外资产变得相对便宜，日本企业纷纷开始进行海外投资，推动了日本的对外资本输出，从

---

① 资料来源：Bank of England Quarterly Bulletin，1987 – 02。

其特点来看，具体表现在以下几个方面。

一是大量投资于外币计价有价证券。20 世纪 80 年代中后期，日本对外证券投资规模不断提高，根据日本银行统计，日本长期资本账户中证券投资规模从 1980 年的 37.53 亿美元上升到了 1989 年的 1 131.78 亿美元，美国债券市场是日本资金的主要去向。但投资于外币计价的有价证券使日本对外投资存在较大汇率风险，且无助于日元国际化水平的提升。日本持有的美债规模庞大，并在 2019 年 7 月达到 1.29 万亿美元。

二是流向东亚地区的日元投资。日本 20 世纪 80 年代后半期的对外直接投资规模也在同步增长，从 1980 年的 23.85 亿美元增加到 1990 年的 480.24 亿美元。这一时期日本对外直接投资中虽然以投向北美和欧洲的金融和房地产占主导，但不同行业也表现出一定的差异。其中日本纺织和采矿业对亚洲区域的直接投资占比最高，且不同于对美国和欧洲的对外直接投资，流向东亚区域的日本对外直接投资主要以日元计价（陆长荣等，2017）。日本在 1987 年推出了"黑字环流"计划，并在该计划下通过银团贷款以及政府发展援助等形式向东亚发展中国家提供日元借款。通过上述两种方式，日本对东亚地区投资有效实现了日元的对外输出，推动了日元国际化的发展。

三是非居民发行日元债券。随着日本债券市场的发展，21 世纪以来，非居民在东京市场发行的日元计价债券规模出现明显提升，20 世纪 80 年代武士债券年均发行量约为 6 850 亿日元，而 2010~2019 年的年均发行量则增长到 1.76 万亿日元[①]。作为非居民筹集日元资金的方式之一，武士债券发行规模的增加也成为日元对外输出的方式之一。

（三）贸易结构限制日元计价结算发展

日本政府推动日元国际化的一个重要方向是推动日元在贸易结算中的使用比例，但整体看，日元在贸易结算方面取得的发展十分有限，日本出口中以本币清算比例大多处于 30%~40% 区间，相比其他发达国家处于较低水平（张艳红等，2019），日元国际化在贸易计价结算方面难以取得突破主要受日本贸易结构限制。

---

① 资料来源：CEIC。

首先，日本商品出口对美国市场存在显著依赖性。1989 年，流向美国的出口占日本出口额的 34%，远高于同期联邦德国（8.9%）、英国（15.5%）、法国（8.2%）的水平。殷剑锋（2011）认为在日本国内的"二元经济"结构下，日本的出口主要集中在少数有竞争力的大型企业，因此海外市场显得尤其重要，这在一定程度上削弱了日本大型出口企业在定价谈判中的权力地位。当前，美国依然是日本最重要的贸易伙伴，根据日本财务省数据，2018 年日本对美国出口占其全部出口额的 22%，其中以美元清算比例达到 87.2%。

其次，日本商品进口因惯性因素难以实现突破。一方面，以石油为代表的初级原材料在日本进口中占据较大比重，根据日本财务省数据，2021 年燃料进口占日本商品进口额的 20.04%，而由于计价惯性此类商品往往采用美元计价，日元国际化过程中未能锚定大宗商品资产，日元在这部分商品进口计价中难有突破。另一方面，从进口区域看，来自亚洲地区的商品进口占日本进口商品比重常年保持在接近 70% 的水平，但是亚洲地区同美国密切的经贸往来使美元也有着很强的影响力，亚洲国家为规避汇率风险也倾向于采用美元计价结算。

四、日元国际化的评价

从国际储备货币角度，根据 IMF 的官方外汇储备货币构成（COFER）报告，日元在各国外汇储备中份额曾在 2009 年第 1 季度达到 2.79% 的历史低点，虽然近年有所恢复并在 2022 年第 1 季度末达到 5.36% 的水平，但相对于美元 58.88% 的占比以及欧元 20.06% 的占比，差距仍然十分明显。从支付结算货币角度，2021 年 12 月日元在全球主要货币支付金融中占比 2.58%[①]，仅位居第五。综合来看，日元国际化并不算成功。日元国际化的发展更多体现为日元作为一种"载体货币"用于国际金融市场的套利交易，日元的国际化虽然在一定程度上提升了日元的国际影响力，但以离岸市场"倒逼"资本账户在金融改革之前过早开放造成了日本经济三十年的停滞期。

---

① 2021 年 12 月在国际支付中占比升至第四——人民币全球地位稳步提升［EB/OL］.［2022 - 02 - 10］. http：//www. gov. cn/xinwen/2022 - 02/10/content_ 5672832. htm.

(一) 提升了日元的国际影响力

日元国际化水平虽然不及美元和欧元，但其国际化努力也提升了日元在国际货币体系中的地位。日元国际化的显著特点在于通过政府逐步取消各项限制措施，推动国内市场开放和金融自由化。日本通过日元国际化实现了资本项目自由化，推动东京成为世界有影响力的国际金融中心，当前日元在国际储备和支付结算方面发展有限，日元国际外汇交易成为其国际化水平的重要体现。根据 BIS 统计，从日均成交量看日元所占份额虽不及美元、欧元，但相比位居第四的英镑具有明显优势。从交易货币对来看，美元是日元最主要的交易对手，2019 年日元/美元日均交易额占所有类型外汇交易额的 13.2%，仅次于美元/欧元交易规模。从交易地点看，日本外汇交易市场日均交易规模也在各外汇交易市场中位列第五。此外，日元国际化过程中，日本对外投资尤其是对东亚地区的直接投资，不仅实现了日元输出，扩大了日元影响力，还通过对外直接投资的方式转移了国内边缘产业，进而实现国内产业升级。

(二) 国际化政策失误加剧了泡沫危机的后果

日本政府在推进日元国际化的过程中，将重点放在了金融自由化与离岸市场发展上，在尚未完成国内金融市场改革背景下，激进推进资本项目开放，使日元国际化最终服务于泡沫经济，放大了国内经济金融风险，最终随着日本资产泡沫破灭，日本进入了长达 30 年的经济停滞，日元国际化的进程也被打断。

1985 年为解决美国国际收支失衡问题，美国、日本、联邦德国、法国及英国五国达成协议，共同干预外汇市场，诱导美元贬值。《广场协议》签订后，日元快速从 1984 年末的 1 美元等于 250 日元水平升值到 1987 年、1988 年末的 120 日元左右。日元升值削弱了日本出口企业的竞争力，为对冲日元升值的不利影响，1986 ~ 1987 年，日本央行连续 5 次降息，并在 1987 ~ 1988 年将央行贴现率保持在了 2.5% 的较低水平。低利率催生出的大量资金涌入日本股市和房地产市场，催生了股市和房地产泡沫。而这一时期，在日元国际化的推进过程中，日本政府开放了资本项目以及离岸金融市场，为大量日元资金通过离岸市场和在岸市场之间的迂回交易绕开监管回流日本国内创造了条件，日元国际化过于激进的政策在这一时期对日本资产泡沫的膨胀起到了推波助澜的作用。然而随着 1989 年 5 月 ~ 1990年 8 月，日本政府政策转向，连续 5 次提高贴现率水平，将其从 2.5％ 提升至 6％，同时出台政策收紧信贷，日本资产泡沫破灭，大量金融机构破产，20 世纪 90 年代初日元再度升值并一度突破 80 日元水平，对日本出口企业造成了更为严重的打击，日本经济开始了长达三十年的停滞周期。在这样的环境下，一方面，泡沫经济时期支撑日元国际化发展的各项套利条件不复存在；另一方面，经济的长期停滞也影响了日元的信心，日元国际化的进程也随之陷入停滞。

第四节 世界主要货币国际化对人民币国际化的主要政策启示

迄今为止，人民币国际化发展已有十余年，前期我国在推动人民币国际化的过程中，侧重培育人民币对外贸易使用和推动离岸金融市场发展。但从结果来看，人民币国际化的发展相比美元、欧元等仍存在相当的差距，并且也出现了日元国际化进程中出现的套利套汇投机活动，在一定程度上影响了人民币国际化进程。面对当前国内外复杂多变的环境以及人民币国际化水平发展不充分不平衡的现实情况，人民币国际化进程依然任重而道远。本节通过梳理、分析和总结美元、欧元、日元国际化的经验与教训，以期为稳慎有序推进人民币国际化提供经验借鉴。

一、经验启示

美元、欧元以及日元的国际化虽然从时代背景和路径选择上均有所差异，但决定一国主权货币国际化的基础性力量却表现出较高的一致性，通过借鉴此类共性经验，可以为人民币国际化的发展提供有益启示。

（一）推动经济高质量发展是主权货币国际化的基石

货币作为交易媒介，在商品交换中充当一般等价物，一国主权货币被他国接受用于流通交易，其基础源自该货币所代表的实际购买力。当一国工业、科技、经济发展到一定水平，其生产的产品在非居民市场有较强的需求，以该国货币计价的国际贸易自然会带动该国主权货币国际化发展。

第一次工业革命发源于英国，生产技术的提高使得英国成为"世界工厂"，国际贸易的繁荣带动保险、航运等配套服务的发展，伦敦是当时的世界金融中心，英镑自然成为国际货币。美国自建国后便积极发展国际贸易和制造业，第二次世界大战后欧洲满目疮痍，其维持社会稳定、恢复生产能力所需的各项工业品均须从美国进口，美国凭借强大的实力借助布雷顿森林体系将美元推向顶级国际货币；美元体系下，美国向世界提供的最大的最终商品市场，在出口导向型国家同美国之间建立起相互依赖的贸易联系，维护了美元的国际地位。欧元区域化的重要推动力之一是共同市场所带来的经济利益，在战后各项共同政策作用下，欧共体内部贸易逐渐超过外部贸易，这一背景下，固定汇率乃至欧元的诞生成为经济一体化发展到一定阶段的必然逻辑。日元国际化初期阶段也同日本的贸易和科技发展有关，从初期重化工业再到石油危机后以科技为中心的政策，日本节能产品开发、民用电子技术的优势享誉全球，不断提高各国对日本进口的依赖，出现了日元国际化的诉求。因此，要推动人民币国际化必须大力发展实体经济。一方面，推动科技创新发展，努力解决"卡脖子"技术难题，向全球商品市场提供有竞争力的中国制造品，以高附加值出口贸易提升人民币计价结算货币地位；另一方面，扩大内需，借助"一带一路"倡议，吸引周边及沿线国家向我国出口，通过形成彼此之间产业互补，以区域内部贸易发展推动人民币区域化国际化进程。

（二）掌握大宗商品定价权可以维持并强化国际货币地位

主权货币国际化的过程往往和大宗商品定价权息息相关，如"煤炭英镑""石油美元"等，计价货币的使用惯性可以促使更多不涉及本国的第三方交易使用本国货币进行计价结算，在更大范围内推动主权货币国际化。

石油美元计价机制当前依然是美元体系的重要机制之一，确保了美元在各国贸易结算以及储备货币中的份额，除石油外，作为全球最大粮食出口国，粮食美元也强化了美元同大宗商品贸易的绑定关系。而商品期货交易的繁荣，以及出于套期保值、投融资交易衍生出的金融交易，使纽约和芝加哥商品期货交易所对大宗商品价格形成有着深远的影响，进而使美国可以对世界通胀水平产生影响，转嫁自身经济成本。欧元在发展过程中也不断强调与大宗商品绑定关系，但目前欧元更多在可可、棉花、白糖等农产品的国际贸易计价结算中发挥作用，使用欧元作为计价货币的能源等工业产品比例较低（潘宏胜和武佳薇，2022）。日元的国际化过程强调资本输出和金融市场开放，石油等原材料高度依赖进口，并主要以美元计价，因此日本进口贸易中以日元计价比例始终处于较低水平。资产泡沫破灭后，日本希望通过开设石油期货交易所等方式掌握一定的大宗商品定价权，但此时日本已经错过日元国际化的最佳时期，对日元国际化的帮助也较为有限。人民币国际化推进过程中也应当着力推动能源与大宗商品贸易人民币计价结算，利用与已有国家间贸易往来频繁的先期优势，探讨国际大宗商品人民币计价结算的运作模式，在经贸往来与区域经济增长的良性循环中催生国际大宗商品人民币计价的实际、有效需求。此外，随着环境气候问题越发突出以及低碳理念的深入发展，碳排放权交易有望在大宗商品交易市场占据一席之地，人民币国际化过程中可借助这一发展趋势，锚定碳排放权人民币计价结算，从而为人民币在国际贸易结算领域发挥作用打开突破口。

（三）发达的国内金融市场可以提升本币的国际需求

高水平开放的金融市场是主权货币国际化的重要条件。从私人投资领域看，国际贸易带来的外汇交易、套期保值以及投融资需求需要依靠完善金融市场的支撑，非居民持有的国际货币同样需要安全性、收益性与流动性有保障的投资渠道实现保值增值。因此，国际货币发行国需要提供多样化的金融资产以满足非居民的投资需求。从公共部门储备投资看，私人贸易金融领域的使用，使公共部门需要将该国际货币作为干预货币或锚货币，进而产生储备货币需求以及时维护汇率水平与贸易环境稳定。因此，国际货币发行国需要提供大量以本币计价的安全金融资产以满足他国的储备资产需求。

从主权货币国际化经验看，美国最具深度、广度、流动性的金融市场对美元国际货币地位的维持至关重要。直接金融主导、多类型金融机构林立，提供了丰富的金融创新产品，吸引力了大批非居民投资者。而流动性极强的美国国债市场，则满足了全球资本快速流动背景下，央行对储备工具流动性的要求。相比之下，欧元和日元金融市场发展的不足则制约了其国际化发展。因此，无论是欧洲在欧债危机后对欧元国际化的推动，还是日本在资产泡沫破灭后的金融改革，都将完善国债市场、提供高水平安全性和流动性的金融资产作为重要改革方向。我国目前金融体系仍以银行主导的间接金融为主，无论是在制度、规则对标方面，还是金融机构服务水平和质量方面同发达金融市场仍有较大差距，这种金融体系增大了非居民投资人民币资产的交易成本。因此，在人民币国际化进程中，应重视国内金融市场建设，尤其是在提供对非居民有吸引力人民币安全金融资产方面，以增强人民币持有黏性，畅通人民币回流渠道，培育非居民持有人民币资产的真实意愿和需求。

（四）强大的军事实力和良好的政治外交关系是主权货币国际化的重要保障

货币不仅是经济问题，同样是政治问题。国际货币的地位不仅取决于经济实力，还依赖于政治实力和军事实力所提供的保障与信心。政治协商与合作可以使国际货币在遇到困难时，得到货币盟友的支撑，而军事力量则可以对主权货币国际地位的破坏者予以打压和震慑。

美元取代英镑前半个世纪，美国的经济实力就已经超越了英国，但依靠英联邦国家及海外殖民地的支持，英镑依然维持着其国际货币地位。特里芬难题下，美国利用其政治军事影响力，充分发挥美元协商货币功能，推动诸如黄金库、史密森协议等措施延缓布雷顿森林体系崩溃。美元体系下，美国利用政治实力游说其盟国支持美元，孤立和对抗美元体系的挑战者；利用军事实力，为其跨国公司经营护航，打压诸如伊拉克、委内瑞拉等破坏者。欧元本是政治的产物，在欧洲政治精英的战略蓝图中，欧洲一体化是避免历史悲剧重演及提升欧洲国际话语权的重要方式，而共同货币是欧洲一体化的重要一环。这一政治战略意图促成了欧共体各国就利益分歧达成妥协，共同分担美元冲击的成本，并最终走向共同货币，而直到现在，欧元区成员国之间的协商机制也为欧元体系提供了强大的韧性。就人民币国际化而言，一是要积极开展货币外交，参与全球金融治理。积极推动国际货币体系改革，改善我国在国际金融机构中话语权受限，表达自身利益诉求受阻现状；通过积极开展货币互换、本币结算等方式逐步提升人民币的使用黏性以及国际影响力。二是要加强军队与国防现代化建设。人民币国际化的推进需要强大的军事实力为保障。加强军队与国防建设现代化一方面可以维护我国对外贸易通道畅通，保障国内经济稳定运行，夯实人民币国际化基础。另一方面，在当前大国博弈日趋激烈的背景下，军事实力的提升有助于维护我国主权领土完整和周边局势稳定，为人民币国际化创造良好的外部环境，提升非居民持有人民币资产的信心。

二、教 训 警 示

在缓和日美贸易摩擦以及使日元国际地位同日本经济实力相匹配的目标下，日本政府采取了"贸易结算＋离岸市场"的发展模式，通过政策管制的放松推动日元国际化的发展。但在日本国内金融市场改革滞后背景下，套利交易逐步成为日元国际化的中心，并对日本经济的稳定运行造成严重影响。而从此前的人民币国际化发展历程看，同日元国际化存在惊人的相似性，从外部环境看，当前大国博弈背景下，我国同样面临着同美国摩擦加剧，货币国际化的外部环境变得更为复杂。从国际化发展模式看，此前人民币国际化也主要从贸易结算和离岸市场发展两个方面入手，且在贸易结算领域人民币国际化发展有限，而离岸市场的发展也主要由投机交易需求所支撑，整体看人民币国际化发展"重政策、轻市场""重规模、轻机制"的特点突出，因此更需要关注日元国际化的经验教训，从而稳慎推动人民币国际化发展。

（一）单纯依靠政府政策推动难以实现主权货币国际化

非居民使用和持有国际货币是基于成本收益权衡后的选择行为，单纯依靠政府放松限制的自由化政策，而忽视非居民对主权货币的需求培育难以实现主权货币国际化，且会导致货币国际化背离服务实体经济的根本目标，威胁金融稳定以及实体经济健康发展。日本政府在推动日元国际化过程中，忽视日本在全球产业链中地位的提升以及国内金融市场改革，而是试图通过放开各项管制，以金融自由化实现日元国际化，但在缺乏对日元真实市场需求的情况下，日元国际化发展最终服务于金融投机从而影响了实体经济发展。20 世纪 80 年代后期，日元国际化所推动的金融自由化和离岸市场发展为大量资金流入短期收益丰厚的日本股票市场和房地产市场提供了便利，却挤占了实体经济的发展空间，日本举国沉浸在股价、地价、汇价会不断上涨的想象中，而此后泡沫破灭所带来的调整却是一个长期且痛苦的过程。相比之下，美元的国际地位则建立在强大的市场力量之上。国际贸易方面，与大宗商品的绑定、尖端科技领域的绝对实力以及规模庞大的最终商品市场共同构筑了美元贸易计价结算领域的地位。国际投融资方面，美国多层次发达的金融市场可以满足不同的投融资需求。贸易计价结算与投融资领域的广泛使用自然而然保证了美元的储备货币地位。欧元虽然是基于一系列协议的政治产物，但欧盟的内部贸易以及同非洲部分地区的贸易联系对欧元有着重要支撑作用，而经济一体化所带来的巨大利益则在欧元的诞生以及当前解决欧元面对种种问题的过程中提供了有效的激励。我国在推进人民币国际化的进程中，应当吸取日元国际化失败的经验教训，坚持市场驱动和企业自主选择，在贸易、投资等领域积极培育非居民对人民币的真实需求，加快提升人民币资产吸引力。此外，我国前期推进人民币国际化过程中也出现了利用离岸和在岸市场套利套汇的情形。因此，人民币国际化过程中要注意改变此前主要由套利投机需求驱动的被动局面，把握人民币国际化应服务于实体经济的这一根本目的，使人民币国际化服务于贸易投资便利化，降低企业汇兑成本，降低我国在美元体系下的风险，使我国从金融大国走向金融强国。

（二）货币国际化过程中要统筹金融开放与金融安全

独立的国家金融政策主权以及主权货币稳定性同一国金融安全水平相联系，主权货币国际化过程中，坚持政策独立，根据经济发展阶段稳慎推进资本项目开放对于金融安全乃至宏观经济稳定至关重要。日本在 20 世纪 80 年代推行日元国际化之时，选择了同美方利益一致的方向即金融自由化，并将建设重点放在了日元离岸金融市场之上。但从当时日本各方面发展情况看，日本在经济金融方面改革尚未完成，此时激进推动金融资本项目开放，对日本的金融安全与经济稳定造成严重冲击。首先，这一时期，日元在国际贸易计价结算领域难以摆脱美元惯性桎梏而发挥更大作用。其次，日本在离岸金融市场的发展过程中，本应同步进行的国内金融市场改革却相对迟滞，以间接融资为主以及根深蒂固的交叉持股机制限制了国内金融市场的发展，因而难以向非居民提供安全的、高流动性的日元资产。最后，政府宏观调控政策频现失误，在泡沫出现时出于日元升值恐惧采取激进的宽松货币政策。因此，在各方面条件尚有欠缺的情况下，日本贸然推进资本项目开放，使包括国际游资在内的大量资金涌入日本股票和房地产市场，对日本金融体系安全和实体经济稳定造成冲击。相比之下，为了保证货币政策独立性以有效应对通货膨胀，德国对于资本市场开放始终较为谨慎，且同样面对德国马克的升值压力，德意志联邦银行坚持了其一贯的反通胀立场，避免了资产泡沫的产生，维护了马克的币值稳定与信誉。随着人民币国际化的发展，我国资本账户的开放水平自然也要相应提高，但在这一过程中应吸取日本的相关教训，结合经济发展阶段与国内金融市场发展水平，稳慎推进资本项目开放，在经济发展初期，适度的资本金融管制更有利于国内金融市场发展，而到了经济发展高水平阶段，推动与经济发展、金融市场建设相一致的国内金融市场高质量、高水平开放则更为适宜。一方面，国内金融机构服务质量显著提升，可以提供满足非居民多元化投资需求的金融产品，保证人民币回流渠道畅通以及有足够能力应对激烈的国际竞争。另一方面，国内宏观审慎和微观审慎监管技术成熟可以有效对跨境资本流动风险进行识别和调控，以保证国家金融安全和经济稳定。

（三）货币国际化需要系统的战略规划

主权货币国际化是一个长期的过程，其中除了需要一国在经济、政治、军事乃至文化实力等各方面强势崛起外，还需要系统的战略规划，从而既可以把握住转瞬即逝的历史机遇，也可以在推进过程中做到有的放矢，及时合理对新的变化作出调整，稳扎稳打实现主权货币国际化的最终目标。美元彻底取代英镑历经数十年，早期国际贸易领域银行承兑汇票的发展、纽约金融市场建设以及第一次世界大战结束后英镑虚弱，共同为美元赢得了与英镑相当的地位，并在拉美区域拥有了较强的影响力。之后美国把握住第二次世界大战结束后绝佳历史机遇一举将美元推向世界顶级国际货币，并在此后借助黄金美元、石油美元、金融市场进一步拓宽美元在国际贸易计价结算、国际投融资活动以及各国储备中的地位，构建起了当前的美元体系，并依靠强大的美军为其保驾护航。而相比之下，日元国际化受外部压力推动明显，缺少系统的战略规划，这使日本错失了日元国际化的历史机遇，且缺乏独立且连贯继承的阶段性目标。20 世纪 70 年代末至 80 年代初，布雷顿森林体系崩溃，国际货币体系动荡，美国货币政策的反复无常引起了各国普遍不满。日本在这一时期经济稳步增长，在科技立国和产业政策转型背景下，汽车、半导体等产业在国际贸易领域具有强大竞争力，这本应是推进日元国际化的绝佳时期，但日本并未采取积极措施。此后，日美贸易摩擦加剧成为推动日元国际化的重要外部因素，一方面体现了日本希望借助金融自由化发展缓和外部冲突的目的；另一方面也体现了日本希望以离岸市场为试点，保持相对封闭的国内市场以减少冲击的渐进式策略，且试图绕过区域化过程直接实现国际化，但在系统规划缺失的情况下，日本忽视了日元此时缺乏来自贸易、金融领域的基础支撑，使日元国际化中套利交易的色彩越发明显。20 世纪 90 年代亚洲金融危机的冲击和欧元的成功诞生使日本对日元国际化的态度更为主动，并积极推进亚洲金融合作，但此前政策失误对经济造成的严重冲击、对于高新技术发展方向的失误判断以及人口老龄化等问题使日本此时已经错失了日元国际化的最佳时期。因此，人民币国际化有赖于系统科学的战略规划设计，即从空间、货币职能和时间等多个维度做好统筹规划，有序推动人民币国际化各阶段目标的实现。空间布局方面应遵循人民币周边化—区域化—全球化的推进策略，在人民币具备了扎实的区域基础之后，进一步推动全球影响力的提升。在货币职能方面遵循先易后难的策略，从绑定大宗商品和碳交易，实现人民币在国际贸易计价结算领域突破，再到借助"一带一路"平台推动人民币投融资货币职能发挥，最后通过高水平金融市场建设和开放提升人民币储备货币地位。最后，要充分意识到，人民币国际化是一个长期过程，应结合人民币国际化在空间布局以及货币职能发展方面的目标，确立人民币国际化短期、中期、长期具体目标，有针对性推动改革发展，最终使人民币成为国际货币体系中的关键货币。

第六章

新时代人民币国际化的战略方案设计

近年来，中国积极推进人民币国际化战略部署，加快人民币跨境结算、本币互换、基础设施等方面建设，取得了显著成效。但不容否认的是，人民币国际化发展存在动力模式"重政策、轻市场""重规模、轻机制"、推进战略不清晰等问题。对此，需要借鉴美元、欧元、日元等发达国家货币国际化的经验教训，紧密结合中国新时代条件与实践要求，优化调整人民币国际化总体方案、原则与路径，高起点谋划人民币国际化战略，使人民币国际化战略设计与国家整体战略部署相一致。本章重点论述了新时代稳慎有序推进人民币国际化总体思路、基本原则与战略框架，提出新时代人民国际化的战略实施路径，同时以"一带一路"建设为载体设计新时代人民币国际化部署，为深入推进人民币国际化发展提供案例支持。

第一节 新时代人民币国际化的总体思路

人民币国际化顺应世界经济发展大趋势，符合中国的长远利益。在国际形势复杂多变的情况下，中国需要明晰人民币国际化总体思路，采取循序渐进的改革路径，分阶段、分区域、分功能地稳慎有序推进人民币国际化战略部署，提升跨境贸易投资自由化与便利化程度，满足境内外市场主体对人民币的计价、结算与投融资等市场需求。

一、新时代中国需要稳慎有序推进人民币国际化

随着 2009 年中国开展贸易投资人民币结算试点，人民币以前所未有的

迅猛态势实现强势崛起，并成为国际货币体系中一股不可忽略的力量。然而，人民币国际化绝非一日之功，需要经历漫长的发展过程。一国货币国际化通常分为三个层次，分别是本币在国际经济交易中被广泛地用来计价结算、在外汇市场上被广泛用作交易货币、成为各国的储备货币和锚货币。当前，人民币总体上处于货币国际化的第一层次，还面临着许多源自内外部的压力与挑战。

在人民币国际化前期实践探索的基础上，中国结合全球主要货币国际化的经验与教训，提出稳步乃至稳慎推进人民币国际化进程。尤其是在党的十九大以后，中国在多重挑战下，坚持"韬光养晦""循序渐进"的发展策略，在稳固人民币国际化现有成果的同时，构建以市场供求为基础、满足实体经济需求的人民币金融服务体系，扩大人民币的国际影响力和话语权。2020 年 11 月，党的十九届五中全会审议通过的《中共中央关于制定国民经济和社会发展第十四个五年规划和二〇三五年远景目标的建议》明确提出，需要"建设高水平开放型经济体制。稳慎推进人民币国际化，坚持市场驱动和企业自主选择，营造以人民币自由使用为基础的新型互利合作关系"。① 2022 年 5 月，中国人民银行在《2022 年第一季度中国货币政策执行报告》中指出，持续稳慎推进人民币国际化，进一步扩大人民币在跨境贸易和投资中的使用，深化对外货币合作，发展离岸人民币市场。开展跨境贸易投资高水平开放试点，提升跨境贸易投资自由化、便利化程度，稳步推进人民币资本项目可兑换。

"稳慎"推进人民币国际化与此前提出的"稳步"推进人民币国际化，从字面上看均突出"稳"字，即采取渐进式改革路径，循序推进人民币国际化改革部署，实现改革、发展和稳定三者之间的平衡与协同。然而，它们彼此之间也存在着细微差别。"稳慎"是"稳妥"与"慎重"的组合，比原来的"稳步"更加多了"稳健"态度。因为人民币国际化不单单是货币金融问题，还关系到实体经济、金融外交、政治博弈等方面，与企业生产、居民生活息息相关。因此，人民币国际化是国家长期战略部署，不可急于求成，需要稳步且慎重地推进落实。总的来说，中国稳慎推进人民币

① 中共中央关于制定国民经济和社会发展第十四个五年规划和二〇三五年远景目标的建议 [EB/OL]. [2020 – 11 – 03]. http://www.gov.cn/zhengce/2020 – 11/03/content_ 5556991. htm.

国际化是基于多方面的考虑。

第一，全球地缘政治冲突日益加剧。主权货币国际化蕴含着巨大的经济利益与政治权利，容易引发国际货币权利的博弈。进入 21 世纪以来，中国经济实现飞速增长，成为世界第二大经济体、第一大贸易国，人民币也随之受到国际社会的关注与认可。中国全方位崛起引来美国的警惕与敌视，尤其是特朗普政府上台之后对华采取强硬措施，制造贸易摩擦、开展科技战等，试图遏制中国经济发展势头、维护美元霸权地位。在贸易领域，美国对从中国进口的 2/3 商品征收新关税，使中国进口商品平均关税税率从 3.1% 上升至 21%。在技术方面，建立产品和技术管制清单，限制可能出口到中国的高新技术产品。在投资方面，强化对中国投资的审查力度，制定 800 亿美元的《芯片与科学法案》，限制半导体公司对华投资，围堵中国半导体行业发展。此外，俄乌冲突打乱全球产业链供应链，使全球能源、交通运输、金融被动卷入困窘，对国际油价、粮价等造成链式效应。由于全球经济面临巨大不确定性，中国自然无法独善其身，需要保持谨慎稳妥的姿态，稳慎推进人民币国际化发展。

第二，满足市场主体的金融需求。肇始于美国的次贷危机对全球经济造成巨大负面冲击，但给人民币国际化创造千载难逢的发展机遇。2009 年以来，中国加快推进人民币国际化部署，实施人民币跨境贸易投资结算，建立本币互换、人民币清算、QFII、RQFII 等机制，释放长久以来被束缚的人民币需求。尽管政策主导下的人民币国际化改革在短期内提升人民币在国际市场的占比，但是大量实践表明市场因素是一国货币实现国际化的核心驱动力。也就是说，人民币国际化从长期来看需要依托市场真实需求，提高市场主体对人民币的认可度与信心，让境内外企业和居民自愿选择使用人民币以及持有人民币资产。对此，中国需要稳慎推进人民币国际化部署，重点从需求侧角度培育与服务人民币的市场需求，通过扩大金融市场开放，完善跨境人民币金融服务，营造良好的政策支持环境，为市场主体的跨境投融资提供便利性，从而促进区域经济一体化发展。

第三，防范系统性金融风险。货币金融理论认为，开放经济体的货币当局在货币政策独立性、固定汇率制度和资本完全自由流动等宏观金融政策目标中只能三者选择其二，即蒙代尔"不可能三角"。一国货币国际化必然面临着跨境资本流动和汇率制度的重大变化，需要对政策目标作出相应的调整，从而防范潜在的金融风险。我国的"十四五"规划指出，当前和今后一个时期是我国各类矛盾和风险的易发期，各种可预见和难以预见的风险因素明显增多。面对复杂多变的内外部环境，我们应坚持底线思维，增强忧患意识，把防范化解风险挑战摆在突出位置，坚决不发生系统性风险，保持经济持续健康发展和社会大局稳定。因此，人民币国际化需要坚持稳中求进的工作总基调，统筹好改革、发展和安全的关系，把风险因素考虑得更深更周全一些，避免在金融创新与市场监管还不完善情况下的过快推进对不同类型资本流动规模和方向产生扭曲作用，防范汇率大起大落引发的重大风险。

近年来，人民币国际化进程有效跨越了国内外经济金融周期变化，经受住了新冠肺炎疫情的重重考验，在全球货币体系中的地位稳中有升。在此背景下，党的二十大报告又提出"有序推进人民币国际化"。这是我国在迈上全面建设社会主义现代化国家新征程、向第二个百年奋斗目标新的赶考之路的关键时期，对人民币国际化部署作出的新判断。它立足于构建新发展格局，通过有序推进人民币国际化来助推更大范围、更宽领域、更深层次的高水平对外开放，进而实现高质量发展。这一新判断与"稳慎推进人民币国际化"一脉相承、相互贯通，是对"稳慎"概念的具体化和操作化，为新时代推进人民币国际化指明了方向，提供了操作指南。有序推进人民币国际化需要结合国内外现实环境，继续秉持"稳慎"基调，遵循货币国际化的一般规律与步骤，坚持效率与安全并举，按照从低级向高级、从周边地区到世界、从短期到长期演进的过程推动人民币国际化走深走实。

二、稳慎有序推进人民币国际化的总体设想

随着中国综合实力的不断增强，人民币在政策推动与市场驱动下不断拓展作为国际货币的空间范围。纵观全球主要货币国际化的实践历程，主权国家货币要想成为国际社会普遍接受的交易货币，将不可避免地遇到许多方面的问题与困难。人民币国际化是一项系统性工程，涉及的内容繁多且影响因素复杂。新时代中国稳慎有序推进人民币国际化，需要坚持系统性思维，明晰总体思路，采取循序渐进的改革路径，分阶段分区域分功能地落实人民币国际化战略部署。对此，结合前人研究和实践经验，分别从

空间演进、职能转换、时间部署、推进方式等方面提出新时代稳慎有序人民币国际化的总体设想，具体如图6-1所示。

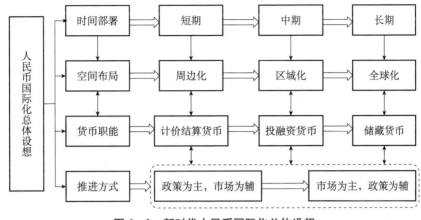

图6-1　新时代人民币国际化总体设想

（一）坚持由近及远的顺序，拓展人民币国际化空间范围

新时代人民币国际化在空间布局上需要按照由近及远的顺序，采用"周边化—区域化—全球化"的"三步走"推进策略。当前，中国与世界上有人民币业务关联的国家数量很多，不同国家或地区对人民币的使用情况存在明显不同。中国周边许多国家属于发展中国家或新兴经济体，它们与中国存在紧密的政治经济联系，并且对中国经济的依赖性较大，人民币在该地区的耕耘时间较长且影响力大。相反，欧美国家位于欧亚大陆西端，与中国的空间距离较远，并且自身发行或惯性使用欧元、美元等强势货币。人民币需要通过长时间的经贸往来和金融合作，逐步扩大人民币的国际影响力，带动人民币在该地区落地生根。因此，中国推进人民币国际化需要采取区域差异化定位，通过"周边化—区域化—全球化"的"三步走"推进策略，由近及远地突破地理空间限制，逐渐拓宽人民币空间范围。

在人民币国际化起始阶段，需要发挥与东盟、中亚等国家和港澳台地区的地理毗邻优势，利用自发的市场贸易、跨境旅游等方式，推动人民币的跨境贸易投资结算，奠定人民币国际化基础。在人民币完成周边化部署之后，需要以"一带一路"倡议为突破口，以区域内多边贸易合作为基石，持续增进中国与贸易伙伴之间的金融合作，扩大人民币在"一带一路"沿线重点国家的使用范围，实现由周边国家拓展到中东、南亚、西亚等亚洲国家。当人民币国际化进入高级阶段后，需要结合国内外经济金融发展情况，逐步在欧洲、美洲、大洋洲、非洲等地开展人民币国际化部署，通过布局金融业分支机构、建立人民币清算银行、离岸人民币市场、资本市场互联互通等途径，为全球持有、使用和储存人民币提供便利性，促进全球货币体系向多极化方向发展。

（二）坚持先易后难的次序，促进人民币国际化货币职能转换

马克思在《资本论》中指出，货币作为一般等价物具有价值尺度、流通手段、贮藏手段、支付手段和世界货币五个职能。其中，价值尺度、流通手段是货币的基本职能，贮藏手段、支付手段是前两个职能的延伸，世界货币是货币前四个职能在世界市场的拓展。新时代中国稳慎推进人民币国际化需要结合货币职能地位，遵从先基本职能后延伸职能的次序，按照"计价结算货币—投融资货币—储备货币和锚货币"的三个阶段推进策略，实现人民币国际化的货币职能转换。

在人民币国际化起始阶段，需要积极依托国内资源、产业、市场、技术等方面比较优势，加强跨境经贸合作与产能互补，引导国内企业"走出去"开展产品贸易和投资建厂，使人民币在跨境贸易投资中发挥计价结算功能。尤其是，在大宗商品交易方面推进人民币计价结算，构建"石油人民币""铁矿石人民币""碳交易人民币"等体系。在人民币国际化中期阶段，依托"一带一路"倡议，结合金砖银行、亚投行和丝路基金等国际性平台，积极为"一带一路"沿线国家建设提供人民币投融资服务，支持沿线国家交通、通信、能源、电力、市政等基础设施项目建设。在人民币国际化高级阶段，通过推进国内金融市场改革与开放、加强国际经济和金融合作等方式，不断完善人民币使用机制，提升人民币在国际货币体系的影响力，吸引国际社会盯住人民币和储备人民币资产。

（三）坚持稳妥有序的节奏，循序推进人民币国际化时间部署

自工业革命以来，全球涌现出英镑、法郎、美元、马克、日元、欧元等少数国际货币，它们通过几十年甚至上百年的发展，才得到国际社会的

普遍接受。中国作为新兴崛起的国家，在经济、金融、社会等方面还面临着诸多尚未解决的问题，需要在渐进式改革中予以解决。党的十九大综合分析国际国内形势和我国发展条件，对全面建成小康社会之后"两步走"战略安排，即 2020～2035 年基本实现社会主义现代化，2035～2050 年建成富强民主文明和谐美丽的社会主义现代化强国。人民币国际化需要结合国家战略部署，遵从稳妥有序的发展节奏，建立"短期—中期—长期"的三个阶段推进路径，分阶段制定人民币国际化的目标与任务，实现人民币的空间拓展与职能转换，进而不断提升人民币的国际影响力。

在短期阶段，人民币国际化需要坚持周边化发展路径，以服务实体经济为宗旨，重点发挥人民在跨境贸易投资的计价结算职能，降低市场交易成本，为跨境经贸往来提供便利性，促进区域经济一体化。在中期阶段，人民币国际化需要以区域化为导向，深化金融供给侧结构性改革，在"一带一路"沿线国家推进人民币国际化布局，重点凸显人民币的投融资货币功能，逐渐形成由中国主导的"一带一路"货币金融体系。在长期阶段，人民币国际化将以建设社会主义现代化经济金融强国为目标，实现金融市场高水平开放，成为国际核心计价、结算和储备货币，提升中国在全球货币体系的话语权，使人民币成为全球范围的关键货币。

（四）坚持市场为主、政策为辅，培育人民币国际化内生动力

近年来人民币国际化在政策推动红利下迅速发展，但是与美元、欧元为代表的"顶级货币"相比，人民币国际化还存在"重政策、轻市场""重规模、轻机制"的局限性。具体表现为：注重从供给侧角度发展人民币国际化，对非居民持有与使用人民币的市场需求关注不足；注重解除对人民币使用的法律法规限制，国内金融市场改革与离岸金融市场发展较为迟缓。随着中国经济由高速增长阶段进入高质量发展阶段，人民币国际化需要借鉴欧美国家货币国际化的成熟经验，加速推进动力机制转变，实现从"政策推动为主、市场驱动为辅"向"市场驱动为主、政策推动为辅"转换，满足跨境贸易投资等市场真实需求，稳慎有序推进人民币国际化发展。

新时代人民币国际化需要有所侧重地发挥市场驱动和政策推动作用，形成"市场驱动为主、政策推动为辅"动力模式。一方面，推进金融供给

侧结构性改革，加快利率市场化和汇率形成机制改革，建立以市场供求为基础、有管理的定价机制，提高金融资源配置效率，促进经济结构转型升级，提高企业竞争力与激发市场活力，培育新时代中国的国际竞争优势。另一方面，在加强内政治理与法治环境建设的同时，积极开展货币金融外交，深化与"一带一路"沿线国家货币金融合作，夯实人民币国际化政治基础，不断提升人民币国际影响力，使其成为跨境贸易投资的关键币种。

根据上述分析，人民币国际化将经历比较长的时间过程，需要在时间维度、空间维度、货币职能维度、推进方式维度等分阶段、有步骤、有策略地推进。然而，这些维度都不是单独的、分割的存在，每个维度存在延续性、交叉性，彼此间是互补、协同的关系。例如，人民币在实现周边化、区域化的过程中，人民币既有可能成为周边国家或地区的结算货币，也会在某些经贸联系与政治互信国家成为投资货币甚至成为储备货币。在人民币实现国际化的过程中，人民币同样也会同时发挥三种货币的职能。在人民币国际化推进方式上，服务市场需求和强化政策驱动是交融补充的关系，协同支持人民币国际化部署。因此，人民币国际化是"时间划分""空间次序""货币职能""推进方式"四个维度的融合，是中国货币实现从初级、中级、高级阶段渐进并且扮演国际货币的过程。

第二节　新时代人民币国际化的基本原则与战略框架

人民币国际化是一项国家重大战略部署，既关系到国内经济社会发展，也对国际经济金融格局构成重大影响。新时代人民币国际化需要采取审慎姿态，结合国内外发展实际，制定人民币国际化基本原则和战略框架，不断扩大人民币的使用范围。

一、人民币国际化的基本原则

（一）坚持服务实体经济原则

实体经济是一国经济社会持续健康发展的坚实基础，也是提升国际竞争力的重要保障。金融是实体经济的血脉，为实体经济服务、支持实体经济发展是金融的天职与宗旨。人民币国际化不是中国经济发展的前提条件，而是推进中国经济发展与扩大对外开放的客观结果。人民币国际化的初衷和出发点是尊重市场需求，服务实体经济发展。近年来，我国在人民币国际化部署过程中不断简政放权，通过实施金融市场开放、货币互换、本币结算以及金融机构海外布局等改革，帮助市场主体规避汇率风险、降低汇兑成本以及提高经营效率，激发市场活力，为经济社会发展提供持续动力。相反，如果人民币国际化脱离服务实体经济功能，它往往会招来国际游资的攻击，导致国内金融市场陷入动荡，进而影响到实体经济健康发展。因此，服务实体经济是新时代人民币国际化的重要原则，对推进市场经济发展与构建"双循环"新发展格局具有重要作用。

（二）坚持渐进式改革原则

由于金融市场具有内在脆弱性，人民币国际化必须处理好金融改革与金融稳定的关系，避免因政策失误对经济造成损害。1978 年以来，中国经济体制改革的重要经验是摒弃苏联、东欧国家试图"毕其功于一役"的激进式改革，通过"摸着石头过河"的渐进式改革，充分吸取主权国家货币国际化的经验和教训，探索适合于我国国情的改革发展路径。由于人民币国际化具有长期性和复杂性，渐进式推进人民币国际化能够坚持稳中求进的工作总基调，在复杂多变的内外部形势下稳住经济发展态势，把体制改革、金融创新及对外开放等政策落到实处，不片面追求高速度、高指标，保障人民币国际化与经济建设、高水平对外开放等实现有机统一与协调发展。因此，新时代人民币国际化需要坚持渐进式改革原则，合理安排好人民币国际化改革次序，走一步算三步，逐步拓宽人民币国际化的空间范围，不断提升人民币的国际影响力。

（三）坚持不发生系统性金融风险原则

人民币国际化不是为了颠覆以美元为主导的国际货币体系，而是在该国际货币体系内降低成本与风险，维护国家安全和国家利益。在"不可能三角"的约束下，中国在推进人民币国际化过程时坚持货币政策独立性与推进金融市场开放，势必面临着资本项目开放带来的跨境资金流动及汇率波动风险。当前，中国的金融市场发展仍然滞后，新时代人民币国际化应与境内金融市场的开放程度、企业的抗风险能力与监管部门的宏观调控能力相适应，坚持不发生系统性金融风险的底线思维，积极对接市场主体的需求，推进人民币政策改革与金融产品创新。同时，积极构建与国际接轨的现代金融政策与监管体系，完善"宏观审慎管理＋微观行为监管"金融风险防控体系，将汇率管理、跨境资金流动作为宏观金融风险管理的主要抓手，有效预警及阻断国际金融风险传播，避免发生金融动荡并对实体经济造成负面冲击。

二、人民币国际化的战略框架

自党的十九大以来，中国对国内外形势进行冷静清醒判断，坚持稳中求进的工作总基调，凝聚改革共识，增强抗风险能力，积小胜为大胜，避免走"回头路"。新时代稳慎有序推进人民币国际化就是要结合国内外实际情况，制定清晰、系统的时间表和路线图，构建全方位、前瞻性的战略规划。具体而言，在战略框架设计上深入推进金融市场改革与对外开放，依托现有国际性组织与跨境合作平台，推动人民币在跨境贸易投资中发挥支付结算、投融资、外汇储备等职能。在战略内容上着力推进金融市场改革与对外开放，建设大宗商品人民币定价结算机制，加强人民币国际化与"一带一路"倡议紧密衔接，构建以跨国企业为核心的全球产业链，助推人民币国际化"行稳致远"。

（一）人民币国际化战略框架设计

未来人民币国际化应当是国内、国际两条腿走路，宏观、微观协同推进，构建清晰有效的战略框架。在国内层面，人民币国际化要更加注重金融市场改革，完善人民币汇率形成机制，丰富人民币金融产品与服务，满足跨境贸易投资中市场主体的人民币需求。在国际层面，人民币国际化积极依托国际性金融组织和区域合作平台，深入推进货币互换、人民币结算、人民币离岸市场建设等领域合作，形成全球人民币循环体系，吸引国际社会使用人民币和持有人民币金融资产。

在国内层面，人民币国际化战略重点在于构建完善的金融市场秩序，通过深化金融市场改革与对外开放，打造以人民币金融资产为核心资产的国际金融中心，为拓展人民币国际空间奠定坚实基础。深化汇率市场化改革是人民币国际化必修课，需要改进汇率调控方式，完善汇率中间价，增强汇率弹性，有序实现人民币资本项目可兑换，保持人民币汇率在合理均衡水平上的基本稳定，不断提高人民币的国际影响力和接受度。加快在岸的股票、债券等金融市场改革，实现离岸金融市场和在岸金融市场融合，为跨国投资、企业贸易等经济活动提供人民币金融服务。同时，加强对跨境资本流动监测，积极应对大规模资本流向反转，保障对外经贸投资活动、国际资本流动平稳有序。

在国际层面，人民币国际化部署需要加强与"一带一路"倡议协同配合，依托上海合作组织、东盟"10＋1"、区域全面经济伙伴关系协定（RCEP）等国际性组织，助力中国与东南亚、中亚、南亚、西亚、欧洲等地区对接，签订区域自由贸易协定，开展能源、交通、通信、贸易、投资、金融等领域合作，实现中国与"一带一路"沿线国家的贸易投资一体化，构建和衷共济、互利共赢的利益共同体。同时，发挥亚洲基础设施投资银行、金砖国家新开发银行、丝路基金等国际金融平台作用，结合人民币纳入特别提款权（SDR）货币篮子的有利条件，引导企业和居民在跨境贸易投资中更多地使用人民币，提高人民币在国际货币体系中的市场份额。中国需要对不同国家、不同领域采取差异化的政策，循序渐进地扩大区域合作范围、深化区域合作内容，稳步提升人民币的国际影响力和认可度。

（二）人民币国际化战略内容

在 2009 年全球金融危机爆发之后，中国开始大力推进人民币国际化政策部署，并在短时间内取得突出成效。在 2016 年之后的一段时间，人民币国际化进程显著放缓、甚至出现了一定程度的逆转。这种进程的反复从表面上是人民币汇率贬值、中美利差收窄的结果，但究其本质与人民币国际化战略部署密不可分。这需要在人民币战略框架下推进金融市场改革与对外开放、构建大宗商品与碳交易人民币计价结算机制、发挥"一带一路"倡议的载体作用、以跨国企业为核心推进人民币国际化等，使未来的人民币国际化进程变得更加平稳且可持续。

第一，推进金融市场改革与对外开放。金融市场是一国实现货币国际流通的重要载体。美国、英国、德国金融市场开放均在不同程度上推动了本国货币的国际化。中国应以国内资本市场改革促进资本项目走向开放，完善利率市场化和汇率形成机制，优化货币政策调控和监管体系，推进银行业、保险业、证券业以及外汇市场、债券市场、股票市场对外开放，拓宽外资参与境内金融市场活动的渠道和方式，促进更多市场主体在国际贸易投资中自由使用人民币。2021 年 1 ~ 10 月，境外投资者通过 QFII、沪深股通等渠道累计净流入约 2 409.76 亿元。截至 2021 年 10 月末，外资持有 A 股流通市值 3.67 万亿元，占比约 4.97%；国际投资者持有中国债券规模达 3.9 万亿元①。在当前全球"宽货币、低利率"时代，中国以人民币国际化为核心的金融市场改革与开放将构建高水平对外开放新格局，建设以人民币金融资产为基础的国际金融中心，促进中国与全球金融市场的互联互通，并向全球提供人民币"全球公共产品"②。

第二，构建大宗商品和碳交易人民币计价结算机制。20 世纪 70 年代，布雷顿森林体系解体导致黄金美元时代的终结，在美元超发情况下要想保持美元霸权地位，美国需要在黄金之外重新寻找"稳定锚"。1974 年，美国与沙特阿拉伯签订了《不可动摇协议》，后者同意将美元作为石油出口唯一定价货币和支付货币，让石油代替黄金成为美元霸权的新基石。"石油美元"对中国推进人民币国际化、构筑人民币价值基础具有重要借鉴价值。中国是世界上超级大工厂，每年需要从全世界进口、消费大量的能源、矿产等资源，而中东、西亚、非洲等"一带一路"沿线国家富集石油、天然气、矿产等自然资源，彼此之间存在紧密的产能供需合作空间。中国与资源富集国家的能源资源贸易采取人民币计价结算，不仅有助于建立能源、矿产等资源的人民币定价机制，提升人民币在能源、资源领域的计价结算地位，同时可以规避美元汇率波动风险，保障中国能源安全。由于"石油美元"是美元本位制的重要基石，人民币在石油、天然气等大宗商品贸易领域的计价结算将会对美元国际地位构成重大威胁。这就需要以政治经济联系紧密的国家为突破口，逐渐扩大人民币大宗商品定价和结算

---

① 中国人民银行. 金融市场对外开放取得新进展：中国国债正式纳入富时世界国债指数 [EB/OL]. [2021 - 10 - 29]. http://www.gov.cn/xinwen/2021 - 10/29/content_ 5647664. htm.

② 张琼斯. 陆磊：推动以人民币国际化为核心的高水平金融开放 [EB/OL]. [2020 - 08 - 31]. https://news.cnstock.com/news, bwkx - 202008 - 4586230. htm.

的范围。在能源、矿产品、农产品等消费与进口规模庞大的产品上率先实施人民币计价产品，建立相应的商品期货交易市场，将人民币定价机制推向全球，满足境外企业和居民的人民币投资需求。此外，全球经济低碳发展推动碳交易成为大宗商品交易的重要一员。基于我国 2020 年提出的"双碳"目标及我国在全球碳交易中的重要角色，推动碳交易人民币计价结算，将为人民币大宗商品计价结算创造新的契机。

第三，以"一带一路"为载体推进人民币国际化。党的十九大报告提出，以"一带一路"建设为重点，遵循共商共建共享原则，加强创新能力开放合作，形成陆海内外联动、东西双向互济的开放格局。党的二十大报告指出，推动共建"一带一路"高质量发展。"一带一路"沿线国家大多是新兴经济、发展中国家，其资源储备丰富、交通设施建设滞后，中国与"一带一路"沿线国家之间存在巨大的经济互补性、技术对接性以及产业转移梯度性。人民币国际化是"一带一路"建设中货币金融合作的重要组成部分，不仅是深化区域贸易投资合作、促进基础设施建设的血脉，而且是构建更深层次开放型经济、参与全球金融治理的基础性制度供给。因此，中国需要依托"一带一路"的"五通"合作平台，发挥政策性金融、开发性金融的先导作用，带动金融机构"走出去"，通过贷款、担保、联合融资等多种方式，为跨境贸易投资提供人民币计价结算服务，支持海外重点项目孵化和启动，有效培育人民币海外真实需求，填补"一带一路"建设的资金供需缺口，最终形成由中国主导的"一带一路"区域货币金融体系。

第四，以跨国企业为核心推进人民币国际化。人民币国际化在借鉴美元、欧元成功经验的同时，不能忽略日元国际化的前车之鉴。日元国际化存在贸易结算地位低的问题，其原因是日本采取"贸易结算 + 离岸中心"的模式，该模式更容易被套利动机所主导，无助于培育海外关于日元的真实需求，造成资本输出主要用于金融投资或金融投机，没有建立以本国跨国企业为核心全球产业链（殷剑锋，2011）。跨国公司是一国对外贸易投资的主要参与者，其国际化进程会影响对外贸易投资体量，进而对货币国际化产生推动作用。改革开放以来，中国积极参与全球贸易体系，秉持平等互利原则与世界各国开展经济社会人文合作，支持国内有条件的企业"走出去"，实现区域经济互补与产业转型升级。2021 年，中国企业在

"一带一路"沿线对 57 个国家非金融类直接投资 1 309.7 亿元人民币,同比增长 6.7%;在"一带一路"沿线的 60 个国家新签对外承包工程项目合同 6 257 份,新签合同额 8 647.6 亿元人民币,完成营业额 5 785.7 亿元人民币[①]。随着我国金融业对外开放不断加速,越来越多的中国企业迈入与占据全球产业链的中高端,选择人民币作为跨境贸易投资的支付结算与投融资货币,不断提高人民币的国际影响力。例如,东盟国家是中国推进人民币国际化的典型缩影。2020 年,中国—东盟历史性地成为最大贸易伙伴,中国—东盟进出口总额达 4.74 万亿元,东盟国家人民币跨境流动总规模累计达 4.15 万亿元,同比增长 72.4%[②]。因此,跨国企业是稳步推进人民币国际化的重要载体和核心力量。

第三节　新时代人民币国际化的战略实施路径[③]

新时代是中国决胜全面建成小康社会、进而全面建成社会主义现代化强国的时代,人民币国际化承载着助力经济高质量发展、建立高层次开放型经济与构建人类命运共同体的重要使命。新时代中国亟须结合人民币国际化总体思路、原则与战略框架,坚持循序渐进、服务实体经济以及守住风险底线原则,分阶段有步骤推进人民币国际化目标、任务与步骤,构建人民币国际化宏伟蓝图。在短期阶段,人民币国际化以东盟、中亚等周边国家和港澳台地区为重点,发挥人民币的计价结算作用;在中期阶段,强化人民币在亚洲地区以及"一带一路"重点国家布局,发挥人民币的投融资功能;在长期阶段,人民币国际化空间布局从亚洲地区拓展到全球范围,吸引国际社会将人民币纳入资产储备,持续提升人民币国际影响力。

---

① 2021 年我对"一带一路"沿线国家投资合作情况［EB/OL］.［2022 - 01 - 24］. http://www.mofcom.gov.cn/article/tongjiziliao/dgzz/202201/20220103239000.shtml.

② 广西金融学会发布《2021 年人民币东盟国家使用报告》［EB/OL］.［2021 - 12 - 24］. http://asean.mofcom.gov.cn/article/jmxw/202112/20211203231629.shtml.

③ 本部分是项目研究的阶段性成果。笔者以"新时代人民币国际化的推进路径研究"为题,发表于《现代经济探讨》2020 年第 10 期,在此略有删减。

一、短期目标：服务实体经济，逐步摆脱美元"陷阱"

当前人民币国际化还处于初始与起步阶段，其功能主要是为跨境贸易投资提供便利化服务，降低市场交易成本。这就需要在经济金融合作紧密的东南亚、中亚等周边国家率先推进人民币国际化部署，加强中国与周边国家或地区经贸金融合作，促进金融机构海外布局、建立人民币清算行，为境外企业和居民开办人民币存款、兑换、汇款和银行卡业务，满足跨境贸易投资的人民币支付结算需求，为跨境贸易投资提供便利条件，促进区域经济一体化。

（一）推进跨境贸易人民币结算

跨境贸易是人民币结算的重要载体。凯恩斯的货币需求理论认为，人们的持币需求包括交易性需求，预防性需求和投机性需求三大类。其中，交易性需求是最基本的需求，是由人们对商品和服务的需求所引致的货币需求。当前，中国已经成为世界第二大经济体、第一大货币贸易国。2021年，我国的货物贸易进出口总值达到39.1万亿元人民币，同比增长21.4%。跨境贸易在深化国际产能合作的同时，带动人民币跨境贸易支付结算。2020年，货物贸易人民币跨境收付金额合计为4.78万亿元，同比增长12.7%，占同期本外币跨境收付的14.8%，较上年提高1.4个百分点。

为深入发挥人民币的贸易结算功能，中国需要从三个方面入手：一是实施更深层次对外开放。高层次对外开放不仅要深化商品、服务、资金、人才等要素自由流动，而且要稳步实现规则、标准、管理等制度型开放。对此，中国需要以构建国内国际双循环新发展格局为指引，建立与国际通行规则相衔接的制度体系和监管模式，建立健全跨境服务贸易负面清单管理制度，营造更加市场化、法治化、国际化的营商环境，为促进跨境贸易与推进人民币结算提供制度保障①。二是扩大国际贸易规模。依托我国超大规模市场、资金技术积累等优势，促进国际产能合作，不断提升对外贸

①　刘江宁. 加快构建开放型经济新体制 实行高水平对外开放［EB/OL］.［2022－03－24］. http：//opinion. people. com. cn/BIG5/n1/2022/0324/c1003－32382573. html.

易规模，在市场驱动与企业选择下促进人民币自由使用、支付结算，降低企业汇兑风险与成本。其中，着力发挥跨国企业在跨境贸易中的积极作用，带动国内外资源整合、优势互补，持续推进跨境贸易发展。三是提升产业竞争优势。坚持供给侧结构性改革为主线，依托新一轮科技革命，推进传统产业转型与新兴产业发展，提升产业的附加值与竞争力，占据产业链和价值链的高端。这不仅有助于强化中国对外贸易的话语权与贸易议价能力，扩大对人民币币种的选择权，而且提升企业应对汇率波动风险能力，巩固人民币周边化的市场基础，使人民币成为周边国家或地区的硬通货。

（二）拓展跨境人民币贷款业务

"一带一路"沿线国家和地区基础设施普遍滞后，缺乏充足的建设资金，严重制约当地经济社会发展。根据《"一带一路"国家基础设施发展指数报告（2021）》，随着世界主要经济体推出量化宽松财政与货币政策，2021年"一带一路"国际基础设施发展总指数止跌回升，基础设施行业显示出恢复性发展趋势。总体来说，"一带一路"沿线国家和地区基础设施建设还存在较大资金缺口。据亚开行预测，2010～2020年，亚洲各经济体基础设施建设投资需要8万亿美元，资金供需缺口巨大。中国不仅在交通、电力、通信等基建领域拥有技术优势、人才储备与管理经验，而且拥有巨额的外汇储备。中国与"一带一路"沿线国家和地区之间存在巨大的合作空间，通过海外投资、建设产业园区等为境外企业提供人民币贷款，促进国际产能互补，带动人民币流出海外。

对此，中国需要积极发挥亚洲基础设施投资银行、金砖国家新开发银行、丝路基金等国际性金融机构作用，结合"一带一路"沿线国家和地区基础设施等领域建设需求，创新人民币信贷品种，拓展银团贷款、并购贷款、出口信贷、贸易融资等人民币融资产品，扩大人民币专项贷款规模。2017年，中国国家开发银行与埃及主要商业银行阿拉伯国际银行签订2.6亿元人民币专项贷款，用于支持埃及交通、电力、能源、通信、农业等领域项目建设。扩大人民币贷款覆盖范围。当前，人民币贷款主要集中在周边国家或地区。截至2020年末，中国主要的离岸市场人民币贷款余额为5 285.49亿元，中国香港、新加坡、中国澳门人民币贷款余额分别位列前三名，其占比达到71%①。未来需要进一步扩大人民币贷款的辐射范围，深化中国与其他国家和地区的金融合作，助力区域经济一体化。完善人民币贷款定价形成机制。完善贷款市场报价利率（LPR）形成机制，满足不同项目建设的贷款定价需求，促进中国与周边国家和地区基础设施互联互通，促进跨境贸易投资便利化，发挥人民币计价结算、投融资职能。

（三）推动人民币大宗商品和碳交易计价与结算

随着经济体量与对外贸易规模快速增长，中国成为石油、天然气、铁矿石等国际大宗商品的主要进口国和消费国。当前，国际大宗商品交易仍然主要盯住美英交易所的美元价格，使中国企业陷入价格接受者的被动局面。例如，国际石油贸易80%采用美元计价结算，但美元量化宽松或紧缩政策常常造成大宗商品价格剧烈波动。为削弱美元定价对国际大宗商品价格的影响，中国先后在上海期货交易所挂牌交易人民币计价的国际化期货品种原油期货合约、铁矿石期货合约，提升大宗商品人民币计价结算地位。2020年，上海期货交易所人民币原油期货交易量全年累计成交4 158.58万手，累计成交金额11.96万亿元，日均成交17.11万手。煤炭和石油作为工业发展进程中发挥过关键作用的传统的化石能源，同样成就了英镑和美元的国际货币地位。当前随着全球气候变化威胁加剧，节能低碳发展理念成为国际社会共识，因此碳交易在国际大宗商品贸易中的地位也越发重要。把握我国双碳政策背景下的巨大市场规模影响力，推动碳交易人民币计价结算将极大提高人民币在全球新能源结构下的国际地位。2021年7月，我国发电行业全国碳排放交易市场上线交易，首批纳入企业碳排放量约为45亿吨，是全球规模最大的碳市场②。经过一年稳定运行，截至2022年7月，中国碳排放配额累计成交量超1.94亿吨，累计成交额近85亿元人民币③。

总体来说，中国在大宗商品人民币计价结算上正在取得积极成效，但

---

① 中国人民银行. 2021年人民币国际化报告 ［R］. 2021.
② 王洋. 全国碳排放权交易市场将启动上线交易选择发电行业为突破口 ［EB/OL］. ［2021 - 07 - 16］. http：//www. gov. cn/zhengce/2021 - 07/16/content_ 5625373. htm.
③ 全国碳市场启动一年来累计成交额近85亿元 碳排放配额累计成交量达1.94亿吨 ［EB/OL］. ［2022 - 08 - 05］. http：//www. nea. gov. cn/2022 - 08/05/c_ 1310650391. htm.

还须积极采取措施，建立大宗商品人民币期货市场，掌控大宗商品的人民币定价权。一是加快国内商品期货市场发展。由于国际大宗商品价格主要由期货市场主导定价，中国需要围绕能源、农产品、矿产品等消费量和进口量大的产品进行人民币计价结算，丰富人民币计价的期货交易品种，引入境外交易者，完善交易报价机制，降低交易成本，提高市场运作效率。二是循序渐进地推进大宗商品人民币计价。积极开展对外经济金融合作，加强与大宗商品重要生产国协作，分国家有重点地推进人民币计价结算机制，逐步提升人民币大宗商品定价影响力，扩大人民币计价结算范围。例如，在石油贸易上加强与沙特阿拉伯、俄罗斯、伊朗、委内瑞拉等石油生产国合作，使用人民币作为计价结算货币，逐步摆脱对美元定价的依赖。三是做好相关的配套机制设计。结合美元、马克等国际化经验，需要建立人民币流出与回流机制，通过推进金融市场开放，促进国内外金融市场融通，满足境外人民币资产的投资需求，促进人民币在海外实现良性循环。四是完善碳排放交易市场建设。从碳排放交易的相关法律规则、交易制度等方面出发进一步完善全国碳排放交易市场发展，将更多行业纳入碳交易市场中，进一步扩大我国在全球碳交易活动中的影响力。借鉴欧盟经验，在碳排放配额现货交易基础上，加大碳价格指数以及各类以碳交易为标的的金融衍生产品开发力度，将我国碳交易市场打造为全球性市场，为人民币锚定碳交易提供坚实支撑，从而进一步提升人民币的国际影响力。

（四）扩大货币互换规模和范围

货币互换最早可追溯至 20 世纪 60 年代，美联储与法国央行签署了双边货币互换协议，旨在维持布雷顿森林体系下美元兑黄金比价、美元兑其他货币汇率的稳定。亚洲金融危机爆发后，东亚国家深感外汇储备的重要性以及向 IMF 等国际金融组织求援的被动，由中日韩与东盟 10 国在泰国清迈达成建立"双边货币互换机制"的共识，以应对短期流动性需求，抵御金融危机所带来的风险。货币互换是人民币尚未实现资本项目可兑换情况下推进人民币国际化的重要手段。目前，我国已经与许多国家或地区开展货币互换，推动人民币走出海外，支持跨境贸易人民币结算和跨境投资人民币投融资。截至 2021 年末，中国人民银行与累计 40 个国家和地区的中央银行或货币当局签署过双边本币互换协议，总金额超过 4.02 万亿元，有效金额 3.54 万亿①。

当前，人民币互换主要集中在亚洲地区、"一带一路"沿线国家，截至 2021 年末中国与 22 个 "一带一路" 沿线国家和地区签署了双边本币互换协议②。这跟中国优先强化与周边国家或地区经济金融合作有密切关系。下一步，中国需要借助中国—东盟 "10＋1"、上海合作组织、金砖国家新开发银行等平台，将货币互换从周边国家扩展开来，扩大人民币境外供给与流通规模，助推跨境贸易与投资发展，培育境外企业和个人使用人民币的习惯，推进人民币国际化向深层次发展。此外，在货币互换的使用功能方面，在必要时需要主动激活货币互换协议，推动货币互换从目前紧急救援模式向日常交易模式转换，制定灵活性制度安排，在货币互换协议中融入能源、原材料等大宗商品采购使用人民币计价结算等条件，强化跨境贸易投资的人民币使用，进一步巩固人民币国际化基础。

二、中期目标：基本实现金融系统现代化，构建中国主导的"一带一路"区域货币金融体系

随着人民币国际化的经济贸易基础逐渐牢固，在中期阶段需要以现代金融系统建设为着力点，深化金融体系改革，构建多层次广覆盖的资本市场，建立现代金融基础设施与安全网，增进中国与"一带一路"重点国家的金融合作，着力发挥人民币的投资货币功能，形成由中国主导的"一带一路"区域货币金融体系。

（一）推动金融机构"走出去"，更好地服务中资企业

金融机构"走出去"是经济全球化的必然结果，也是金融服务涉外企业、促进人民币国际化的必然要求。2021 年 9 月，中国银行保险监督管理委员会副主席周亮在 2021 中国国际金融年度论坛上表示，"稳步实施金融业走出去，鼓励中资金融机构在'一带一路'沿线国家优化布局，强化服务，倡导联合授信、银团融资、共担风险、共享利益。"随着越来越多的

---

① 2022 年人民币国际化报告 ［EB/OL］. ［2022－09－24］. http：//www.gov.cn/xinwen/2022－09/24/5711660/files/003e0bd04d4742a5a06869fdc37ea8c8.pdf.

② 曹家宁. 外媒关注："一带一路"沿线国家人民币结算增多 ［EB/OL］. ［2022－10－08］. https：//www.yidaiyilu.gov.cn/xwzx/hwxw/282610.htm.

国内企业开拓海外市场,跨国企业亟须金融机构提供产业链供应链融资服务、大型成套设备出口融资担保等支持。例如,美国、德国、日本等发达国家均立法确立政策性金融机构的基本职责,紧跟国家战略部署,支持国内企业"走出去",为企业创造良好的投融资环境。尽管新冠肺炎疫情和反全球化思潮对国际金融合作造成了冲击,但中国金融机构特别是国有大行,不断扩大海外布局,提升国际化经营水平,为涉外企业、境外产业园提供金融服务。截至2019年末,共有23家中资银行在71个国家和地区设立了1 400多家分支机构,其中一级机构276家;共有12家中资保险公司在10个国家和地区设立了41家营业性机构。

未来中国需要积极推动中资金融机构"走出去",更好地服务中资企业。一是金融机构练好"内功",提高自身专业能力,加强国际型人才储备,充分了解当地市场的法律环境,开展尽职调查,为中资跨国企业向东道国投资提供重要的市场、政策、法律等风险识别预警。二是金融机构实现战略转型,通过并购、合营、自建等方式"走出去",加强与多边金融机构、政策性银行等合作,促进金融服务国际对接与人民币金融产品创新。针对"一带一路"重点国家经济社会特点,采取"因国施策"举措,创新跨境结算、跨境融资、跨境电子商务等人民币金融服务,促进人民币资本与产业技术深度融合。三是通过互联网、移动通信等技术,推进金融业数字化转型,打破金融服务的时空制约,创新个性化、差异化的人民币金融产品,推进"一带一路"建设向纵深方向发展。充分利用金融科技和大数据等技术,提升跨境资金流动监测等能力,努力降低海外投融资风险。

(二)构建多层次资本市场,形成人民币金融产品交易网络

构建多层次资本市场体系有助于提高金融市场深广度,强化金融与实体经济高水平循环的适配性,进而推进经济高质量发展与人民币国际化。近年来,中国资本市场改革发展成果突出,已经形成包括主板、科创板、中小板、创业板、新三板、区域股权市场、私募股权市场以及债券市场和期货市场在内的资本市场体系,推行注册制改革,丰富债券、期货等金融产品与服务,形成人民币金融产品交易网络,促进人民币国际化发展。截至2020年末,境外主体持有人民币股票达到3.4万亿元,债券13.3万亿元，同比分别增长62%、47%。

对此，中国需要继续采取措施，构筑更具包容性适应性的多层次资本市场体系。一是继续深化金融供给侧结构性改革，对金融市场体系进行结构性调整，优化银行业金融机构的信贷结构，提高市场直接融资比重，发挥资本市场服务实体经济高质量发展的枢纽作用，实现企业在资本市场上的优胜劣汰和要素资源的市场化最优分配。二是推进股票、债券发行交易制度改革，完善创业板、新三板融资制度，促进区域性股权市场规范发展，探索构建多层次资本市场之间的转板机制，提高市场整体流动性和服务功能，丰富人民币金融产品与服务，促进市场长期平稳健康发展。三是推动金融市场对外开放，扩大人民币波动区间与弹性，逐步取消对外金融业务限制，实现在岸与离岸金融市场互联互通，形成人民币有序流出与回流机制，扩大人民币金融产品在国际市场的规模、市场主体范围，发挥人民币金融产品交易网络效应，增强人民币国际化的市场驱动力。

（三）建立现代化金融基础设施，构筑人民币跨境交易"高速公路"

金融基础设施是境内外金融市场实现互联互通的重要设施与制度安排，能够给人民币跨境支付、清算和结算交易提供顺畅的流出回流通道，提升人民币支付结算、投融资效率，维护人民币国际化安全。我国金融开放起步时间总体较晚，金融基础设施建设仍不完善，需要加快补齐相关短板，为金融市场开放、人民币国际化打好坚实的基础。

一是加强以人民币支付结算体系为核心的金融基础设施建设。利用"一带一路"建设契机，在"一带一路"重点国家建立境外人民币清算行，拓宽境内代理行渠道，形成人民币清算网络，便利跨境人民币贸易与投资清算。支持境外机构开设人民币银行结算账户，提高境外机构持有与交易人民币的便利性，扩大人民币海外资金池。二是完善人民币跨境支付系统（CIPS）。在全球范围尤其是"一带一路"重点国家，提供支付清算的技术标准和接口标准，扩大CIPS系统覆盖范围，提高人民币清算、结算效率，降低人民币跨境支付结算成本，满足"一带一路"各主要时区人民币业务发展的需要。吸取俄乌冲突下西方国家对俄罗斯金融制裁的教训，降低对SWIFT国际资金清算系统的依赖，维护跨境人民币支付清算安全。三是大力推进数字货币发展。加强区块链、人工智能等技术在人民币支付结算基础设施和数字货币的应用研究，以支付结算系统和数字货币为突破口，推进大宗商品数字结算，提高人民币的国际话语权与定价权，加强数字货币与跨境贸易投资结合，支持全球电子商务贸易发展，拓展人民币跨境支付的使用空间。

（四）构建金融安全网，建立符合现代金融特点、统筹协调的金融监管和调控体系

根据蒙代尔提出的"不可能三角"，人民币国际化程度不断提升势必使我国面临宏观金融政策调整及其宏观金融风险的严峻考验，包括资本自由流动、汇率波动等风险，对国家金融安全构成重要影响。总体而言，当前中国金融系统运行整体稳健，金融风险收敛且可控，但俄乌冲突、中美博弈等因素使中国金融发展面临不少风险和挑战。

对此，中国需要认真研判国内外局势变化，坚持金融供给侧结构性改革，坚持底线思维与问题导向，全面加强金融监管，科学防范与化解金融风险，不断提高金融业的内在竞争能力与抗风险能力，实现金融与实体经济良性循环，为人民币国际化保驾护航。一是深化国内金融机构改革。以强化公司治理为核心，建立中国特色现代金融企业制度，更好地服务实体经济发展。同时，强化审慎合规经营理念，推动金融机构切实承担起风险管理责任，健全市场化、法治化违约处置机制，提升我国金融系统的内在活力与竞争力①。二是搭建跨境金融监管合作平台。依托现有上海合作组织、"一带一路"国际合作高峰论坛等平台，推动建立双多边金融合作机制，定期召开金融监管会议，对全球性、区域性的热点焦点问题进行磋商，共同维护区域金融安全，促进人民币国际化平稳发展。三是加强区域金融监管政策协调。在相互尊重差异化制度的基础上，加强各监管当局间的政策沟通协调，扩大对关键信息的共享范围，强化在重大问题上的政策一致性，形成金融监管强大合力，共同应对大规模国际游资流动等所带来

---

① 习近平：做好金融工作 维护金融安全 [EB/OL].[2017-04-26]. http://cpc.people.com.cn/n1/2017/0426/c64094-29238555.html.

的风险。四是建立跨境金融风险预警与处置机制。加强对中国与"一带一路"重点国家之间风险识别与预警，对各类金融风险进行有效分析、监测和预警，及时发现风险隐患，确保区域金融安全稳健运行。完善跨境金融风险应对和危机处置制度安排，有效运用金融风险管理工具，可控地释放金融风险，共同维护区域金融稳定，为人民币国际化营造良好环境。

三、长期目标：建成社会主义现代化经济金融强国，扮演全球银行角色

随着人民币国际化经济金融基础不断夯实，在长期阶段需要以建设社会主义现代化经济金融强国为目标，积极参与国际金融体系改革和创建，加快国际金融中心建设，促进汇率政策协调，在全球建立若干人民币交易中心，着力发挥人民币的储藏职能，实现区域经济金融一体化。

（一）参与国际金融治理，扩大人民币国际影响力

改革开放以来，中国不仅积极融入国际贸易体系，而且致力于加入国际货币体系，参与国际金融治理。在全球金融危机余波未消、中美激烈博弈的背景下，高度依赖美元的国际货币体系引发了全球对经济安全和经济效率的双重忧虑。中国需要积极开展了一系列货币金融外交活动，参与到国际货币金融体系的"改革"和"建制"，提升人民币国际影响力，维护国家金融安全稳定。

一方面，参与国际货币体系改革。完善超主权货币（SDR）职能及其机制，夯实人民币的储备货币地位。优化调整 SDR 篮子货币的选择标准和权重计算方式，尝试在出口、外汇储备之外增加 GDP 标准，提升人民币在篮子货币的权重。不断优化与完善 SDR 的国际货币功能，突破既有制度约束，发挥 SDR 的计价货币职能，建立 SDR 与主要货币的清算机制，更好地服务经济发展与金融稳定大局。另一方面，推动区域货币合作。在多边层面，依托金砖机制、中国—东盟"10 + 1"机制和上海合作组织等区域性制度平台，努力推动区域性货币合作，建立与中国综合实力相匹配的人民币国际影响力。在双边层面，与经贸往来紧密、政治关系良好的国家深入开展货币外交，开展金融机构互设、货币互换、本币结算、资本市场对

接、资产储备等合作，建立庞大的人民币交易网络，便利人民币海外流通，提升人民币的国际地位。

（二）加快国际金融中心建设，推动中国扮演全球银行角色

历史经验表明，货币国际化与国际金融中心建设是相辅相成的，存在较大的同步关系。一方面，国际金融中心为货币国际化提供必不可少的市场平台；另一方面，货币国际化是国际金融中心建设的重要货币条件。随着中国经济实力与人民币国际化程度不断提升，越来越多的境外企业和居民青睐人民币资产，热衷于投资和交易人民币资产。然而，目前中国金融市场仅对一部分全球性的大机构投资者开放，普通非居民还无法直接投资人民币资产。为了更好地推进人民币国际化，中国需要在既有金融体系上构建国际金融中心，完善金融要素市场，完善金融生态链，建立人民币资产定价、风险管理、投融资等中心，为人民币国际使用和投资提供了坚实保障。

具体而言，在上海、深圳等地建立国际金融中心，进一步推进金融市场开放，加强人民币离岸金融市场合作，促进人民币金融产品创新与跨境资本流动，提升国际金融中心的竞争力与影响力，促进人民币国际化发展。一是建立功能完善的金融机构体系。对标国际标准，建立国际一流金融发展环境，吸引各类总部型、功能性金融机构集聚发展，建立门类齐全、功能完善的金融机构体系，发挥金融机构的聚集效应，拓展金融市场的广度和深度，扮演全球银行角色，提升人民币的国际影响力。二是发挥人民币资产定价功能。着力推进国内期货市场建设，丰富人民币产品与工具，加快金融市场交易、服务、咨询等配套建设，提高人民币支付结算效率，引入境外投资者，提升人民币产品和大宗商品定价能力，使上海、深圳发展成为全球人民币产品交易主平台和定价中心，打造石油、铜、碳交易等大宗商品的"中国价格"，满足全球人民币资产投资者的需求。三是加强人民币金融资产风险管理。完善人民币产品和风险对冲工具，大力推进人民币衍生工具的创新和市场建设，积极发展各类人民币金融衍生产品，有序推进人民币资本项目可兑换，加强金融风险监测和管理，探索基于大数据等技术的穿透式监管和监管方法，有效监测人民币金融资产的流动。四是打造人民币跨境投融资中心。依托"一带一路"建设形成海外重

大项目投融资契机，推动境外机构和企业在国内金融市场融资，支持符合条件的境外机构和企业发行人民币债券。加强与世界银行、亚投行、金砖国家新开发银行等多边金融组织合作，通过政策性、开发性金融和商业金融相结合的模式，推进中外产能合作，进一步扩大人民币的国际使用范围。

（三）协调汇率制度，促进相关国家（地区）汇率制度趋同

汇率既是国际金融市场上本币与外币的相对价格，又是本国贸易品与非贸易品之间的相对价格。汇率政策及其所决定的汇率走势和市场预期对货币国际化进程有显著影响。例如，欧洲货币汇率联动机制以及渐进式升值汇率政策，有效稳定马克汇率，推动马克国际化的进程；日元在签订《广场协议》后快速升值，导致其国内资产泡沫，进而影响到日元国际化进程。随着人民币国际化向纵深方向发展，中国不仅需要积极推进国内汇率制度改革与金融创新，降低汇率波动风险，同时在"一带一路"倡议下，中国需要加强与沿线国家（地区）的经济金融合作，推进人民币货币区形成与发展，使人民币成为全球范围的主导货币。

一是深化汇率市场化改革。推进人民币汇率形成机制改革，建立由市场供求决定的浮动汇率制度，进一步完善外汇衍生品市场，满足市场主体风险管理和套期保值的需求。增强政策沟通和透明度，有效引导市场预期，保持人民币汇率在合理均衡水平上基本稳定。二是加强区域货币政策协调。结合区域经济金融合作紧密情况，先在大陆与港澳台的大中华区范围，建立以人民币为基准货币的货币区，然后将人民币货币区范围向外延伸到"一带一路"重点国家，促进通货膨胀、利率等宏观经济变量趋同，不断扩大人民币在支付结算、投融资、储备方面的影响力。在人民币货币区建立汇率协调机制，形成盯住人民币或者以人民币为中心的篮子货币的汇率制度，降低各国的汇率波动风险，促进区域金融稳定与经济发展。三是建设人民币货币区。国际经验表明，成为核心国际货币的必要条件是要形成一个稳定的货币区。随着人民币国际化条件越加成熟，中国应该进一步加强与"一带一路"重点沿线国家货币金融合作，以点带面，加快形成以人民币为锚的货币区。

第四节 以"一带一路"建设为载体
推进人民币国际化部署[①]

"一带一路"建设是在传承古丝绸之路精神的基础上，坚持共商、共建、共赢原则，以跨国贸易投资合作为纽带，促进各国产能互补、资金融通与人文交流。"一带一路"建设与人民币国际化是中国两大重大部署，二者存在紧密联系。人民币国际化需要以"一带一路"建设为载体，深入推进大宗商品贸易人民币计价、人民币贸易结算、人民币投融资以及将人民币纳入境外央行外汇储备，不断扩大人民币的国际影响力。在此，以"一带一路"建设为载体，探讨现阶段人民币国际化在不同因素影响下的空间布局，为深入推进人民币国际化发展指出案例思路与启示。

一、"一带一路"建设是推进人民币国际化重要载体

"一带一路"建设与人民币国际化是中国构建对外开放格局、促进经济转型发展的两大重要部署，存在内在必然联系与协同发展空间。一方面，"一带一路"建设促进人民币国际化。"一带一路"倡议将"资金融通"纳入"五通"合作范畴，倡导深化区域金融市场对接、加强金融产品创新、金融机构海外布局，推动人民币由周边化、区域化向国际化方向演进。随着中国与"一带一路"沿线国家不断增强经济互动，基础设施建设、大宗商品交易以及跨境电商发展将引导国内资本参与"一带一路"经济建设与产业链创造，发挥人民币在跨境贸易投资中的结算、计价与储备功能，为人民币国际化奠定坚实基础。另一方面，人民币国际化为"一带一路"建设提供保障。资金融通是推动"一带一路"建设的重要支撑。人民币国际化能够发挥资金融通与引导配置资源的功能，通过构建多层次的金融服务体系，促进中国与"一带一路"沿线国家的产能对接，缓解交通设施、民生工程、产业升级等融资瓶颈，提升跨境贸易投资的资金结算便

---

① 本部分笔者以"新发展格局下人民币国际化的空间布局研究——以'一带一路'沿线国家为例"为题，发表于《金融经济学研究》2021 年第 2 期，在此略有增改。

利性，满足境内外企业与居民的避险需求。因此，"一带一路"建设与人民币国际化具有相辅相成、相得益彰的关系。

"一带一路"建设有助于促进区域基础设施建设、跨境贸易投资、大宗商品计价结算以及政策沟通协调，为推进人民币国际化创造新途径。

第一，基础设施建设激发人民币国际化需求。"一带一路"建设贯穿欧亚大陆，需要搭建横贯东西的基础设施网络，实现铁路、公路、电网、机场、港口等设施联通，促进生产要素跨境自由流动。然而，"一带一路"沿线国家基础设施普遍比较薄弱，存在巨大的资金供需缺口。据亚洲开发银行预测，未来10年亚洲基础设施投资需要8.22万亿美元。中国在基础设施建设领域拥有成熟的建设技术、高效的管理经验与丰富的建设产能，加上亚投行、丝路基金以及政策性银行等融资渠道，能够为"一带一路"沿线国家基础设施建设提供大规模且多样化的人民币金融服务，发挥人民币在国际基础设施领域的投融资作用。

第二，跨境贸易投资夯实人民币国际化基础。近年来，中国与"一带一路"沿线国家贸易投资规模不断增加，已经成为"一带一路"沿线国家的重要进出口市场与跨境资本来源国。据海关统计，2018年中国与"一带一路"沿线国家进出口总额8.36万亿元，比上年增长13.3%，占中国进出口总额的27.4%；中国对"一带一路"沿线国家非金融类直接投资156亿美元，比上年增长8.9%[①]。随着"一带一路"贸易投资合作潜能不断释放，中国将扩大对"一带一路"沿线国家的政府援助、商业贷款、债券融资等，提升境外市场主体对人民币的认可度与使用量，从而夯实人民币国际化的经贸基础。

第三，大宗商品交易开辟人民币国际化突破口。"一带一路"沿线国家自然资源储备丰富，如中亚、中东是世界上重要的石油、天然气以及矿产出口国，而中国是世界上最大的大宗商品进口国。尽管如此，中国及"一带一路"沿线国家均不掌握大宗商品的定价权，饱受美元计价所带来的汇率波动损失。"一带一路"建设能够深化中国与沿线国家的大宗商品交易合作，探索人民币计价结算方式，既能够规避美元汇率波动风险，保障中国与"一带一路"沿线国家贸易稳定，又能带动人民币国际化，丰富

① 资料来源：海关总署官网。

全球资源交易领域的货币种类，为人民币赢得"一席之地"。

第四，政策沟通协调提供人民币国际化保障。由于"一带一路"沿线国家经济发展水平、文化传统、宗教信仰存在巨大差异，中国需要与沿线国家加强政策沟通协调，在重要问题上达成合作共识，实现发展战略、宏观政策、重大项目等对接，形成牢固的利益共同体与命运共同体，为人民币国际化提供政策保障。目前，中国已经与中亚、东南亚、东中欧等国家建立双多边制度性合作协议，如签署全面战略协作伙伴关系、促进"一带一路"与欧亚经济联盟对接等，通过推进政策沟通协调、贸易投资便利化、信息交互共享等，创新区域经济金融合作模式，寻找更多的利益共同点，从而推动人民币国际化发展。

二、人民币国际化在"一带一路"建设空间布局的影响因素

在全球化时代，跨国商品与服务贸易、国际资本流动规模不断扩大，技术广泛传播，各国经济相互依赖性持续增强。长期以来，学界在研究经济活动时往往忽略空间异质性问题。随着全球化深刻改变世界发展格局，新经济地理学先驱将地理元素引入经济学领域，认为经济活动具有地域根植性，嵌入由政治、经济、社会、文化、区位等因素共同作用的社会空间中（Myrdal，1957；Krugman，1993）。金融地理学肯定了新经济地理学关于经济行为受现存社会关系约束的看法，认为金融发展不考虑制度、环境、地理等因素是难以容忍（金雪军和田霖，2004）。人民币国际化在"一带一路"沿线国家空间布局也不例外，根植于中国与沿线国家之间的一系列社会网络体系，受双边政治、经济、金融、文化、军事、地理等诸多因素影响。良好的政治、经济、金融、文化、军事、区位等因素对经济活动产生正反馈效应，加速经贸往来与市场发展，进而影响人民币国际化空间布局。

在新发展格局下，中国不断深化与"一带一路"沿线国的"五通"合作，构建形成供应链与产业链，实现经济金融大循环，带动人民币国际化布局，从而不断丰富国内外企业对汇率风险规避、外汇储藏币种的选择。然而，"一带一路"国家政治环境、经济金融基础、社会文化条件各不相同，中国与沿线国家的合作紧密程度差异较大，对人民币国际化在沿线国家布局带来差异化影响（Gehrig，2000；程贵和张小霞，2020）。在此，从政治、经济、金融、文化、军事、区位等方面剖析对人民币国际化在"一

带一路"沿线国家空间布局的影响因素。

首先，政治、经济金融是促进人民币国际化空间布局的重要基础。斯特兰奇（1971）指出，国际货币的形成除了受到经济因素的影响外，还受到政治因素的影响。在政治方面，人民币国际化离不开相关国家的支持。加强与"一带一路"沿线国家高层互动与政治沟通，保持重大政策一致性，将为人民币国际化营造良好的政治环境。目前，中国已经与"一带一路"沿线国家签订了一系列合作协议，如上海合作组织（SCO）、亚洲合作对话（ACD）、中国—中东欧国家"16＋1"合作、区域全面经济伙伴关系协定（RECP）等，为推进人民币国际化创造良好环境。另外，跨境贸易投资与金融合作是促进人民币国际化"走出去"重要基础。最优货币区理论认为，当区域内生产要素实现自由流动、市场开放、经济周期趋于同步时，则适合建立紧密的货币合作，甚至使用统一的货币。中国深化与"一带一路"沿线国家的经贸投资合作，加强双边货币互换、本币结算与金融市场对接等合作，有效培育人民币海外流通的真实需求，形成人民币国际化空间布局的支点（王晓芳和胡冰，2016）。以人民币结算为例，2008 年以来，中国与越南、老挝、俄罗斯、哈萨克斯坦等"一带一路"沿线国家签署了双边本币结算协议，使人民币成为区域贸易的重要币种与"一带一路"沿线国家央行的外汇储备资产。

其次，文化、军事是推进人民币国际化空间布局的重要保障。在文化方面，文化外交是一国政治外交、经济外交的重要补充，有利于推进人民币国际化空间布局。目前，中国积极与"一带一路"沿线国家开展官方、民间的文化交流，搭建不同文化之间的互鉴与融合平台，增进彼此信任感与认同感，促进区域经贸往来与金融合作，从而扩大人民币的国际影响力（宋璐，2015）。其中，孔子学院是中国开展文化外交的重要平台，截至2020 年末，中国在"一带一路"沿线国家设立了 159 所孔子学院，占中国在全球设立的孔子学院数量的 29.39%，有效促进双边文化交流与人才培养。在军事方面，货币国际化需要以军事力量作为必要保障。以美元为例，第二次世界大战后美国凭借着强大的经济与军事实力，建立布雷顿森林体系，使得美元成为与黄金挂钩的国际货币。此后，每当美元主导地位遭受到挑战，美国就运用其军事霸权，打击一切威胁美元计价和结算地位的行为（Posen，2008）。目前，中国正积极深化与"一带一路"沿线国家合作，共同打击恐怖主义、分裂势力和极端势力，维护区域政局稳定，为人民币海外布局提供坚实保障。

最后，地理距离、沿线国家经济金融基础是影响人民币国际化空间布局的重要条件。在地理距离方面，尽管科技发展缩短了世界距离，但地理距离对生产要素流动与配置的影响不容忽略。地理距离会影响运输成本、信息传播效率，不仅引发聚集经济、规模经济等问题，同时增加货币搜索成本，对贸易投资中的币种选择造成影响。2009 年以来，中国利用毗邻东南亚、中亚、东北亚等周边国家的地理优势，率先开展人民币跨境贸易支付结算、本币互换等，实现由近及远的人民币国际化空间布局。在沿线国家经济金融基础方面，"一带一路"沿线国家经济金融发展状况对人民币国际化具有重要影响。通常而言，沿线国家经济金融基础越好，越有助于深化与中国经贸合作，促进金融机构海外布局，实现产品创新与服务对接，带动人民币国际化发展。以人民币清算安排为例，截至 2019 年末，中国与 25 个国家和地区签订人民币清算合作备忘录，主要分布在"一带一路"沿线上政治稳定、经济金融发展条件良好的国家与地区，如新加坡、卡塔尔、法国、瑞士等。

由此可见，中国与"一带一路"沿线国家在政治、经济、金融、文化、军事、地理等方面的联系以及"一带一路"沿线国家经济金融基础存在差异性，需要结合"一带一路"沿线国家特点，分析人民币国际化空间布局影响因素下"一带一路"沿线国家所呈现出的特征以及在各布局影响因素上的差异，因地制宜地采取措施，推进人民币在"一带一路"沿线国家的空间布局。

三、实证分析

（一）变量选取与数据来源

根据上述理论分析，本部分从中国与"一带一路"沿线国家①的政治联系、经济金融联系、文化联系、军事联系、地理距离以及沿线国家经济

---

① 根据中国一带一路官网（https://www.yidaiyilu.gov.cn/）划分，"一带一路"建设沿线包括东北亚、东南亚、中亚、南亚、西亚、北非、中东欧等 64 个国家。由于部分国家数据存在缺失，本研究最终对 54 个国家进行分析。

金融基础等方面，探讨人民币国际化在"一带一路"沿线国家空间布局影响因素的异质性及演进路径。具体变量选取与数据来源如表6-1所示。

表6-1 变量与数据来源

变量类型	代理变量	数据来源
政治联系	联合国大会投票一致性 高层互访 伙伴关系	联合国数字图书馆 外交部官网 外交部官网
经济金融联系	贸易依存度 承包沿线国工程累计完成额	中国国家统计局、IMF（WEO） 中国国家统计局
	双边本币互换协议规模 对外直接投资 银行数量 货币盯住美元的程度 货币关联度	中国人民银行官网 中国对外直接投资统计公报 中、农、工、交、建、招商官网 IMF（AREAER）数据库 IMF（IFS）数据库
文化联系	友好城市 文化距离 孔子学院	中国国际友好城市联合会 https://www.hofstede-insights.com/ http://www.hanban.org/
军事联系	军事外交 军事行动	中国国防部官网
地理距离	中国首都与沿线国首都的大圆距离	www.distancecalculator.net
沿线国家 经济金融 发展水平	人均GDP 金融发展指数	World Bank IMF（FD）数据库

1. 政治联系。采取联合国大会投票、伙伴关系、高层互访作为中国与"一带一路"沿线国家政治联系的代理变量。其中，联合国大会投票借鉴戴利研和李震（2018）的思路，对联合国投票数据进行整理，对双边投票选择一致赋值1分，否则赋值0分，数值越大表示中国同沿线国家的战略利益越一致；伙伴关系按照门洪华和刘笑阳（2015）的思路，将伙伴关系从全天候战略合作伙伴关系到建交关系分为12级，依次从大到小赋值12~1分，数值越大表现双边伙伴关系级别越高；高层互访采用张建红和姜建刚（2012）的做法，对中国与沿线国家高层互访数据进行整理，将主席、总统、总理之间的会晤赋3分，主席、总统、总理与其他级别领导的会晤

赋 2 分，其他领导之间的会晤赋 1 分，数值越大表示双边政治交流越密切。

2. 经济金融联系。采取贸易依存度、对外承包工程、双边本币互换、对外直接投资、银行数量、货币盯住美元程度、货币关联度作为中国与"一带一路"沿线国家经济金融联系的代理变量。其中，贸易依存度采用双方进出口总额占沿线国家 GDP 比重得出沿线国家对中国的贸易依赖度（苏治和李进，2013）；对外承包工程借鉴徐伟呈等（2019）的做法，选取承包沿线国家工程完成额来衡量中国对外承包工程情况；双边本币互换协议选取中国同沿线国家签订规模的总量数据；对外直接投资采用中国对沿线国家直接投资来衡量；由于工行、农行、中行、建行、交行、招行是中国金融机构海外布局的主体，中资银行在沿线国家的布局采用上述六家商业银行；货币盯住美元的程度借鉴孙丹（2017）的做法，对沿线国家货币盯住美元程度由无单独的法定货币到自由浮动，依次赋值 0 ~ 9 分，数值越大表示越独立于美元；货币关联度根据"一带一路"倡议提出后沿线国货币与人民币货币收益率的 Pearson 相关系数作为货币关联度。

3. 文化联系。采用友好城市、文化距离、孔子学院数量来衡量双边的文化联系。其中，友好城市数量体现中国与沿线国家在民间层面的交往情况；文化距离结合李俊久等（2020）的方法，运用 KSI 指数方法来衡量双边固有的文化距离；运用孔子学院数量体现双边文化交流情况。

4. 军事联系与地理距离。其中，军事联系采用中国军事外交（来访、出访、交流）、军事行动（联演、反恐）数据作为中国与沿线国家的军事联系代理变量。按照中国与沿线国家军事外交、军事行动频次进行赋值，数值越大代表双边军事联系越密切。地理距离借鉴徐珊等（2019）的做法，采取中国首都与沿线国家首都间的大圆距离来体现地理距离。

5. 沿线国家经济金融发展水平。采用人均 GDP、金融发展指数来衡量沿线国家经济金融发展水平。其中，采用人均 GDP 作为沿线国家经济发展水平的代理变量；选取各国金融发展指数作为沿线国家金融发展水平的代理变量。

考虑指标数据的可得性，本部分数据的样本区间选择为 2017 ~ 2019 年；部分存量指标如伙伴关系、双边本币互换、银行数量、货币盯住美元程度、友好城市、孔子学院等为 2019 年末数据。对于文化距离的部分缺失值，本部分根据"一带一路"沿线国家所属文化圈的平均值填补，对于欧元区部分国家货币关联度缺失值采用欧元来替代。

（二）研究方法

1. 自组织特征映射神经网络方法。自组织特征映射神经网络（SOM）由芬兰神经网络专家科霍嫩（Kohonen）在 1981 年提出，是一种无监督竞争学习网络。与传统的 K – means 聚类相比，自组织特征映射神经网络（SOM）算法受初始值的影响小，聚类结果稳定性高（徐步云和倪禾，2014）。SOM 神经网络输入层和输出层神经元由权值连接，输出层神经元在收到神经网络输入信号时作出响应，并在不断更新、迭代的过程中达到稳定的聚类结果。模型的一般形式如式（6 – 1）所示：

$$w_i(s) = w_i(s-1) + \alpha(s)NS(d, s)[x(s) - w_i(s-1)] \tag{6-1}$$

其中，$w_i(s)$ 为在 s 次迭代后的权值，$w_i(s-1)$ 为前一次迭代的权值；$\alpha(s)$ 为随着迭代步长变化的学习率；$NS(d, s)$ 表示邻域强度，d 为获胜神经元到邻域神经元的距离；$x(s)$ 为第 s 次迭代的输入向量。

基于上述方法，本部分通过 MATLAB 2016a 软件，对中国与"一带一路"沿线国家的政治联系、经济金融联系、文化联系、军事联系、地理距离、经济金融发展水平等变量进行 SOM 神经网络聚类。首先，对数据进行预处理，采用离差标准化对数据归一化，防止因数据量纲差异导致分析结果的不准确。其次，设定参数。考虑到沿线国家的异质性与人民币国际化空间布局的长期性，设定 SOM 网络竞争层为 2×2 的六边形拓扑结构。再次，建立网络与训练网络。通过 newsom 函数创建 SOM 网络，通过 train 函数训练 SOM 网络。最后，运用 MATLAB 2016a 软件对参数进行初始设定和网络的创建，通过设定不同迭代步长来观察聚类结果，直至聚类结果稳定，得出"一带一路"沿线国家的聚类结果。

2. 因子分析方法。因子分析是探寻影响所有变量的共性因素，将原始变量表示为共性因素线性组合的数据降维统计分析法，其主要原理是将复杂因素综合为少数具有代表性的因子反映原始数据的绝大部分信息。对两两正交的公因子进行加权可得影响因素的综合因子。模型的一般形式如式（6 – 2）所示：

$$X_i = \alpha_{i1}F_1 + \alpha_{i2}F_2 + \cdots + \alpha_{im}F_n \quad i=1, 2, \cdots, n; \ m \leq n \tag{6-2}$$

其中，F_1，F_2，$\cdots$，F_n 为公因子；α_{i1}，α_{i2}，$\cdots$，α_{im} 为权重；X_i 为综合

因子。

　　基于 SOM 神经网络的稳定聚类结果，通过因子分析进一步呈现不同类别国家在与中国的双边联系和沿线国家经济金融发展水平等因素上的异质性，进一步明确人民币国际化在沿线国家的空间布局措施。本部分采用 SPSS 22.0 软件对人民币国际化在"一带一路"沿线国家空间布局进行因子分析。一是对标准化之后的数据进行相关性程度的检验，一般来说，变量之间的相关性程度越高，则越适合做因子分析。二是根据碎石图、特征值以及特征值累计方差贡献率选定因子的数量。三是对反映中国与"一带一路"沿线国家不同联系的因子根据指标所属联系命名。四是运用 SPSS 22.0 软件得到各国家的因子得分，对因子排名结果进行分析。

（三）实证结果与分析

　　1. 人民币国际化空间布局的聚类分析。"一带一路"建设是新发展格局下人民币国际化的重要平台。"一带一路"建设横跨欧亚大陆、涵盖众多国家，需要对"一带一路"沿线国家进行分类并逐一剖析，为推进人民币国际化布局指明方向（白永秀和王颂吉，2014）。目前，学界大多采取周边化、区域化等较宏观或模糊的地域划分方式，降低区划的科学性与严谨性，无法有针对性地分类推进人民币国际化空间部署。在此，结合上述指标与数据，运用 SOM 神经网络聚类分析法，得出"一带一路"沿线国家在考虑影响人民币国际化布局的多种因素条件下可分为 4 类（见表 6-2）。从聚类结果来看，第一类国家到第四类国家在地理上整体呈现出自东向西、由近及远的空间聚类特点，这与中国人民币"周边化—区域化—国际化"的空间演进策略相吻合。近年来，中国加快人民币国际化在"一带一路"沿线国家和地区的空间布局，率先在东南亚、俄罗斯等周边国家和地区建立人民币互换、本币结算、货币清算等协定，然后逐步拓展到中西亚、中东欧国家。由表 6-3 的方差分析结果可知，"一带一路"沿线国家经济、金融发展水平的显著性水平较低，而其他指标的显著性水平较高。可见，中国与"一带一路"沿线国家和地区政治联系、经济金融联系、文化联系、军事联系、地理距离对分类结果的影响较大。

表 6 - 2   聚类结果

类别	国家
1	新加坡、越南、马来西亚、印度尼西亚、老挝、柬埔寨、缅甸、泰国、菲律宾、俄罗斯、蒙古国、哈萨克斯坦、巴基斯坦、印度
2	沙特阿拉伯、伊朗、阿联酋、卡塔尔、科威特、阿曼、约旦、埃及、亚美尼亚、阿塞拜疆、也门、黎巴嫩、巴林、乌兹别克斯坦、塔吉克斯坦、吉尔吉斯斯坦、斯里兰卡、尼泊尔、孟加拉国、不丹、白俄罗斯
3	以色列、土耳其、格鲁吉亚、匈牙利、波兰、乌克兰、捷克、阿尔巴尼亚、摩尔多瓦、爱沙尼亚
	斯洛文尼亚、拉脱维亚、立陶宛、斯洛伐克
4	塞尔维亚、保加利亚、克罗地亚、罗马尼亚、波黑

表 6 - 3   方差分析

变量	聚类		误差		F	Sig.
	均方	df	均方	df		
联合国大会投票一致性	5.505	3	0.034	50	160.200	0.000
高层互访	1.648	3	0.087	50	19.039	0.000
伙伴关系	1.724	3	0.166	50	10.356	0.000
贸易依存度	0.445	3	0.121	50	3.679	0.018
承包沿线国工程累计完成额	1.201	3	0.109	50	11.000	0.000
双边本币互换协议规模	0.318	3	0.088	50	3.600	0.020
对外直接投资	0.474	3	0.063	50	7.550	0.000
银行数量	1.329	3	0.186	50	7.134	0.000
货币盯住美元的程度	6.812	3	0.110	50	61.905	0.000
货币关联度	5.682	3	0.126	50	45.227	0.000
友好城市	0.306	3	0.078	50	3.935	0.013
文化距离	1.380	3	0.152	50	9.072	0.000
孔子学院	0.454	3	0.111	50	4.095	0.011
军事外交	2.347	3	0.080	50	29.169	0.000

续表

变量	聚类		误差		F	Sig.
	均方	df	均方	df		
军事行动	1.185	3	0.142	50	8.361	0.000
大圆距离	3.057	3	0.123	50	24.900	0.000
人均 GDP	0.120	3	0.205	50	0.588	0.625
金融发展指数	0.136	3	0.219	50	0.624	0.603

第一类国家主要是东南亚、东北亚、南亚及部分中亚国家，构成人民币国际化空间布局的核心区。这些国家位于中国周边地区，不仅在经济、金融上与中国保持着紧密联系，如中国与东盟国家、俄罗斯、巴基斯坦、哈萨克斯坦开展《区域全面经济伙伴关系协定》（RCEP）、中巴经济走廊、"一带一路"与欧亚经济联盟对接等合作，而且在政治、文化、军事等领域与中国相互信任，如中国与东盟国家在亚洲价值、儒家文化具有高度认同，中国、俄罗斯、哈萨克斯坦在上海合作组织框架下共同打击"三股势力"，维护地区和平。中国与核心区国家全方位、多层次、宽领域合作带动形成以人民币为计价、结算、储备货币的循环体系。截至 2019 年末，中国与周边国家的跨境人民币结算金额达到 3.6 万亿元，同比增长 18.5%。其中，人民币与马来西亚林吉特、新加坡元、泰国泰铢等实现了直接交易，与柬埔寨瑞尔等实现了区域交易。因此，对于人民币国际化空间布局的核心区，中国需要继续巩固双边经济金融合作成果，保持政治、文化与军事交流，推进区域经济金融一体化，夯实人民币国际化布局基础，使人民币成为该区域"货币锚"。

第二类国家主要是西亚、南亚以及部分中亚、东欧国家，构成人民币国际化空间布局的扩展区。这些国家处于"一带一路"建设的枢纽地带，秉持互利共赢、相互包容的理念，积极与中国开展务实合作，实现政治互信、产能互补及文化包容。例如，沙特阿拉伯、阿联酋、卡塔尔、科威特、乌兹别克斯坦等中西亚国家不仅积极加强与中国政治对话、文化交流，推进双边关系从新型伙伴向战略合作方向迈进，而且利用自身资源禀赋优势，扩大石油、天然气、矿产等大宗商品贸易，促进当地经济发展与社会就业。此外，中国在白俄罗斯、斯里兰卡、孟加拉国等国家建立的工业园区，带动区域经贸快速增长，促进当地产业结构转型。中国与扩展区国家的务实合作有效培育人民币的境外真实需求，带动商品贸易、基建投资、能源矿产的人民币计价与结算，提升人民币在该地区的流通规模。2021 年 3 月，中国与伊朗签署为期 25 年的中伊全面合作协议，伊朗将在中伊石油贸易中使用人民币或数字人民币结算。这是继中国—俄罗斯、中国—委内瑞拉石油贸易人民币结算之后，石油人民币发展迈出的又一重要步伐。因此，对于人民币国际化空间布局的扩展区，中国需要在强化双边政治联系、文化互鉴的情况下，扩大区域贸易、投资、金融等合作深广度，提升人民币市场需求，促进人民币国际化空间布局。

第三类国家主要为中东欧和部分西亚国家，构成人民币国际化空间布局的辐射区。这些国家位于"一带一路"的欧亚大陆连接处，经济发展基础良好，是"一带一路"建设的区域支点。近年来，辐射区国家积极加强与中国在经济、金融、文化等领域合作，实现优势互补，满足双边发展需求。例如，波兰、捷克、匈牙利等中东欧国家与中国经贸联系日渐紧密，2019 年中国与中东欧国家贸易额达 954.2 亿美元，对中东欧国家累计直接投资达 30 亿美元；以色列、土耳其等国也积极与中国开展基建、科技、农业等领域合作，有效带动当地经济发展。中国与辐射区国家共赢合作使人民币国际认可度得到显著提升，为人民币"走出去"打开新空间。例如，中国与匈牙利、阿尔巴尼亚开展本币互换，在匈牙利建立人民币清算行，与匈牙利、斯洛伐克开展货币直接交易等。因此，对于人民币国际化空间布局的辐射区，中国需要依托"一带一路"、中国—中东欧国家合作等平台，建立政治、文化、军事等定期交流机制，加强经济、金融等领域合作，扩大彼此利益共同点，为人民币国际化创造有利条件。

第四类国家主要为东南欧国家，是人民币国际化空间布局的外围区。这些国家位于欧洲的巴尔干半岛，是"一带一路"通往西欧的重要通道。近年来，这些国家受到欧债危机、新冠肺炎疫情冲击影响下，积极融入"一带一路"倡议，利用中国资本推动当地港口、机场、铁路、公路等基础设施升级，促进"一带一路"沿线国家商品流动，实现经济复苏。2019年，中国对罗马尼亚、保加利亚、克罗地亚的直接投资存量分别为 4.28 亿美元、1.57 亿美元、0.98 亿美元，占中国在巴尔干国家直接投资存量的58.53%。尽管中国与外围区国家的经贸合作规模还较小，但这对推动人民币在该区域实现国际化发展具有重要意义。因此，对于人民币国际化外围区，中国需要以区域经贸合作为突破口，不断扩大双边经济金融合作，以点带面，逐步推动双边政治、文化、军事等领域合作，逐步提升人民币在该地区的接受度。

2. 人民币国际化空间布局的因子分析。在上述分析基础上，本部分对中国与"一带一路"沿线国家在政治、经济金融、文化、军事等联系以及沿线国家自身经济金融基础进行因子分析，探讨不同类别国家在人民币国际化空间布局影响因素上的异质性。首先，对变量间相关性程度进行检验，判断因子分析的适用性。政治联系、经济金融联系、文化联系、军事联系和沿线国经济金融发展水平的 Bartlett 球形检验伴随概率为 0.000，在 1% 的显著性水平上显著，表明适合做因子分析。其次，提取公因子。由表 6 - 4 可知，政治联系、经济金融联系、文化联系、军事联系以及沿线国家经济金融发展水平所提取到因子的累计方差贡献率分别为 89.921%、85.911%、94.079%、87.806%、77.204%，即提取的因子保留了原始数据的大部分信息，根据其所属联系命名并得到各因子得分。再次，通过对中国与沿线国家不同联系的因子按特征值加权得到不同联系和沿线国经济金融发展水平的综合因子得分。最后，将所得政治联系因子、经济金融联系因子、文化联系因子、军事联系因子以及沿线国家经济金融发展因子予以排名（见表 6 - 5）。

表 6 - 4　　　　　　　　　　　　解释总方差

指标类型	成分	初始特征值			提取平方和载入			旋转平方和载入		
		总计	方差	累计	总计	方差	累计	总计	方差	累计
政治联系	1	2.034	67.791	67.791	2.034	67.791	67.791	1.638	54.614	54.614
	2	0.664	22.130	89.921	0.664	22.130	89.921	1.059	35.307	89.921
	3	0.302	10.079	100.00						
经济金融联系	1	3.078	43.968	43.968	3.078	43.968	43.968	2.457	35.096	35.096
	2	1.312	18.740	62.709	1.312	18.740	62.709	1.443	20.611	55.708
	3	0.902	12.882	75.591	0.902	12.882	75.591	1.091	15.587	71.295
	4	0.722	10.320	85.911	0.722	10.320	85.911	1.023	14.617	85.911
	5	0.432	6.174	92.086						
	6	0.427	6.096	98.182						
	7	0.127	1.818	100.00						

续表

指标类型	成分	初始特征值			提取平方和载入			旋转平方和载入		
		总计	方差	累计	总计	方差	累计	总计	方差	累计
文化联系	1	1.824	60.790	60.790	1.824	60.790	60.790	1.820	60.671	60.671
	2	0.999	33.290	94.079	0.999	33.290	94.079	1.002	33.408	94.079
	3	0.178	5.921	100.00						
军事联系	1	1.756	87.806	87.806	1.756	87.806	87.806	1.756	87.806	87.806
	2	0.244	12.194	100.00				0.244	12.194	100.00
沿线国家经济金融发展水平	1	1.544	77.204	77.204	1.544	77.204	77.204	1.544	77.204	77.204
	2	0.456	22.796	100.00				0.456	22.796	100.00

提取方法：主成分。

表 6-5　　　　　　　不同类别国家因子得分排名

	国家	政治联系因子排名	经济金融联系因子排名	文化联系因子排名	军事联系因子排名	沿线国经济金融发展因子排名
第一类	新加坡	18	1	13	20	1
	越南	3	7	5	9	30
	马来西亚	15	2	19	14	8
	印度尼西亚	27	3	2	2	31
	老挝	5	9	11	9	49
	柬埔寨	4	10	7	3	50
	缅甸	9	13	22	13	51
	泰国	11	6	3	4	7
	菲律宾	6	18	6	16	32
	俄罗斯	1	4	1	2	16
	蒙古国	13	16	4	22	28
	哈萨克斯坦	7	11	8	6	26
	巴基斯坦	2	5	24	1	41
	印度	8	12	9	5	24

续表

	国家	政治联系因子排名	经济金融联系因子排名	文化联系因子排名	军事联系因子排名	沿线国经济金融发展因子排名
第二类	沙特阿拉伯	23	17	50	21	10
	伊朗	21	28	41	18	22
	阿联酋	25	8	35	25	4
	卡塔尔	30	21	45	41	2
	科威特	33	27	49	33	6
	阿曼	34	41	44	29	18
	约旦	32	44	46	45	29
	埃及	22	38	42	24	34
	亚美尼亚	40	47	29	33	38
	阿塞拜疆	39	48	27	41	44
	也门	50	43	43	45	52
	黎巴嫩	45	45	47	41	5
	巴林	49	49	39	45	11
	乌兹别克斯坦	10	36	34	11	47
	塔吉克斯坦	17	40	28	7	54
	吉尔吉斯斯坦	12	24	21	12	53
	斯里兰卡	26	31	36	15	37
	尼泊尔	14	46	17	23	48
	孟加拉国	35	22	12	19	42
	不丹	54	50	48	45	45
	白俄罗斯	20	25	16	17	46
第三类	以色列	41	20	37	41	3
	土耳其	24	14	23	26	15
	格鲁吉亚	44	29	40	45	33
	匈牙利	16	23	20	27	17
	波兰	29	15	15	27	14
	乌克兰	36	26	14	45	43
	捷克	28	19	32	35	9

续表

	国家	政治联系因子排名	经济金融联系因子排名	文化联系因子排名	军事联系因子排名	沿线国经济金融发展因子排名
第三类	阿尔巴尼亚	43	39	18	45	40
	摩尔多瓦	48	37	38	45	39
	爱沙尼亚	46	33	53	35	19
	斯洛文尼亚	42	30	51	35	12
	拉脱维亚	47	35	54	29	23
	立陶宛	53	34	52	35	27
	斯洛伐克	52	32	26	35	20
第四类	塞尔维亚	19	42	30	45	36
	保加利亚	31	53	25	35	21
	克罗地亚	37	52	31	29	13
	罗马尼亚	38	51	10	29	25
	波黑	51	54	33	45	35

由表6-5可知，人民币国际化在"一带一路"沿线国家空间布局影响因素差异显著。总体而言，在不同类别国家中各联系因子得分排名存在明显差异。也就是说，在人民币国际化过程中，各影响因素随着空间距离扩大，呈现出逐渐弱化的趋势。对此，中国需要结合"一带一路"沿线国家的特点，因地制宜地采取差异化策略，推行不同的人民币国际化模式，稳慎有序推进人民币国际化空间布局。

第一类国家各联系因子得分排名总体位居前列。东北亚的俄罗斯、中亚的哈萨克斯坦的经济金融发展基础良好，其政治、经济金融、文化、军事方面联系因子得分排名普遍处于前10位。东南亚国家在政治、经济金融、文化等领域的联系因子得分排名总体比较靠前，并且联系因子得分排名分布较均衡。南亚的巴基斯坦的政治、经济、军事联系因子得分排名高，凸显出中巴两国的战略利益一致性。核心区国家普遍与中国在政治、经济、金融、文化、军事等诸多领域已存在紧密合作关系，可采取"离岸金融市场＋金融机构海外布局与产品创新＋跨境贸易投资人民币计价结算"的人民币国际化策略，推动人民币在核心区空间布局。中国需要依托上海合作组织、RCEP、金砖国家峰会等平台，在持续巩固区域政治、经济金融、文化、军事等领域合作上，坚持金融供给侧结构性改革，加快人民币离岸金融市场建设，稳慎推进资本市场、资本账户改革与开放，促进金融机构"走出去"，深化金融产品与服务创新，向外国投资者提供规模大、流动性强、品种丰富的人民币计价金融产品，满足跨境贸易投资人民币计价、结算、融资与储藏需求，构建人民币跨境循环机制，形成人民币国际化网络效应，扩大人民币海外真实需求。

第二类国家各联系因子得分排名位居中等位置。沙特阿拉伯、阿联酋、阿曼、科威特等西亚国家在政治、经济金融联系因子、自身经济金融等联系因子得分排名靠前。乌兹别克斯坦、吉尔吉斯斯坦等中亚国家的政治、军事联系因子得分排名较高，但受自身经济发展水平的制约，其经济金融、文化联系因子得分排名相对靠后。孟加拉国、斯里兰卡以及白俄罗斯的政治、经济金融、文化、军事联系因子的得分排名处于中间水平。扩展区国家与中国在能源、产能、贸易、投资等重点领域合作密切，可采取"本币互换＋大宗商品人民币计价结算＋'一带一路'建设项目人民币投融资"的人民币国际化策略，推动人民币在扩展区空间布局。中国需要在"一带一路"倡议下继续保持双边政治互信、经济融合、文化包容，积极开展双边本币互换，为扩展区国家使用人民币注入信心，扩大人民币计价结算需求；依托双边能源、矿产等大宗商品产能互补优势，推进大宗商品人民币计价结算，降低汇率波动风险；加快推进"一带一路"项目建设，利用亚投行、丝路基金、金砖国家新开发银行等平台，推进基础设施等项目建设的人民币投融资，发挥人民币资金提供与资本输出作用，建立跨境人民币投融资循环圈。

第三、第四类国家的联系因子得分排名总体落后于第一、第二类国家，但部分国家的特定联系因子得分排名相对较高。以色列、土耳其的联系因子得分排名总体比较靠前且分布均衡。匈牙利、捷克、波兰等经济金融基础条件好，其政治、经济金融、文化、军事等方面联系因子得分排名高于其他中东欧国家。东南欧国家的塞尔维亚政治联系因子得分排名较高，罗马尼亚、保加利亚、克罗地亚的文化、经济金融发展联系因子得分排名较高。鉴于辐射区、外围区国家各联系因子排名与实际情况，可采取"跨国企业＋工业园区建设＋本币互换与结算"的人民币国际化策略，推动人民币在该地区的空间布局。中国需要深入推进"一带一路"建设，坚持市场驱动和企业自主选择，支持国内大型跨国企业到该地区组织开展资源配置、生产与销售，形成人民币输出渠道，营造以人民币自由使用为基础的新型互利合作关系，扩大人民币流通规模与范围；以中白工业园区为指导"样板"，在条件良好的国家建立海外工业园区，构建人民币计价、结算、投融资机制，发挥人民币国际化示范效应；继续加强双边本币互换，推进金融机构海外布局与人民币结算，以更加专业的金融服务让人民币资金支撑双边经济发展，提升人民币在该地区的影响力。

四、结论与启示

在新发展格局下，人民币国际化是顺应中国经济在全球范围布局供应链、实现价值链和产业链优化的重要举措。在新发展格局下，探讨人民币国际化在"一带一路"沿线国家的空间布局，分析政治、经济、金融、文化、军事、地理等因素对人民币国际化的影响，通过 SOM 神经网络聚类分析与因子分析法，分析人民币国际化空间布局影响因素下"一带一路"沿线国家所呈现出的空间聚类特征以及在各影响因素的差异性。研究结果表明：人民币国际化空间布局在整体上呈现出自东向西、由近及远的聚类特点，构成人民币国际化空间布局的核心区、扩展区、辐射区与外围区；在人民币国际化过程中，各影响布局的因素随着空间距离扩大呈现出逐渐弱化的趋势，需要结合"一带一路"沿线国家的聚类特点与影响因素差异性，分类采取人民币国际化策略，稳慎有序推进人民币国际化空间布局。

据此可得出如下政策启示：第一，加强人民币国际化空间布局顶层设计。针对"一带一路"沿线国家空间聚类与因子分析结果，明确"一带一路"核心区、扩展区、辐射区及外围区的功能定位与推进路线，采取分区域、有重点的差异化策略，统筹推进人民币国际化空间布局，既要持续巩固与深化核心区、扩展区人民币国际化空间布局基础；又要促进辐射区、外围区人民币国际化布局发挥空间支点与示范作用。第二，因地制宜地推进人民币国际化空间布局。核心区国家与中国合作基础良好，需要重点推进离岸金融市场建设、跨境金融市场对接、国际金融监管合作等，实现区域经济金融一体化，形成人民币境外"循环圈"；扩展区国家与中国在重点领域合作成效突出，应依托双边能源、产能、贸易、投资等优势，发挥人民币大宗商品定价、贸易结算、投融资等作用，扩大人民币在该地区的流通使用规模；辐射区、外围区与中国的合作基础较薄弱，需要着力深化政治互信、经济融合、文化互鉴、军事互助等，鼓励双边贸易投资人民币计价与结算，加强本币互换与人民币清算，打造人民币国际化示范区，提升人民币在该地区的接受度。第三，完善人民币国际化空间布局配套改革。推进供给侧结构性改革，促进产业链、价值链向中高端迈进，提升供给体系的质量、效率与稳定性，为推进人民币空间布局奠定经济基础；深化利率市场化、汇率形成机制改革，稳慎推进资本账户开放，提高人民币产品创新水平，满足贸易投资的自由化、便利化、多样化需求。

第七章

新时代人民币国际化的保障措施

新时代人民币国际化部署任重道远，需要吸取全球主要国家货币国际化的成功经验，结合人民币国际化总体思路和战略框架，采取一系列保障措施，在经济、政治、军事等领域协同发力，共同推进人民币国际化稳步发展。本章着重从经济、金融、政治、军事、文化等方面，分别提出新时代推进人民币国际化的保障措施，为稳慎有序推进人民币国际化保驾护航。

第一节 持续巩固人民币国际化的经济基础

高质量发展已经成为中国经济发展的明确方向和必然要求，决定着人民币国际化的未来。推进经济高质量发展需要以"创新、协调、绿色、开放、共享"新发展理念为指引，不断提升经济发展质量与效益，为人民币国际化提供坚实的经济基础。

一、加强科技创新，推动产业结构转型升级

习近平总书记强调，实施创新驱动发展战略，最紧迫的是要破除体制机制障碍，最大限度解放和激发科学技术作为第一生产力所蕴藏的巨大潜能①。当前我国经济由高速发展转入增速换挡期，纯粹的要素驱动已经难

---

① 加快从要素驱动、投资规模驱动发展为主向以创新驱动发展为主的转变［EB/OL］. (2014 - 06 - 09)［2015 - 07 - 20］. http：//cpc. people. com. cn/xuexi/n/2015/0720/c397563 - 27331458. html.

以维持经济的持续稳定增长，需要通过加强科学创新助力经济增长、产业结构转型升级。创新驱动产业转型升级有助于提升国内企业的国际竞争力，增强出口企业在国际贸易投资中的货币选择权与议价能力，助推人民币成为跨境贸易投资的计价结算货币，降低企业汇率风险与汇兑成本，强化人民币在跨境贸易投资中的支付结算地位。

第一，搭建激发科技创新活力的社会环境。科技创新是提高社会生产力和综合国力的战略支撑，必须具有良好社会环境的强大支撑。一方面，营造良好的法律环境。紧紧围绕国家科技创新战略，制定和完善国家法律法规、政府规章制度，加强私有产权保护，尤其是提升知识产权保护和管理能力，依法查处各种侵权行为，营造知识创新创造的竞争环境与氛围，推动科技工作走上法治化、规范化轨道。另一方面，创造良好的文化氛围。良好的创新文化氛围有利于涌现创新冲动、催发创新涌泉。积极倡导"鼓励创新、宽容失败"的科技创新精神，营造敢想敢干、敢于创造、敢冒风险的人文环境，激发社会大众了解科学活动、传播科学思想、培育科学精神，保持科技创新势头，形成一系列创新成果。

第二，加强科技创新的政策引领。在服务科技创新过程中，政府需要推进简政放权、放管结合，引导企业加强科技研发，扶持战略性新兴产业发展。一是推进科技管理体制改革。各级政府部门高度重视科技创新，将创新体系建设、科技体制改革作为政府工作的重要内容，打造阳光、透明、高效的服务型政府，多措并举支持企业开展科技研发，充分调动广大科技工作者从事科技研发的积极性，为科技创新提供坚强有力的体制保障。二是扶持具有潜力的战略性新兴产业。积极发挥"有为政府"的引导作用，制定财政、金融、产业、土地等战略规划，对战略性新兴产业进行政策甄别和扶持引导，培育与发展技术密集、物资资源能耗小、成长潜力大的战略性新兴产业，促进产业转型升级，推动经济实现高质量发展。三是加强技术交流合作。积极搭建科技交流合作平台，推进企业、高校、科研机构的科技"产学研"联动，促进国内科研机构与境外科研类机构开展科技交流与合作，为科技企业兼并重组、联合开发、专利交叉许可等活动提供良好环境。

第三，构建开放竞争的市场环境。开放竞争的市场环境能够提升资源配置效率，对构筑创新驱动发展环境、促进产业转型升级具有重要价值。

一是加强要素自由流动。结合实际情况，逐步取消制约企业创新的要素配置束缚，加速资源、资金、人才等要素在区域之间自由流动，为企业创新发展营造开放竞争的创新发展环境。二是推进金融市场建设。在创新发展过程中，银行信贷、资本市场融资是支持企业创新的重要资金来源。积极构建涵盖银行贷款、投资基金、风险投资等科技投融资市场体系，不断完善风险投资和创业板市场制度，缓解企业从事科技研发所面临的"融资难、融资贵"问题，夯实技术创新的资本基础。三是强化技术成果转化。通过加强企业与市场对接，创新符合市场需求的技术与产品，提升科技创新成果质量，实现科技创新成果规模化、产业化经营，持续带动产业结构向全球价值链中高端迈进，树立中国制造的国际品牌与优势产品。

第四，创新构筑现代产业体系。一是发展现代化农业。通过科技赋能与组织体系变革，加强制种、农机装备、生物安全等前沿技术、关键技术研究，发挥科技助农、科技兴农作用，同时加快转变农业生产方式，建设现代农业科技示范区，提升农业生产的附加值与效益，有效满足市场对农产品的多样化高品质需求，进而提高农民收入水平。二是推进新型工业化建设。以制造业创新发展为主题，以推进智能、绿色、低碳制造为主攻方向，强化工业基础，突破技术瓶颈，实现从制造业大国向制造业强国转变。尤其是，依靠科技创新不断突破制约工业发展中"卡脖子"的问题，不断推动关键技术研发与数字化技术应用，实现以创新驱动战略带动新兴产业为引领发展的新模式，切实解决在高端发动机、先进材料、数控机床、芯片、生物医药等高端产品供给不足的矛盾，进一步提升工业现代化水平。三是推动现代服务业发展。不断深化服务业管理体制改革，加强科技元素在服务业的应用和融合，开拓设计服务、研发服务、知识产权服务、技术改造服务、信息服务、数字金融等新领域，为各类企业技术创新、管理创新、经营创新提供专业性支持，助力生产性服务业向专业化和价值链高端延伸、生活性服务业向高品质和多样化升级，提升中国服务业整体竞争力。

二、促进经济社会协调发展，助力实现共同富裕

改革开放以来，我国的经济体制、社会结构面临着深刻的变革，城乡、区域以及行业之间收入差距日渐扩大。2007 年亚洲开发银行提出"包

容性增长"，即寻求经济社会协调发展，缩小区域、城乡之间的贫富差距，实现共同富裕目标。"包容性增长"在保持较快经济增长的同时，强调经济、社会、文化、生态等方面协调性，实现统筹发展与平衡发展。经济社会协调发展、实现共同富裕目标有助于增强经济社会发展的稳定性、可持续性，为稳慎有序推进人民币国际化奠定坚实基础。

第一，促进经济协调公平发展。生产是分配的前提和基础，在实现经济快速增长的同时，需要将公平公正贯穿于经济增长全过程，缩小区域、城乡收入差距，实现高质量的协调性发展。一方面，坚持公有制主体地位不动摇，增强公有制经济的竞争力与控制力，发挥公有制经济在引领经济发展、维护社会稳定的作用，抑制地区、城乡的两极分化。同时，毫不动摇鼓励、支持、引导非公有制经济发展，激发市场活力，扩大社会就业，增加财政收入，改善人民生活水平。另一方面，包容性增长需要打破市场垄断，降低或取消不必要的行业门槛，给市场主体提供公平参与竞争的机会与环境，支持中小企业发展，实现大中小企业相互依存、相互促进，延伸产业链与价值链，提升市场竞争力。强化金融资源分配的高效性与普惠性，优化金融资源配置效率，实现风险更加合理分担，提升金融服务实体经济效能，支持市场主体创新发展。协调公平发展是实现共同富裕的起点，也是推进人民币国际化的重要保障。

第二，促进区域、城乡协同发展。由于历史、自然地理、区位差异、政策等方面的因素，我国区域、城乡之间发展存在巨大差异，经济发展程度较为悬殊，需要加强区域与城乡之间协调发展，让全体人民共享改革发展成果，缩小彼此间的发展差距。一方面，在中央统筹布局下推进东中西部地区协同发展，创新引领东部地区优先发展，同步驱动西部大开发、东北全面振兴与中部地区崛起，以京津冀、长江经济带、粤港澳大湾区等地区作为战略支点，加快区域要素有序自由流动，促进经济发展与环境保护协同，实现区域协调且可持续发展。另一方面，推进新型城镇化建设，提高城镇治理水平，加强城乡融合，深化户籍制度改革，加快农业人口转移，共享城镇基本公共服务。深入实施乡村振兴战略，按照产业兴旺、生态宜居、乡风文明、治理有效、生活富裕的总要求，统筹推进农村经济、政治、文化、生态等方面的建设，提高农村治理体系和治理能力现代化，实现农业与农村现代化，持续提高农民的收入水平，缩小城乡经济差距，实现城乡居民共同富裕目标。

第三，促进物质文明与精神文明共同提升。随着经济社会发展水平的提高，人们在物质生活得到满足的同时，对精神生活需求也日渐提升。协调发展既要满足人民日益增长的物质生活需要，也要关注人民日益增长的精神生活需要。一方面，协调发展需要着力推动物质文明建设，夯实国家经济社会层面的"硬实力"，不断丰富全社会的物质基础，实现共同富裕目标。另一方面，要不断提升全体人民的思想觉悟、价值观念、道德素养，形成良好社会秩序、生活方式，使践行社会主义核心价值观成为全社会的自觉行动，为中国全面崛起、推动人民币国际化注入强劲动力和文化支撑。

第四，构建互利共赢的人类命运共同体。中国在国际视野包容性发展是从参与全球贸易投资开始，通过加入 WTO、构建"双循环"新发展格局以及参与国际金融体系改革，实现国内国际资源的整合，利用国内国际"两个市场、两种资源"，促进跨境经济融合与共同发展。推进构建人类命运共同体，这不仅使包容性增长具有文明性的意义，而且还推动包容性增长从观念性倡导走向行动性落实。通过深化中国与世界各国的对话，依托上海合作组织、中国—东盟、金砖国家组织等平台，推动中国与"一带一路"沿线国家的全方位、多领域、深层次合作，实现互利共赢共同发展，增加各国人民的福祉，提升国际社会对中国产品与中国品牌的信任，扩大对人民币国际化的支持。

三、推动经济绿色低碳发展，促进经济高质量发展

当前绿色低碳发展已经成为国际社会的普遍共识。要实现绿色低碳发展目标，中国需要将绿色发展理念为指引，引导金融系统创新绿色金融产品与服务，推进企业绿色生产经营，实现"一带一路"绿色发展，共同应对全球气候变化。在此过程中，人民币着力发挥绿色金融计价结算货币功能，不断拓展跨境贸易投资的应用场景，为人民币国际化提供新的发展路径。

第一，构建绿色金融支持体系。一是完善绿色金融政策支持体系。绿色金融具有显著外部性，需要政府部门发挥财政、货币、产业等政策支持作用，对绿色产业和绿色项目提供财政奖补、税收补贴、利率优惠、担保

增信等政策倾斜或支持，吸引金融机构、企业和私人参与绿色投资、绿色生产与绿色消费，促进绿色金融市场健康持续发展。二是建立多元化融资方式。引导银行业金融机构创新绿色金融产品与服务，丰富绿色信贷业务规模与种类，探索环境权益抵质押融资产品，开发生态资源的经济价值，拓宽绿色产业和绿色项目的融资渠道。引导符合条件的绿色企业到债券市场、股票市场发行债券或股票，吸引更多社会资金参与绿色产业和绿色项目建设，拓宽企业的融资途径。三是加强与第三方机构合作。发挥环境权益交易平台作用，推进碳排放、排污权等环境权益交易，完善环境权益定价机制，形成公众和企业共建绿色社会的发展模式。加强信息披露，引导金融机构、风险投资公司、私募基金等参与绿色项目投资。

第二，推进绿色生产经营。绿色生产方式是践行绿色发展理念的主要载体，在很大程度上决定了绿色发展的成效。对此，市场主体需要主动承担社会责任，积极践行绿色发展理念，构建科技含量高、资源消耗低、环境污染少的产业结构和业态模式，在国内国际竞争中占据优势，带动人民币国际化发展。一方面，科技赋能企业绿色生产。加强工业互联网、大数据、5G、供应链等信息技术在企业生产经营中的应用，将数字化技术与产品设计、生产制造、回收利用等环节深度融合，推动企业实施全流程、全生命周期精细化管理，带动能源资源效率系统全面提升，助力企业节能降耗。另一方面，科学构建绿色生产管理体系。企业绿色生产管理是一个复杂的系统，需要综合运用技术节能、管理节能和结构节能手段，科学评估技术的风险和收益，选择最有利于企业发展的节能减排技术，完善规范操作、应急管理等管理手段与管理流程，有效推动企业绿色低碳转型，提升企业的市场竞争力和认可度。

第三，推进"一带一路"绿色发展。2017年环境保护部、外交部、国家发展和改革委员会、商务部联合发布《关于推进绿色"一带一路"建设的指导意见》，正式提出建设绿色"一带一路"，明确以生态文明、绿色发展等理念为指导，提升政策沟通、设施联通、贸易畅通、资金融通、民心相通的绿色化水平，带动人民币在"一带一路"沿线国家布局。一是深化"一带一路"国际协调与合作，利用中国—东盟、澜湄合作、博鳌亚洲论坛等双多边合作框架，深化同"一带一路"沿线国家的生态文明建设合作，推动建设澜湄命运共同体、中国—东盟命运共同体以及亚太命运共同体中的生态文明要素建设，加强区域环保、低碳产业、绿色金融等领域市场开放与技术合作，带动区域经济金融一体化。二是加强"一带一路"绿色经贸合作，遵循和完善绿色投资与贸易规则，建立"一带一路"绿色项目库，全面评估和跟踪"一带一路"绿色项目的环境与社会影响，公开披露绿色项目的环境社会评估结果，及时规避或应对环境和发展风险。三是发挥亚洲基础设施投资银行、金砖国家新开发银行、丝路基金等金融平台作用，动员国内国际资金支持"一带一路"绿色产业和绿色项目建设，创新推出人民币投融资工具，满足"一带一路"经济结构转型、基础设施建设的资金缺口，带动人民币国际化发展。

四、构建"双循环"新发展格局，实现高水平对外开放

畅通国内国际"双循环"是保障中国在对外开放中实现经济高质量发展的必然要求，对促进人民币国际化具有重要意义。畅通国内国际"双循环"不仅提升生产端供给质量，激发市场活力与竞争力，促进国内经济稳健、可持续发展，而且能够加强跨境贸易投资等领域合作，实现国际市场对接和产能互补，发挥人民币支付结算、投融资等功能。

第一，创造公平竞争的政策环境与市场环境。畅通国内国际"双循环"需要解决好国民经济中供给与需求错配、错位问题，解决好结构性过剩和不足并存问题。随着中国经济进入高质量发展阶段，政府需要继续深化市场体制改革，创造良好的营商环境，激励企业在市场竞争中不断提升全社会的产品供给质量。一方面，加速要素市场改革与国有企业改革，打破行政垄断和市场壁垒，创造公平竞争、法治有序的政策环境与市场环境，激励市场主体不断提升供给质量和供给效率，满足国内国际"双循环"的市场需求。另一方面，构建公平、竞争、法治的市场经济环境，约束政府过度干预市场行为，健全法律法规，鼓励和保护市场主体之间的公平竞争，打击违法违规行为。消除行业垄断和隐性壁垒，降低市场准入门槛，防止资本无序扩张，营造公平竞争的营商环境，激发市场主体尤其是民营经济主体对市场的信心，提高市场活力与企业竞争优势，为人民币国际化创造良好环境。

第二，实现政策性开放转向制度性开放转化。中国是经济全球化的积极参与者和重要建设者。进入新时代，中国需要适应经济全球化新趋势，

积极采取行动，加快构建高水平的开放型经济体制，实现经济高质量发展。高水平开放型经济新体制，主要体现在以制度型开放为重点的高水平开放上。一方面，不断克服保护主义的困扰，实现从融入全球化向推动乃至引领全球化的战略转型，努力维护多边贸易体制，不断降低关税，扩大外资企业市场准入，积极参与促进高标准区域经济金融一体化。另一方面，继续完善国内外经济法律法规体系，加强国内外规则、管理、标准等对接，构建自贸试验区、海南自贸港等对外开放新平台，全面实现制造业开放到逐步推进服务业扩大开放，逐步形成更大范围、更宽领域、更深层次的开放型经济新体制。构建高水平开放体制将进一步促进国内外要素资源整合，提升国内产业技术水平和竞争力，带动人民币国际化发展。

第三，提升在全球产业链中的地位。随着经济全球化与国际分工日渐深入，全球之间的企业、产业联系日益密切。对此，需要构建高水平对外开放体系，加强全球资源整合，充分发挥产业集群的聚集效应和扩散效应，不断提升供应链、产业链、价值链的稳定性与韧性，强化中国在全球产业链中的地位和影响力。一方面，积极利用国外资金、资源、技术，促进国内产业结构调整，培育与发展产业集群，推动全球产业链发展和维护全球产业链安全，实现多方共赢与可持续发展。另一方面，以大型跨国企业为载体，构建全球创新网络，研发适合当地需求的产品，贴近国际市场需求，满足境外企业、非居民的生产生活需求，形成紧密联系经贸网络，全面提升我国产业链现代化水平，为人民币国际化提供坚实载体。

五、推动共享经济健康发展，培育壮大经济新动能

新冠肺炎疫情蔓延全球，严重冲击了世界经济和人们生活。共享经济作为新经济新业态，依托"互联网＋"模式对分散资源进行优化配置，为群众生产生活提供更经济、更多样、更便捷的服务，为推动复工复产、经济转型注入重要新动力。发挥共享经济作用不仅在疫情下恢复企业市场竞争力，呈现出新业态新动能不断成长的勃勃生机；而且促进国内外市场对接，带动企业"走出去"，进而促进人民币国际化发展。

第一，加大对共享经济的政策引导力度。制定促进共享经济发展的政策法规，稳住企业发展预期，提振企业参与共享经济的信心，不断盘活存量资产，优化产品供给与服务。在符合依法平等准入原则的基础上，放宽

对共享经济平台企业的准入门槛，加速行政审批效率，节约市场主体行政审批时间，把工作重心从事前审批转到事中事后监管，为企业经营提供便利条件，稳住企业发展预期，增强企业投资信心。增强新动能对共享经济的支撑力，鼓励共享经济平台企业在优化供给、产品服务迭代升级上下更大功夫，拓展市场发展空间。

第二，支持共享经济平台企业服务民生。鼓励共享经济平台企业进入民生领域，消除共享经济平台企业进入民生领域的体制机制障碍，放宽准入、优化服务，让平台化产业组织逐步成为生产新方式，满足人们对高品质、个性化、差异化生活的需求。引导共享经济平台企业以先进技术、特色服务为重点，促进人才、资金、技术等要素合理流动，推进基本民生领域供给侧结构性改革，全面保障社会的基本民生。加大财政、金融等政策对共享经济平台企业的财税优惠、资金等方面支持，降低企业生产经营成本，提高贷款的可得率、优惠率，让共享经济平台企业在服务实体、保障民生中发挥关键作用。

第三，增强数字产业国际竞争力。数字经济是共享经济的重要推动力。近些年来，我国不仅互联网的绝对人数和相对比例都很高，而且培育出阿里巴巴、京东等具有全球竞争力的数字化企业。数字经济发展有效带动跨境贸易投资繁荣，拓宽人民币跨境使用空间。截至2020年末，跨境贸易人民币结算量已达6.8万亿元；预计到2025年中国跨境电商出口规模将达15万亿元[①]。对此，需要借助智能制造、数字营销、5G运用、智能融合技术等数字领域成果，吸引更多数字企业应用数字技术，参与到电商数字化变革中来，助力传统电商转型升级，打通电商全产业链发展。利用在疫情肆虐背景下，线上交易极速增长的有利条件，对碎片化、分散化的海外需求进行数字化管理，探索建立满足海外市场需求的跨境电商海外仓，提升物流绩效与降低物流成本，进一步促进跨境贸易发展，带动人民币国际化发展。

第四，加强监督管理，确保共享经济健康发展。共享经济颠覆了传统经济运行模式，但也产生了监管的时滞，使建立在传统经济运行模式语境

---

① 刘珺. 人民币国际化再思考—新动力、新领域、新使命 [EB/OL]. [2021 - 08 - 07]. http: //www. imi. ruc. cn/IMIsd/dc8cbd858d774c9eb19bf181d4223d7a. htm.

下的监管制度不能对共享经济发展所带来的一系列问题作出有效回应。例如，部分共享经济平台企业实施偷税漏税、非法传销、网络赌博、洗钱等不法行动，严重危害行业健康稳定的发展。对此，需要严格依法管理，强化行业自律管理，维护公平竞争的市场秩序，坚决处理共享经济中危害与扰乱市场秩序行为。用互联网、大数据、人工智能等先进技术进行甄别查处，确保不留死角，优化行业生态，为共享经济平台企业营造良好的发展环境。推动公共数据开放共享，加强跨部门之间政务信息资源的协同互通，打破信息孤岛，在降低资源共享成本的同时强化数据信息监管，提升社会信用度。

第二节　加快金融体制改革和对外开放

一国货币国际化需要拥有具有广度、深度和弹性的开放且发达的金融市场（李晓，2022）。在推动本币跨境使用之前，必须做好相应的配套改革和金融深化措施。人民币国际化必须与国内金融改革紧密结合，采取推进放松利率市场化、汇率形成机制改革，加强离岸与在岸金融市场融合，稳步推进资本账户有序开放等配套措施，从而降低货币国际化风险与成本。

一、深入推进利率市场化改革，优化货币政策调控机制

利率市场化改革是货币国际化的前提基础。利率市场化通过影响资金价格、金融机构风险管理、市场预期等途径，影响人民币跨国流动的方向和规模，进而影响人民币的贸易结算和国际投资地位。结合美国、英国等国家利率市场化经验，中国需要稳步推进利率市场化改革，不断完善政策利率锚，优化利率走廊机制与 LPR 定价机制，培育市场基准利率，不断优化货币政策传导机制。

第一，完善政策基准利率锚。基准利率是利率体系的核心，会对货币市场其他利率变化造成影响，构成央行制定和实施金融政策的传导工具、金融市场的投资者和参与者进行金融决策的参照体。根据发达国家的经验，利率市场化改革关键是形成稳定的有效的政策利率锚，通过公开市场

操作将政策基准利率稳定在目标区间，实现市场利率向存款、贷款利率传导，最终影响市场主体的预期与行为。目前，我国货币政策调控采取数量型、价格型调控相结合模式，培育健全政策基准利率，有利于进一步提高政策的有效性和灵活性，不断增强价格型货币政策的传导效率和落实情况。对此，上海银行间同业拆借利率（Shibor）是可选的政策基准利率，需要增强 Shibor 报价的有效性，提高其独立运行能力，进而提升政策基准利率的有效性。对于期限在 3 个月以内的短期 Shibor 更适合作为政策基准利率，但在中长期上可以考虑将银行间质押式回购利率作为基准利率。此外，需要增强政策基准利率的基准性，结合"利率走廊"、公开市场操作等工具，疏通利率传导机制，通过基准利率来影响整个金融市场价格、调控经济，实现货币政策从数量型调控向价格型调控转变。

第二，完善利率走廊机制。在基准政策利率锚确定后，需要不断完善利率走廊机制，建立稳定可靠的基准利率，为深化利率市场化改革提供保障。近年来，我国在全国范围推广常备借贷便利（SLF）操作，构建"利率走廊"的轨道，引导金融市场短期基准利率，完善货币政策传导机制。一是完善"利率走廊"政策工具。构建"利率走廊"轨道需要积极构建利率上限、利率下限、"走廊"宽度等要素，完善"利率走廊"调控模式。一方面，优化"走廊"利率上限与利率下限。拓宽 SLF 适用对象，将 SLF 适用对象扩展到非银行金融机构，完善合格抵押品制度框架，扩大 SLF 规模，完善 SLF 的"走廊"上限作用。逐步完善法定准备金管理制度，探索实施自愿准备金持有制度，设立常备存款便利，将常备存款便利利率打造为"走廊"下限。另一方面，科学确定"利率走廊"宽度。科学合理地设置"利率走廊"宽度，适时收窄"利率走廊"宽度，提高货币政策传导的精准度、透明度与高效度，保证"利率走廊"的调控效果。二是完善商业银行体系。"利率走廊"本质上是对商业银行的内在利益诱导机制，利用商业银行自身的理性经济行为将金融市场的短期利率控制在"走廊"的上下限之间。对此，积极推进银行体系改革，发展多层次、广覆盖的银行机构体系，建立新型的银企关系，减少政府干预，消除信贷市场的机制扭曲，提升银行的风险定价能力。完善银行内部治理结构，形成有效的制衡机制，深化绩效考核改革，建立长期激励机制，打造适应利率市场化发展的市场主体，发挥好"利率走廊"中银行作为政策传导者的作用。三是构建发达成熟的金融市场。继续发展银行间同业拆借市场，充分发挥上海同业拆借市场利率（Shibor）在决定短期基准利率的作用，同时大力发展债券市场，增加国债发行品种，优化国债期限结构，促进国债现券交易和回购交易，为"利率走廊"调控模式创造有利条件。

第三，健全 LPR 定价机制。2019 年 8 月，中国人民银行推出贷款市场报价利率（LPR）形成机制，明确与优化 LPR 报价的运用要求、报价频率、期限品种、报价银行、形成方式和报价原则，完善银行贷款市场利率定价机制，提升货币政策传导效率。一是提高 MLF 向 LPR 的传导效率。LPR 利率是由中期借贷便利（MLF）利率和点数两部分决定，前者取决于央行的货币政策，后者受贷款市场的风险溢价影响。对此，需要继续深化利率市场化改革，及时关注商业银行 LPR 改革实施情况，畅通 "MLF 利率→LPR 利率→贷款利率" 的利率传导机制，实现市场利率与政策利率的联动，切实疏通市场化利率传导机制，提高货币政策的有效性。二是提升金融机构定价能力。引导金融机构充分认识 LPR 改革对资产定价的影响，主动运用 LPR 定价，转变理财产品定价方式，筹划理财产品结构调整，从而适应市场化利率环境。发挥大型商业银行的示范和带动作用，推广实施大型银行在 LPR 衍生品业务的成熟经验，引导中小银行加强定价能力建设。三是推进 LPR 挂钩的金融产品创新。引导金融机构在现有利率品种基础上进一步丰富利率风险管理工具，形成不同种类、期限的金融交易产品与服务，激发市场活跃度，为投资者提供丰富多样的产品选择，促进金融市场健康发展。

二、推进汇率形成机制改革，增强汇率弹性

从国际经验来看，更加灵活的汇率有助于培育形成发达的金融市场、吸收资本流动所带来的冲击、增强货币政策独立性以及加快国内结构性改革。近年来，我国通过渐进式改革逐步完善汇率形成机制，在更大空间内发挥市场供求对汇率的决定性作用，增强汇率弹性，从而提高金融资源配置效率、促进人民币国际化发展。

第一，提高对汇率波动的容忍度。近年来，我国持续推进人民币汇率形成机制改革，大幅提升人民币汇率弹性，化解单边汇率变化预期，减少顺周期行为，保障宏观经济稳定。一方面，对经济基本面保持信心，减少

对汇率波动的"恐惧",适当扩大汇率波动幅度,提高汇率波动容忍度,正确估值人民币资产价值,减少政策干扰,扩大市场供求决定汇率水平。另一方面,发展人民币外汇衍生品市场,丰富外汇金融产品数量与种类,提高外汇市场的流动性,强化外汇市场的价格发现功能,鼓励企业参与离岸和在岸外汇市场交易,通过低成本外汇风险对冲工具管理汇率波动风险,降低汇率波动对企业进出口成本、利润的影响。

第二,完善人民币汇率定价模式。当前,人民币汇率采取"收盘价 + 一篮子货币波动 + 逆周期调节因子"定价模式,推动人民币汇率市场化发展需要在定价方面采取以下措施:一是延长收盘价的时间点,扩大收盘价对市场更长交易时段的覆盖,提升由市场供求决定的日波动水平在人民币汇率定价中的权重。二是完善人民币对一篮子货币指数,提升人民币汇率指数在决策参考中的分量,避免盯住美元对人民币汇率波动的影响。三是提升汇率干预和货币政策透明度,加强监管部门与市场的信息沟通,帮助市场投资者形成稳定预期,减少对政策意向的猜测与误读,避免汇率过度波动。

第三,加强人民币汇率预期管理与引导。由于外汇市场流动性好,市场参与者广泛,体量也比较大,预期变化更容易形成"羊群效应",对汇率走势形成较大影响。对此,监管部门需要加强人民币汇率预期管理与引导,通过舆论引导、提高汇率交易透明度、外汇政策调控等多种方式,防范外汇市场顺周期行为引发"羊群效应",打击外汇领域违法违规行为,使人民币汇率在合理均衡水平上保持基本稳定,切实维护宏观经济稳定,促进人民币国际化发展。

三、稳步推进资本项目可兑换,促进金融市场有序开放

资本项目可兑换与人民币国际化紧密相连。资本项目可兑换将为经济主体在贸易投资中使用人民币提供便利性,促进人民币国际化发展。目前,我国积极开放资本和货币市场、衍生品工具的资本项目交易,简化外商直接投资和清盘的外汇管理手续,但是资本项目整体可兑换还不完全适应实体经济发展与人民币国际化需求。对此,需要采取积极措施,结合国际规则与市场需求,稳慎有序推进资本项目可兑换。

第一,持续推动实体部门直接投资外汇管理可兑换。结合国内经济发

展需求，把金融服务实体经济作为外汇管理工作的出发点，推进实体部门直接投资外汇管理可兑换，促进实体经济发展。一方面，持续推动外商直接投资（FDI）落实准入前国民待遇加负面清单管理，推进简政放权，构建以登记为核心的外商直接投资外汇管理框架，推动外商直接投资外汇管理实现基本可兑换，改善外汇营商环境，给外国投资者在华直接投资、跨境资金流动创造便利渠道与路径。另一方面，持续优化境外直接投资（ODI）外汇管理，支持鼓励有能力、有条件的企业开展真实合规的对外投资，推动国内企业融入全球产业链和价值链，满足"走出去"企业的多样化金融需求。通过促进境内外企业的资金融通、本外币兑换，充分利用境内外"两个市场、两个资源"，实现"引进来"和"走出去"高质量发展。

第二，有序推进资本市场双向开放。资本项目可兑换并不意味着不受到任何限制的自由流动，需要做好必要且有力的监管，在风险可控前提下提升跨境资金汇兑和清算效率，实现跨境投资由渠道式开放走向制度型开放。一是深化合格机构投资者制度改革，不断简化审批管理，逐步取消合格境外机构投资者（QFII）和人民币合格境外机构投资者（RQFII）的投资额度、可投资品、资金汇回规则等制度差别或限制，进一步便利境外机构投资者投资国内金融市场。不断完善合格境内机构投资者（QDII）外汇管理制度，实现跨境证券投资制度化、规则化与常态化管理，满足境内投资者对外证券投资的合理需求①。二是不断拓展境内外资本市场互联互通，支持境内与新加坡、伦敦等金融市场联通与协同，支持更多境外机构在境内发行投资和交易人民币债券，支持境内金融机构和企业在境外开展人民币投融资，促进人民币离岸市场与在岸市场的有效衔接，推动更多人民币资金在海外市场流通。三是稳慎推进境内衍生品市场对外开放，合理把握资本项目可兑换的"实需"原则，进一步丰富风险对冲工具，优化风险管理机制，满足境内外投资者管理市场风险的需求。

四、加强离岸市场与在岸市场融合发展

离岸金融市场是为非居民提供金融业务的国际金融市场。离岸金融市

---

① 肖胜. 稳步推进资本项目高水平开放 [J]. 中国金融，2022（17）：18 – 20.

场可以为在岸市场资本账户开放提供缓冲地带，减缓金融市场骤然开放对国内金融市场冲击，同时为在岸市场提供从事人民币跨境业务的境外对接点。对此，需要在充分发挥离岸市场在人民币交易、结算、拆借等方面作用，加强离岸市场与在岸市场的政策协同，强化二者的联动与融合，共同推动人民币国际化发展。

第一，完善人民币离岸市场布局。人民币国际化过程必然伴随着人民币离岸市场发展。人民币离岸市场促进人民币外汇市场24小时交易、实现人民币"体外循环"，满足非居民持有人民币资产需求，有效促进人民币国际化发展。一方面，继续发挥新加坡等既有离岸金融市场作用，建立跨境互联互通机制，促进人民币产品多元化发展，在投资、风险管理及资产配置中更广泛地使用人民币，打造全球离岸人民币业务枢纽。另一方面，进一步完善人民币在全球各地的布局，建立覆盖亚洲、欧洲、美洲等区域的人民币交易网络，为该地区进出口商和投资者提供人民币清算服务，吸引更多市场主体持有和使用人民币，形成外部网络效应，降低人民币交易成本。

第二，放宽境内机构开展人民币离岸业务。当前，人民币离岸市场受到政策约束相对较少，在岸市场受到政策调控要多一些，这在客观上造成离岸市场与在岸市场之间出现人民币业务的价格差异。对此，需要结合市场实际需求，以自贸区企业和金融机构为试点，逐步放宽境内机构开展人民币离岸业务，满足在岸市场主体的实际需求。借鉴发达国家离岸金融市场建设的成熟经验，以服务"一带一路"建设为着力点，以服务实体经济为宗旨，推进人民币离岸金融市场创新，推动离岸债券市场、离岸股票市场、离岸保险市场、离岸衍生品市场等建设，鼓励国内外企业、金融机构通过发行人民币计价证券进行融资，利用保险和衍生品交易有效规避市场风险，实现资产优化配置和风险管理，从而加速人民币离岸与在岸市场的汇率利率趋同，缩小人民币汇率、利率市场套利空间，促进人民币国际化平稳发展。

第三，离岸市场和在岸市场的融合应以在岸市场为主导。尽管人民币离岸市场发展迅速，但是全球人民币资产配置的主要市场仍然在国内而非在国外。人民币在岸市场由中国人民银行提供流动性调节、平抑市场波动，离岸人民币市场是在岸市场的延伸，不能独立主导人民币国际化进程，否则将直接影响到人民币国际化推进步骤与实施效果。随着国内金融市场不断深化改革与扩大对外开放，人民币在岸市场稳健发展将对维护金融市场稳定、人民币国际化具有至关重要作用。因此，在岸市场必须承载离岸和在岸市场融合的主导地位。

第四，加强人民币离岸市场监管。加强人民币离岸金融市场监管，实现离岸与在岸金融市场监管协同，有助于维护离岸人民币市场有序发展，促进人民币国际化稳健发展。一是建立健全人民币专用账户体系。探索建立离岸人民币专用账户体系，对跨境人民币资金流动情况进行监管，实时监测大规模、高频次的异常资金流动，为推进金融市场有序开放与人民币国际化创造有利条件。二是调控人民币离岸市场规模。持续完善人民币离岸市场的准备金制度，通过调整存款准备金率，影响人民币离岸市场的信用创造规模，鼓励创新离岸央票等工具，主动调控人民币离岸市场的资金存量，推动完善人民币离岸市场的中短期基准利率曲线，促进人民币离岸市场稳定与规范发展。三是加强在岸与离岸市场协调监管。借鉴国际社会关于离岸金融市场监管的原则和措施，不断丰富和完善人民币离岸金融市场监管的工具，与国际组织开展深入合作与交流，建立健全境外监管当局与内地金融监管机构之间信息交流和政策协商机制，共同制定人民币离岸业务危机预案，提升人民币离岸市场透明度。

第三节　维护金融安全与稳定

当今世界正经历着百年未有之大变局，全球经济陷入动荡变革期。尽管我国经济依然保持韧性，金融系统运行总体平稳且金融风险可控，但是推进金融供给侧结构性改革、扩大资本市场对外开放在提高资源配置效率的同时，势必会加剧金融市场波动。对此，需要着力提高金融监督管理水平，维护国家金融安全和稳定，为人民币国际化创造稳定的市场环境。

一、构建跨境资本流动管理的双支柱框架

随着中国不断扩大对外开放，中国势必在金融安全与稳定上面临巨大威胁。对此，需要不断完善金融监管体制，尤其是跨境资本流动管理，在

促进跨境贸易投资便利化的同时加强事前事中事后监管，防范化解跨境资本流动风险，维护国家经济金融安全，特别是要主动维护中国海外资产安全，为人民币国际化保驾护航。

第一，建立双维度的跨境资本流动宏观管理框架①。跨境资本流动宏观管理框架包含两方面内容：一是资本管制，主要是服务国际收支平衡目标的跨境资本流动管理政策传导机制；二是宏观审慎，主要是服务防范跨境系统性金融风险的跨境资本流动管理政策传导机制。在资本管制、宏观审慎维度下的跨境资本流动宏观管理框架，需要综合运用外汇市场干预、宏观审慎评估与压力测试、托宾税、外资审查等管理工具，对国际收支平衡、跨境系统性金融风险等指标进行监测与调控，进而实现促进经济增长与金融稳定等最终目标，带动人民币国际化稳步发展。对于直接投资、资本市场证券交易等长期资本流动，需要在"负面清单＋国民待遇"引领下鼓励境外资本支持国内实体经济发展。资本管制措施能够高效地预防跨境短期资本大幅波动所造成的局部风险，但是需要警惕在开放型经济中资本管制可能引发国际资本因"绕道而行"而削弱实施效果，并给实体经济造成负面冲击。

第二，完善跨境资本流动微观管理框架。跨境资本流动微观管理框架主要聚焦资本项目可兑换改革，避免政策反复与不确定性，提高政策透明度和可信度，为市场提供稳定的政策环境。一是在现有资本项目开放的基础上，循序渐进地推进尚未开放项目的可兑换进程，保留对部分高风险项目的审慎监管或资本管制；同时，完善外汇衍生品创新，增加外汇市场的深度和广度，满足国内外投资者的多样化配置和风险管理需求。二是构建以负面清单为基础的微观管理新体制，对金融机构外汇业务实施准入管理，对风险程度较高的创新业务设定必要的准入门槛；对外债、衍生品交易等风险较大、杠杆率较高的跨境交易项目，实施负面清单管理；对合规性程度较差或违规企业实施严格的审慎监管。三是加强微观监管的能力建设，主要是提升四个方面的能力，分别是统计申报、流程管理、考核评价等基础性职能；发现异常交易主体、交易项目和交易地区的数据分析能力；金融机构前端自律、中后端约谈与窗口指导的合规性监管能力；掌握

---

① 《径山报告》课题组．中国金融开放的下半场［M］．北京：中信出版集团，2018．

系统重要性机构经营状况的能力。

二、加快推进数字人民币发展

数字货币通过点对点交易技术能够实现全天候实时转账，做到信息流和资金流同步交收，大大提升支付结算效率。截至 2021 年 6 月末，我国数字人民币试点受邀白名单用户已超过 1 000 万，累计交易笔数 7 075 万笔，金额达 345 亿元①。数字人民币的发行有助于提升人民币的国际支付份额，加快人民币国际化的进程，同时扩大人民币的国际话语权、维护国家金融主权与安全。

第一，建立健全数字人民币政策法规。一是明确数字货币的法律地位。修订完善《中华人民共和国人民币管理条例》《中华人民共和国银行法》等法律法规，修订现行货币管理制度和规则，制定数字人民币法律规章，对数字人民币发行流程、反洗钱、反假币、信息保护等作出明确规定，为数字人民币发展提供法律依据。二是完善数字货币业务发展制度。建立健全数字人民币账户管理、支付工具管理、支付系统建设等支付结算制度，规范数字货币的市场准入、支付结算模式、应用场景、衍生工具创新等内容，对数字货币业务发展提供必要的制度安排。三是建立数字人民币监管框架。数字人民币作为新兴事物，其风险管理缺乏可借鉴的经验。这就需要建立相应的监管框架，建立专业化监管部门，细化部门分工与职责，对数字人民币的所有权转移、数据信息使用、反洗钱和外汇管理等进行密切监督，保障数字人民币顺利落地实施。

第二，提升数字技术应用水平。数字人民币应用离不开数字技术的有效支持。在确保中国人民银行对数字人民币绝对控制权和主导权的情况下，加强数字人民币的技术创新，调动数字人民币的技术创新活力，扩大数字人民币的应用场景。一方面，加强数字人民币技术研究。采取国家主导、市场化协同创新的体制机制，在人民银行主导下吸引有实力科技企业共同参与数字货币技术研发，推动区块链、大数据、云计算等数字货币所需核心技术更新迭代，提升数字人民币在实际应用的便利性、普适性与安

---

① 中国数字人民币的研发进展白皮书 [EB/OL]. [2021 - 07 - 16]. http://www.gov.cn/xinwen/2021 - 07/16/5625569/files/e944faf39ea34d46a 256c2095fefeaab. pdf.

全性。另一方面，加强数字人民币技术路线统筹。发挥人民银行在数字金融基础设施建设、技术路线统筹上的领导作用，稳妥适应不断更新迭代的新兴技术，耦合和评估不同机构的技术方案，注重技术之间的互通共享，形成良性的技术研发与竞争机制，降低数字人民币技术迭代存在的风险，确保数字人民币顺利发行和流通。

第三，加强数字人民币的国际合作。数字人民币发展需要对接人民币跨境支付结算系统，依托海外商业银行和机构，建立人民币的境内外发行流通渠道。对此，需要积极探索建立数字人民币的国际货币金融合作机制，强化人民币的国际化地位。一是依托"一带一路"建设、中国东盟自由贸易区等双（多）边合作平台，在全球范围内寻找合作伙伴，鼓励其积极参与法定数字人民币的发行与承兑，提高数字人民币的渗透率、使用率以及在全球范围内的被接受程度。二是加强与国际货币基金组织、国际清算银行等国际组织合作，探讨建立在 SDR 基础上的超主权数字货币合作，打造新技术支撑、更多方参与的数字 SDR，进一步缓解货币互换、储备方面的压力，共同为全球提供优质的金融公共产品，以提升法定数字人民币的话语权。三是增加数字人民币发行流通和监管制度的灵活性和适应性，扩大数字人民币的使用范围，满足跨境贸易投资对数字货币的支付结算需求。

第四，加强数字人民币的监管。一是加强数字人民币动态监测。数字人民币能够通过数字化的流通和交易产生大量的货币数据信息流，需要应用大数据分析等技术，掌握数字货币交易的一手情况，监测数字人民币对传统纸币发行流通的影响，为货币政策制定和实施提供信息支撑，提高央行货币政策传导的有效性。二是加强数字人民币风险预警。基于对数字人民币的大数据分析，构建相应的风险预测模型，对数字人民币风险进行模拟与预测，及时识别货币发行与流通中存在的风险，预警数字货币可能导致的金融资产波动风险，制定风险应急处理方案，为数字人民币良好运行提供可靠保障。三是加强数据隐私保护。制定数字人民币保密法规，加强对公众的金融知识普及与教育，高度重视数字人民币交易安全与数字信息保护，防范数字货币领域的金融诈骗及金融犯罪，切实保护社会公众利益，维护数字人民币的公信力和影响力。

三、维护国家海外资产安全

俄乌冲突爆发后，美国及其盟国大幅升级对俄罗斯的金融制裁，冻结俄罗斯央行与大型国有金融机构在美资产，限制俄使用美元、欧元、日元等进行商业交易，将部分俄罗斯银行排除在环球银行间金融通信协会（SWIFT）支付系统之外，给俄罗斯经济与金融造成巨大冲击。美国对俄罗斯金融制裁彻底破坏了国际货币体系的国家信用基础，给中国经济与金融安全敲响警钟。

改革开放以来，中国已经全面嵌入世界经济金融体系，尤其是与美国建立紧密的合作关系，各项经济要素都不可避免地与国际市场、世界经济息息相关。在国际政治局势风云际会、波谲云诡之际，这也将造成金融安全问题。例如，外汇储备积累引发的美元贬值风险；在境外的美元资产被冻结或剥夺；境外上市企业被勒令退出美欧市场；被禁止使用国际支付结算体系和美元清算系统等。对此，中国需要主动采取措施，及时根据局势变化作出相应的对策调整。

第一，与发达经济体、新兴经济体建立紧密的利益联系。美欧发达国家之间并非完全的铁板一块，彼此间存在利益的差异，如德国、法国等外交立场相对独立。新兴经济体中的巴西、印度尼西亚、南非等国家，均与中国保持紧密的政治、经济联系。对此，中国需要继续坚持和平共处、互利共赢的外交方略，结合美欧国家的利益差异性，有针对性地采取措施分而化之，增强中欧政治互信，强化与新兴经济体的合作，防止美国联合发达国家盟友形成制裁合力，切实维护中国金融安全与资产安全。

第二，优化调整外汇资产储备。根据国内外形势变化，重新调整海外资产与负债，实现外汇储备多样化，鼓励将外汇储备用于购买能源、原材料、粮食等资源，增加国家实物资产储备，维护国家战略安全。同时，以"一带一路"建设契机，利用外汇储备资金开展"一带一路"项目建设，推动沿线国家基础设施建设与能源资源贸易，在重要资源和产品上建立稳固的全球供应链与产业链，促进人民币国际化稳健发展。

第三，对海外资产进行分级分类管理。积极构筑与高水平开放相匹配的海外资产安全预警和风险防控体系，加强对国际收支监测与对外资产负债监测，保持国际收支基本平衡和外汇储备资产安全。完善境外投资分类分级监管体系，根据国别、资产类型、资产重要程度等指标划分安全等级，构建海外利益保护和风险预警防范体系，及时反馈与共享相关信息，完善领事保护工作体制机制，维护海外中国公民、机构安全和正当权益。

第四，完善人民币跨境支付系统（CIPS）。SWIFT 是全球通用的支付系统，具有强大网络效应，被"踢出"该支付系统将对被制裁国国际贸易投资以及融资造成重大冲击。中国需要持续加强人民币金融基础设施建设，探索利用区块链和数字货币等新技术建设新型跨境信息和清算系统，提升人民币跨境支付系统（CIPS）的运行效率与稳定性，并且不断扩大CIPS 系统的辐射范围，形成有国际竞争力的支付新体系，维护跨境贸易投资的支付安全。

第四节　维护国家政治稳定与推进金融外交合作

苏珊·斯特兰奇指出，经济学者关注重点在货币问题中的技术层面，只分析货币或经济机制的运作，往往在无意中忽视了货币问题中的政治因素。良好的政治与外交是货币国际化的重要保障。人民币国际化既需要以政治稳定为前提，为推进经济发展与金融创新奠定良好基础，还需要依托国家影响力或说服力，使其他国家愿意接受与使用人民币。

一、加强党的领导，维护国家政治稳定

中国共产党在为中国人民谋幸福、为中华民族谋复兴的过程中，高度重视构筑团结稳定的社会政治环境，通过推进经济社会改革发展，构建富强民主文明的现代化社会，实现政治稳定和国家长治久安，为人民币国际化发展创造有利的政治基础与社会环境。

第一，坚持党的集中统一领导，维护经济社会稳定。改革开放以来，我国经济实现快速发展，社会繁荣稳定，人民生活质量得到持续改善。这与坚持党中央集中统一领导不动摇密不可分。在世界百年未有之大变局和新冠肺炎疫情全球大流行交织影响下，我国全面建设社会主义现代化国家需要坚持党的集中统一领导，统筹国内国际两个大局，坚持稳中求进工作总基调，不断深化改革开放，加快发展现代产业体系，完善新型城镇化战

略，全面推进乡村振兴，持续增进民生福祉，扎实推动共同富裕。这不仅为经济社会发展注入强劲发展动力，激发市场活力，提升发展质量与效益，而且有助于维护经济社会发展稳定，为人民币国际化奠定良好的基础。

第二，加强法治建设，构建法治社会。党的十八大以来，以习近平同志为核心的党中央将全面依法治国纳入"四个全面"战略布局，坚持走中国特色社会主义法治道路，全面推进全面依法治国和法治中国建设。这将为人民币国际化发展创造有利的法治环境。一是加强法制教育宣传。普法教育宣传必须与时俱进，丰富教育形式，普及法律知识，培养公民的法律意识、法治精神和法律信仰，引导公民树立权利意识和义务观念，共同培育发展法治环境。二是坚持有法可依，执法严格。结合新时代发展情况，修订与完善相关法律，形成中国特色社会主义法律体系框架，做到有法可依。进一步提升执法水平，实现国家治理能力现代化，保护群众合法权益，促进社会公平正义，维护社会稳定。三是全面构建法治维稳机制。针对经济社会转型需求，结合各地情况，构建群众诉求表达机制与矛盾源头防范机制，充分倾听民众呼声，及时排查化解群众矛盾与潜在风险，构建和谐社会。

第三，着力改善民生，构建和谐社会。民生问题是建设和谐社会的基础条件，也是保障个人安全和社会安全的重要连接点。当前我国处于经济社会全面转型阶段，教育、住房、医疗、养老、食品安全等民生问题如果得不到有效解决，就容易转化为社会矛盾，成为社会不稳定的因素。这就需要在党中央集中统一领导下，坚持以人民为中心，结合当前我国经济社会发展实际，统筹布局，平衡好改革、发展、稳定的关系，解决人民群众关心的问题。具体而言，在教育、住房、医疗、养老等与老百姓日常生活密切相关的领域，建立合理配置这些重要社会资源和社会机会的制度和机制，使社会成员都有公平、合理的发展机遇，形成各尽其能、各得其所、安定团结的局面，从而最大限度地改善民生和维护社会和谐稳定。

二、开展货币金融外交合作，提升人民币国际影响力

人民币要想成为顶级货币，就需要突破当前既有国际货币的使用惯性，加强与其他国开展金融外交合作。金融外交是一种新的外交形式，与

国际政治经济的权力博弈方式的变化休戚相关。中国需要在国际金融舞台上维护国家金融利益，在不挑战以美元为主导的国际金融体系情况下，通过金融外交来实现人民币国际化目标，树立人民币的正面形象，让其他国家对中国维护国际经济金融秩序稳定、构建人类命运共同体的战略意图保持坚定信心。

第一，继续推动国际金融秩序改革。历史经验表明，全球性的危机通常会给新型大国的崛起提供机遇。2008 年全球金融危机暴露出依赖美元单一货币体系的弊端，国际社会涌现出改革国际金融体系的呼声。中国需要紧抓这次历史机遇，通过金融外交，进一步提高中国在国际货币基金组织和世界银行两大传统金融机构的占有份额和投票权，推动深化国际金融秩序改革，为中国谋求更大的发言权。同时，积极与新兴国家合作，依托亚投行、丝路基金、金砖银行等新兴金融组织，逐步增大人民币的使用规模与应用场景，满足发展中国家基础设施建设、贸易投资需求，提升人民币的国际影响力。

第二，加强与世界各国的货币金融合作。随着我国综合实力的持续增强，我国逐步深化与世界各国在货币互换、本币结算等领域合作，带动人民币"走出去"。下一步，我国需要发挥自身国际政治影响力与经济优势，继续深化货币金融合作的广度与深度，推动人民币国际化发展。一是以"一带一路"沿线国家为重点与突破口，以上海合作组织、中国—东盟、金砖国家等合作平台为载体，建立中国与世界各国的政治信任，加强双（多）边货币政策协调与业务合作，制定与完善货币互换、本币结算、债券市场开放等金融合作协议与法律法规，建立争端处理机制，为境内外资本融通以及人民币国际化创造有利条件。二是加强与世界各国金融监管部门沟通，降低双方金融机构合作的制度门槛，加强与海外金融机构的信息共享与合作，提高国际银团贷款、跨国并购贷款的服务水平，同时加强金融市场配套基础设施建设，推动债券、股票等金融市场相关规则和国际市场接轨，拓宽人民币的海外金融服务网络，满足实体经济对人民币的市场需求。三是依托人民币加入 SDR 篮子的契机，与国际货币基金组织、世界银行、亚投行、金砖国家新开发银行等多边国际金融机构合作，采取政策性、开发性贷款和商业贷款相结合方式，给"一带一路"建设项目提供人民币投融资、支付结算支持，进而对外输出人民币资本与形成人民币海外资金池。四是利用经济合作、危机应对与援助等方式，促使更多国家将人民币纳入外汇储备，进一步扩大人民币的国际需求，巩固了人民币作为储备货币的地位，使人民币更好地走向全球市场。

第五节　持续提升军事国防实力

世界储备货币变化史就是一部军事强国更替史（卢周来，2017）。纵观英镑、美元等国际化经验，它们背后有英国、美国强大的军事力量作为保障。如果没有军事实力的支撑，英镑、美元就不能在 19 世纪、20 世纪成为全球主导货币。中国推进人民币国际化也离不开人民军队的支持。加强军事国防建设有利于增强我国的综合国力、维护国家主权和安全。对此，中国需要积极提升军事实力，走中国特色强军之路，全面推进国防与军队现代化，发挥自身地区乃至全球大国作用，维护周边地区乃至更大范围地区局势稳定，承担维护国际和平义务，为人民币国际化提供良好的军事保障。

一、坚持走中国特色强军之路，增强人民军队保家卫国实力

国防和军队现代化建设是国家与民族生存与发展之根，更是保障人民生命与财产安全、促进经济稳定发展的基本前提。改革开放以来，中国军队建设遵循现代化与革命化、正规化建设相统一的总体要求，以维护国家安全与人民利益为出发点，瞄准世界军事发展前沿，坚持走中国特色的"精兵之路"，维护国土安全与海外利益。新时代中国强军建设需要牢牢把握党在新形势下的强军目标，全面加强军队革命化、现代化、正规化建设，提高军队维护国家社会安全稳定与海外利益的能力，为人民币国际化发展提供军事保障。

第一，坚持政治建军，保障党对军队的绝对领导。军队建设的首要任务是坚持党对军队的绝对领导，这是中国共产党在历史斗争中积累的宝贵经验。党的二十大报告指出，全面加强人民军队党的建设，确保枪杆子永远听党指挥。听党指挥、服从党的绝对领导是军队最高的政治要求和政治纪律。一方面，听党指挥能够保障军队对党绝对忠诚，确保枪杆子永远掌

握在党的手中。这不仅事关军队的性质和宗旨，而且关系到党和国家命运前途。另一方面，听党指挥能够充分加强军队的政治建设，将理想信念、党性原则、政治威信在全军牢固树立起来，提升军队的组织力与执行力，锻造新时代的革命军队、人民子弟兵。只有以政治建设为统领推进新时代军队建设，才能实现军队同党中央保持高度一致，强化军队的核心意识、看齐意识，贯彻党的一系列方针、政策与路线，推进国家向实现强国梦、强军梦道路全速前行。

第二，坚持科技强军，保证军队能打胜战。军队建设必须以能打仗、打胜仗为宗旨和目标，不断增强部队战斗力，做到召之即来、来之能战、战之必胜。当前，科技发展日新月异，不仅为经济、社会发展注入新动能，而且改变了军事现代化发展格局。新时代中国推进强军建设，需要把科技创新、科技赋能摆在重要位置，加强对科技认知与研究，前瞻性、颠覆性地开展技术研究、技术应用，加快军事智能化建设，将科学技术转化为现实的战斗力。此外，军事竞争根本是人才竞争，推进科技强军还需要以军事人员现代化作为支撑。把人才作为军队现代化建设的根本，大力培育高层次科技创新人才、新型作战力量人才以及高水平战略管理人才，不断提高人才队伍的素质和能力，更好地适应科技强军要求，大大提高军队作战能力，谋取军事竞争优势，奠定未来战争胜势。

第三，坚持依法治军，保持军队优良作风。依法治军是建设一流军队、维护和平安全以及实现中华民族伟大复兴的重要保障。党的十八大以来，党中央把依法治军纳入全面依法治国范畴，制定新形势下深入推进依法治军、从严治军的决定，着力打造纪律严明、作风优良的军事队伍。在新时代，全军上下需要贯彻习近平强军思想，全面推进国防和军队现代化建设，提高国防和军队建设法治化水平，保持军队的优良品格与作风。一方面，厉行依法治军。推进军队政策制度改革，结合军队现代化建设的特点与要求，强化军事立法，实现依法治军、从严治军，严格依法加强部队管理，增强军队建设的系统性、整体性、协同性，提高军队的战斗力。另一方面，做好执行监督工作。依法治军需要严肃军纪，层层压实从严治军责任，健全监督机制，始终保持正风肃纪、反贪治腐的高压态势，确保法规制度落地见效，形成军队内外的良好政治生态。

二、维护国土安全与周边政局稳定，营造人民币国际化良好外部环境

党的二十大报告指出，推进国家安全体系和能力现代化，坚决维护国家安全和社会稳定。国家安全就是在国土范围内不出现重大政治、经济动荡，不受到外来干涉和威胁。强化国家安全需要发展强大的军事力量，以军事实力为后盾，打击"三股势力"，捍卫国家领土安全，促进国家统一，维护周边地区和平稳定。保障国家主权与领土完整、维护周边地区稳定，有助于促进国内经济稳定发展与国内外产能互补，实现国内国际经济大循环，提升国际社会对中国经济的信心，扩大对人民币的市场需求，从而推进人民币国际化发展。

第一，捍卫国家安全与领土完整。在当前和今后一段时期，我国打击"三股势力"，遏制分裂国家的暴力恐怖活动，打击分裂势力，维护国家政治安全与经济安全，将为人民币国际化创造良好的外部环境。例如，香港是国际金融中心，是连接在岸及离岸人民币市场的重要通道。香港离岸人民币存款超过 8 000 亿元，占全球离岸人民币存款约 60%，处理全球约 75% 离岸人民币结算业务①。一方面，加强与港澳台地区的经济合作、人文交流，增进彼此的了解与信任，提升对中华民族传统文化的认同与民族自豪感。团结各民族人民和社会各界力量，共同与宗教极端思想做斗争，切断暴力恐怖活动的社会和经济基础。另一方面，积极做好军事准备，加强反对暴恐活动的国际合作，以上海合作组织等为平台，共同打击"三股势力"，坚决打击任何干涉和阻挠国家统一的行径，保卫国家主权与领土完整，维护国家安全和稳定。

第二，维护周边地区稳定。周边外交在中国外交全局中居于重要位置。中国与周边国家存在巨大的经济互补性，不仅双边经济联系紧密，而且民间交流与外交互动频繁。以中国—东盟为例，中国积极构建以相互尊重、互利共赢为基础的地区秩序，积极管控南海分歧，加强双边经贸合作，签订《区域全面经济伙伴关系协定》（RCEP），着力做大"利益蛋

---

① 香港财政司司长出席第四届粤港澳大湾区金融发展论坛致辞［EB/OL］.［2021 - 12 - 12］. https：//sc. isd. gov. hk/TuniS/www. info. gov. hk/gia/general/202112/12/P2021121000951. htm.

糕"，照顾彼此利益关切，使中国与东盟国家实现互利共赢。截至 2021 年第一季度，中国与东盟进出口贸易达 1.35 万亿元，东盟超过欧盟，成为我国第一大贸易伙伴。不能否认的是，中国与部分周边国家因为历史遗留、地缘政治等缘故，存在安全问题与利益争端。为营造安全良好的周边环境，中国需要加强与周边国家的沟通协作，在上海合作组织、区域全面经济伙伴关系协定等框架平台下深化与周边国家的合作，不断扩大彼此利益契合点，发挥各自比较优势，形成更加紧密的利益共同体。树立互信互助、安全稳定、合作共赢的亚洲安全观，在已有约束力较低且较松散的安全制度基础上，不断加强安全合作协同，搭建地区安全与合作框架，建立荣辱与共、安危相系的命运共同体，着力通过谈判方式解决南海、东海等问题，加强战略性军事演习和联合巡逻，共同维护地区安全与稳定。

三、保卫对外贸易通道安全，为人民币输出提供安全保障

随着改革开放政策的持续推进，中国已经成为名副其实的"世界工厂"、世界第一大货物贸易国，大量的能源、矿产等资源从国外进口，工业制成品源源不断地出口到海外。作为对外贸易投资大国，中国迫切需要确保对外贸易通道畅通，尤其是"一带一路"贸易通道，主动应对外来军事威胁或干涉，确保中国能源、粮食、矿产以及商品等进出口安全。维护好对外贸易通道安全对人民币国际化至关重要，如果外贸通道得不到保障，就不可能实现国内外经济顺畅循环，无法有效巩固人民币国际化发展基础。

第一，密切关注对外贸易通道状况。中国对外贸易总额的 90% 均依赖于海上运输，海上通道成为中国重要的对外贸易"动脉"。其中，马六甲海峡是中国对外贸易的重要通道，马六甲海峡的船只中约有 60% 都在向中国运送货物，中国 85% 的进口石油都要经过这一海峡[①]。当前，中国海上通道运输的安全情况总体良好，未发生重大受阻等情况，但是中国对外贸易通道安全仍然存在多种潜在威胁。对此，需要利用和平阶段，密切掌握这些通道情况，全面收集和分析通道上的海洋水文、地质地貌等数据资

---

① 合作维护海上通道安全［BE/OL］．［2015 - 01 - 28］．http：//opinion. people. com. cn/n/2015/0128/c1003 - 26464088. html.

料，为海军走出去执行任务提供必要的信息支持。尤其是对马六甲海峡、南海等高度敏感地区，要从战略高度关注与谋划该地区的安全问题，做到早预警、早防范与早应对。

第二，完善国际通道安全合作机制。中国对外贸易通道范围广，仅靠中国自身力量维护贸易线路安全是不科学的，需要加强与相关国家合作，协同保护国际贸易通道安全。对此，需要建立多元化的安全保障体系，通过双（多）边磋商与对话，增进彼此间的信任和合作，共同应对传统与非传统安全的威胁，以达到双赢或共赢的局面。针对"一带一路"贸易实际，共建"一带一路"跨境贸易投资的安全风险识别、防控和应急体系，强化全流程风险管控，实时共享货物流转和安全信息，保障通道运输和企业海外经营安全，使其成为推进人民币国际化的稳定载体①。

第三，沉着应对贸易通道安全风险。除了加强关键性能源资源进口来源多元化之外，要加强对马六甲海峡、霍尔木兹海峡等国际重点海域的关注，综合谋划南海问题，建立战略通道安全突发事件预警反应机制，发挥政治、经济、军事等综合作用，积极主动化解贸易通道安全风险，遏制少数国家疯狂掠夺、肆意妄为的举动，切实维护区域政治经济稳定。加强在太平洋、印度洋、大西洋等对外贸易关键航道的军事部署，填补关键海域的军力空白，在危急情况下中国军队需要及时"亮剑"，有效还击外来威胁，维护中国主要国际通道顺畅安全，保持跨境贸易投资稳定，助力人民币国际化发展。

第六节　不断提升文化软实力

文化历来是经济、政治和社会活动的基础与媒介，其作用的发挥既无处不在，又无可替代。随着中国经济的崛起以及经济"走出去"规模的不断扩大，提升文化软实力与加强文化交流有助于消除跨国之间文化壁垒，进一步强化国家间的互信，能够对贸易投资发展产生创造效应，从而构筑

---

① 兰筱琳．"一带一路"陆海贸易通道联动的理论与现实依据［J］．哈尔滨师范大学社会科学学报，2021（1）：43-50.

"双循环"新发展格局、促进人民币国际化发展。大量事实证明，中国文化"走出去"极大地推动了世界更深入研究中国、更客观看待中国、更全面认识中国，并对中国的国际经济合作产生了很强的经济外部性效应，在客观上提升国际社会对人民币的接受度与认同感。

一、确立中国特色社会主义文化自信

党的十八大以来，习近平总书记多次提出要从建设社会主义文化强国的高度，增强文化自觉和文化自信。文化自信是一国人民对以价值观与信念为核心的本国文化的确信与坚持，事关国运兴衰、文化安全与民族精神独立性（王昱清，2020）。当前，我国经济社会发展处于战略机遇期，必须更加重视文化自信，发挥文化自信引领风尚、教育人民、服务社会的作用，全面建设社会主义现代化国家，推动人民币国际化发展。

第一，开展社会主义核心价值观教育。党的十八大报告提出，从国家层面倡导富强、民主、文明、和谐，从社会层面倡导自由、平等、公正、法治，从个人层面倡导爱国、敬业、诚信、友善的社会主义核心价值观，既展示了社会主义的政治思想，又凸显了对优秀民族传统精神的不懈追求。一方面，积极建构中国特色社会主义文化自信理论体系，以中华民族共同的文化记忆为根基，宣传革命文化与社会主义文化，夯实文化自信生成的文化底蕴，形成社会主义核心价值观，彰显中国传统文化魅力与中国特色社会主义文化优越性，使其成为全体中国人民的坚定信念和精神力量。另一方面，积极组织开展各类文化交流活动，实现不同文化之间的碰撞与交流，提升广大人民群众对不同文化的鉴别能力，增进对中国文化的自信心和认同感。

第二，创新文化成果与批判不良倾向。全面建设社会主义现代化国家需要不断增强文化自觉意识，创新思想文化成果，提升本土文化的国际影响力与软实力，为人民币国际化奠定文化支撑。一方面，挖掘中华优秀传统文化精髓。中华传统文化是中华民族的"根""魂"，"仁爱""以和为贵""以诚为本""天人合一"等优秀精髓构成现代化建设和先进文化建设不可或缺的养料。对传统文化进行创造性转化和创新性发展，挖掘其精神内核与力量，不断丰富时代精神，塑造国民性格与民族向心力，坚定中国文化自信心和自豪感。另一方面，抵制各种不良倾向与思潮。教育国民积极防范各种不良倾向与思潮,如历史虚无主义、文化自负心理、文化自卑倾向等,自觉抵制西方意识形态的腐蚀,提高对西方意识形态渗透的认识和辨别能力,应对敌视中国、破坏中国发展的意识形态斗争,牢牢掌握思想舆论阵地的话语权和领导权。

二、推动文化产业繁荣发展

2018 年 8 月,习近平总书记在全国宣传思想工作会议重要讲话中强调,推动文化产业高质量发展,健全现代文化产业体系和市场体系,推动各类文化市场主体发展壮大,培育新型文化业态和文化消费模式[①]。文化产业繁荣发展有助于激活中华优秀传统文化,传播中国特色社会主义核心价值观,增强人们的文化获得感、幸福感与接受度。这在客观上能提升国际社会对中国的好感,增强对人民币的接受度。

第一,推进文化体制改革。深入推进文化体制改革,促进文化事业全面繁荣和文化产业快速发展,关系全面建成社会主义现代化强国与中华民族的伟大复兴。相关部门要以整合资源、推进文化资源的产业化运作为目标,逐步实现由直接管理向间接管理转变,加强文化旅游、教育、体育等领域的统筹联动,运用政策、法律等手段来引导文化产业发展,维护文化市场秩序,为文化产业发展创造良好的法制环境、政策环境和市场环境。此外,各地在推进文化体制改革过程中需要结合本地区发展情况,深入挖掘本地区的特点与优势,因地制宜制定文化产业发展政策,推进地区文化产业繁荣与高质量发展。

第二,建立竞争有序的文化市场体系。深化文化领域供给侧结构性改革,构建现代文化市场体系和文化产业体系,持续优化营商环境,打造文化产业良性发展生态圈,丰富文化产品、服务供给,推进经济快速增长。实施文化产业数字化战略,大力开发文化创意产品,不断扩大优质文化产品供给,更好满足民众个性化、差异化的文化产品和服务需求。充分发挥大数据、云计算、虚拟现实等对文化产业的改造升级,收集和分析市场消费信息,充分挖掘消费潜力,提升文化服务效率,避免供需双方信息不对

---

① 胡和平. 繁荣发展文化事业和文化产业 [EB/OL]. [2022 - 12 - 28]. https://www.ccps. gov. cn/xxwx/202212/t20221228_ 156299. shtml.

称，为消费者提供轻松、舒适的文化体验，促进文化产业健康有序发展。

第三，培育与发展各类文化市场主体。大力弘扬企业家精神，引导企业加强文化创新驱动，突出企业的文化内涵，培育形成自主知识产权，打造知名文化品牌，提升在国内乃至国际市场的影响力和占有率。在鼓励文化企业加强创新发展的同时，加强文化产业链上下游大中小企业协同发展，尤其培育支持"专、精、特、新"中小文化企业发展。加强多部门协同与联动，对文化产业给予产业、财税、金融、土地等方面的政策支持，创新文化产业的投融资体系，实现文化产业市场化运作。

三、搭建对外文化交流合作新机制

当前，我国已经成为世界第二大经济体、第一大贸易国，需要搭建对外交流合作机制，加强国家之间的文化交流，增进国家之间的相互信任，破除彼此间的差异与隔阂，做到"和而不同"，进而促进双边经济合作，带动人民币国际化发展。

第一，在国际平台开展文化交流合作。联合国是全球治理的重要平台，联合国教科文组织除了关注教育之外，还聚焦科学如何服务于发展、文化继承与创新以及信息交流等领域。中国需要依托国际平台，以高度的文化自觉，积极开展对外文化交流，推动中华文化走向世界。一是与世界各国进行友好往来，开展文化、教育、经济、科学、体育机构和文艺团体等多种形式的交流与合作。二是举办"国际中文日"，增进中国人民与世界各国人民的文明互鉴与文化交流，不断提升中文在国际上的实用价值和文化价值，成为各国民众特别是青年人自发的重要选择。三是举办"中美文化年""中俄文化年""中法文化年""中德文化年""亚洲文化年"，在联合国开展大型国际文化活动，在世博会上宣传中国传统文化、科学技术等，展示绚烂多彩的中国民族文化，促进中国与世界各国之间的文化交流，加深了中国与世界各国人民的友谊。

第二，搭建"一带一路"文化交流平台。"一带一路"倡议是沿线国家和地区文化交流与合作的纽带，构成实现民心相通的平台。一是需要积极推进"一带一路"建设，建立健全"一带一路"国家间文化交流合作机制，加强彼此间的文化沟通和民间交流，为沿线国家文化交流注入强劲动力。二是组织开展"丝绸之路"为主题的文物巡展与考古合作，让各国人民通过文化交流领会到丝路上灿烂的历史文化与宝贵的丝路精神，更好地维护丝路友谊，促进拥有不同民族、不同文化的国家间互惠互利、共同发展。三是在"一带一路"沿线地区建设孔子学院，在国家汉办的总体指导下，采用本土化工作方式方法，培养一批"一带一路"建设践行者和文化交流推动者，为促进中外民心相通、文明互鉴、交流合作、友好往来作出贡献。

第三，构建海外利益（命运）共同体。命运（利益）共同体的本质，是在维护和追求本国安全和利益时兼顾他国的合理关切，形成"你中有我、我中有你"的双边或多边关系格局。当前，西方某些国家还在用"零和"思维甚至冷战眼光看待国际关系。中国依托其独特的"和合""大同"文化价值观念，打破不适应时代发展要求的狭隘观念，追求合作共赢、包容共享的发展格局，探寻人类共同的国际政治与经济价值。例如，在"一带一路"倡议下，推进各国市场开放与经济合作，在互利共赢中实现全球共同繁荣；在疫情肆虐时，坚持团结抗疫，推动构建人类卫生健康共同体；坚决打赢脱贫攻坚战，为全球减贫事业作出贡献；加强生态文明建设，积极应对全球气候变化。构建海外利益（命运）共同体，深化中国与世界各国的政治经济文化等方面联系，提升国际社会对中国政策的认同感与接受度，为人民币在海外流通提供良好的外部环境。

第四，建立友好城市关系。友好城市是城市外交、人文交流与文化传播的重要载体，兼具外交、经贸合作、人文交流等多重功能。两座城市建立友好关系打破了以国家为主体的人文外交范式，促进城市间、国家间相互了解，消除文化观念冲突。在政治层面，促进彼此间相互尊重、求同存异、扩大共识，在经济层面实现优势互补、互惠互利，为人民币国际化发展创造有利条件。鼓励地方政府可以与外国建立友好城市关系，定期举办城市与城市之间交流活动，促进两国城市人民之间的了解和友谊，相互借鉴城市建设和发展中的经验，开展在经贸、科技、文化等方面实质性的交流与合作，推动经济社会的繁荣与发展，促进人民币国际化发展。

第五，在对外援助中传播文化。对外援助是施援主体出于政治、经济、文化、人道主义等目的，以优惠的方式向受援国提供资金、物资、技术、文化、人力等帮助的行为。对外援助是一种软力量，通过对外援助行动，可以获得受援国的好感，进而认同施援国的文化和社会制度，使其政府的决策和民众的情感越来越亲近于施援国。当前中国日益重视国际发展援助、医疗援助、教育援助等，每年帮助并支持第三世界国家发展。这不仅有助于确立负责任大国形象，同时能够培养一批对中国具有深厚情感认同的友好人士，提升中国在受援国民众心目中的形象，形成良好的民意基础。这种文化传播与中国经济金融对外开放相结合，将提升中国在海外的话语权，在潜移默化中强化人民币在国际社会的地位。

参考文献

[1] 阿兰M. 泰勒，徐奇渊. 国际货币体系的稳定需要人民币国际化 [J]. 国际经济评论，2012 (1)：167 – 169.

[2] 巴里·艾肯格林. 嚣张的特权：美元国际化之路对中国的启示 [M]. 陈召强译. 北京：中信出版社，2019.

[3] 巴曙松. 人民币国际化的边贸之路 [J]. 浙江经济，2003 (15)：11 – 12.

[4] 白晓燕，邓明明. 不同阶段货币国际化的影响因素研究 [J]. 国际金融研究，2016 (9)：86 – 96.

[5] 白永秀，王颂吉. 丝绸之路经济带的纵深背景与地缘战略 [J]. 改革，2014 (3)：64 – 73.

[6] 保建云. 论“一带一路”建设给人民币国际化创造的投融资机遇，市场条件及风险分布 [J]. 天府新论，2015 (1)：112 – 116.

[7] 保罗·巴兰. 增长的政治经济学 [M]. 北京：商务印书馆，2001.

[8] 本杰明·J. 科恩. 货币强权：从货币读懂未来世界格局 [M]. 北京：中信出版集团，2017.

[9] 毕燕君，李晓璐. 人民币国际化及其影响因素研究 [J]. 价格理论与实践，2020 (1)：95 – 98.

[10] 曹红辉. 国际化战略中的人民币区域化 [J]. 中国金融，2006 (5)：14 – 15.

[11] 曹璐琦，戴巍. 人民币国际化问题研究——基于“一带一路”区域货币合作视角 [J]. 新金融，2021 (10)：54 – 61.

[12] 曹伟，冯颖姣. 人民币在“一带一路”沿线国家货币圈中的影响力研究 [J]. 数量经济技术经济研究，2020，37 (9)：24 – 41.

[13] 曹勇. 国际货币地位的决定：经济与政治的双重视角分析 [J]. 世界经济与政治论坛, 2010 (1)：37 - 47.

[14] 曹勇. 论人民币的国际化 [J]. 特区经济, 2004 (10)：36 - 38.

[15] 曹勇. 人民币国际化的政治与经济双重视角分析 [J]. 经济体制改革, 2020 (2)：20 - 24.

[16] 曹誉波, 刘猛. "双循环" 新发展格局下人民币国际化路径研究 [J]. 中国货币市场, 2021 (9)：37 - 42.

[17] 曹远征, 郝志运. 人民币国际化, 资本项目开放与金融市场建设 [J]. 金融论坛, 2016 (6)：3 - 7.

[18] 曹远征. 人民币国际化战略 [M]. 北京：学习出版社, 海南出版社, 2013.

[19] 陈彪如. 关于人民币迈向国际货币的思考 [J]. 上海金融, 1998 (4)：4 - 6.

[20] 陈炳才. 人民币国际化需要新路径 [J]. 武汉金融, 2019 (5)：4 - 7.

[21] 陈炳才. 人民币区域化不能急于求成 [J]. 中国金融, 2008 (16)：88.

[22] 陈沐. 对人民币国际化问题的认识 [J]. 上海金融, 2001 (12)：42 - 51.

[23] 陈若愚, 霍伟东, 王维禹. 人民币国际化的制度安排与货币合作伙伴研究 [J]. 财经科学, 2021 (5)：1 - 12.

[24] 陈瑶雯, 温健纯. 情景模拟下的人民币国际化竞争力测度 [J]. 统计与决策, 2018, 34 (6)：131 - 135.

[25] 陈雨露. "一带一路" 与人民币国际化 [J]. 中国金融, 2015 (19)：40 - 42.

[26] 成思危, 人民币国际化之路 [M]. 北京：中信出版社, 2014.

[27] 程恩富, 周肇光. 关于人民币区域化和国际化可能性探索 [J]. 当代经济研究, 2002 (11)：58 - 62.

[28] 程贵, 丁志杰. "丝绸之路经济带" 背景下中国与中亚国家的经贸互利合作 [J]. 苏州大学学报, 2015 (1)：119 - 125.

[29] 程贵, 李杰. 新发展格局下人民币国际化的空间布局研究——以

"一带一路"沿线国家为例 [J]. 金融经济学研究，2021，36（2）：52 - 66.

[30] 程贵. 丝绸之路经济带国际核心区货币金融合作的困境及其破解 [J]. 经济纵横，2015（11）：35 - 39.

[31] 程贵，王舒婷，马润平. 丝绸之路经济带建设与人民币区域化的前景——以中亚地区为例的研究 [J]. 财贸经济. 2018（6）：101 - 114.

[32] 程贵. 新时代人民币国际化的推进路径研究 [J]. 现代经济探讨，2020（10）：23 - 28.

[33] 程贵，姚佳. "丝绸之路经济带"战略下人民币实现中亚区域化的策略选择 [J]. 经济纵横，2016（6）：95 - 100.

[34] 程贵，张小霞. "一带一路"倡议是否促进了人民币国际化？——基于 PSM - DID 方法的实证检验 [J]. 现代财经（天津大学学报），2020，40（10）：80 - 95.

[35] 崔光庆，惠峰. 人民币国际化正面效应简析 [J]. 山东金融，1997（4）：60.

[36] 大卫·M. 安德鲁. 国际货币权力 [M]. 黄薇，译. 北京：社会科学文献出版社，2016.

[37] 代高琪，刘赫，纪尚伯，等. 国际货币竞争的主从博弈分析及其对人民币国际化的启示 [J]. 系统工程理论与实践，2021，41（4）：892 - 903.

[38] 戴利研，李震. 双边政治关系、制度质量与中国对外直接投资 [J]. 经济理论与经济管理，2018（11）：52 - 70.

[39] 戴小平. 论人民币国际化趋势及其监管问题 [J]. 经济问题，2003（9）：44 - 46.

[40] 邓富华，霍伟东. 自由贸易协定、制度环境与跨境贸易人民币结算 [J]. 中国工业经济，2017（5）：75 - 93.

[41] 邓黎桥. 人民币国际化程度与影响因素研究——基于国际储备份额视角 [J]. 经济研究参考，2014（38）：41 - 43.

[42] 丁文丽，胡列曲. 如何推动货币国际使用：国际经验与启示 [J]. 求是学刊，2021，48（1）：102 - 113.

[43] 丁一兵. 离岸市场的发展与人民币国际化的推进 [J]. 东北亚论

坛, 2016 (1): 21 - 30.

[44] 丁志杰, 赵家悦. 人民币加入 SDR 的意义 [J]. 中国金融, 2015 (24): 44 - 45.

[45] 董丽娃, 李增刚. 国际货币体系改革: 一个新政治经济学的分析 [J]. 西部金融, 2009 (5): 23 - 24.

[46] 董彦峰, 程贵, 姚佳. 人民币国际化的动力机制形成与转换: 基于国际政治经济学视角 [J]. 亚太经济, 2022 (4): 1 - 8.

[47] 董艳梅, 朱英明. 高铁建设能否重塑中国的经济空间布局——基于就业、工资和经济增长的区域异质性视角 [J]. 中国工业经济, 2016 (10): 92 - 108.

[48] 杜健, 胡世丽. 论 "一带一路" 倡议驱动人民币国际化的机制 [J]. 广西大学学报, 2021, 43 (2): 99 - 105.

[49] 范爱军, 冯栋. 人民币在东亚区域化路径探索的实证分析——基于最优货币区理论 [J]. 山西大学学报 (哲学社会科学版), 2014, 37 (3): 56 - 61.

[50] 范从来, 卞志村. 中国货币替代影响因素的实证研究 [J]. 国际金融研究, 2002 (8): 53 - 58.

[51] 范小云, 陈雷, 王道平. 人民币国际化与国际货币体系的稳定 [J]. 世界经济, 2014 (9): 3 - 24.

[52] 范柞军, 关伟. 基于贸易与货币竞争视角的 CAFTA 人民币区域化策略 [J]. 国际金融研究, 2008 (10): 11 - 19.

[53] 冯宗宪, 李刚. "一带一路" 建设与周边区域经济合作推进路径 [J]. 西安交通大学学报, 2015 (11): 1 - 9.

[54] 高海红. 国际货币体系重建中的人民币 [J]. 中国金融, 2018 (3): 48 - 50.

[55] 高海红, 余永定. 人民币国际化的含义与条件 [J]. 国际经济评论, 2010 (1): 46 - 64.

[56] 龚秀国, 于恩锋. 欧盟关系对美元地位与非美元货币国际化影响研究: 理论与实证 [J]. 四川大学学报 (哲学社会科学版), 2020 (5): 128 - 139.

[57] 顾海峰, 王倩. 人民币国际化的制约条件及实现路径研究 [J].

金融观察，2012（11）：97 – 102.

[58] 郭翠荣，张凤云. 人民币取向应是国际化 [J]. 经济论坛，2002（17）：7.

[59] 郭明，李保林. 人民币国际化的条件及路径选择 [J]. 郑州大学学报（哲学社会科学版），2016，49（1）：74 – 77.

[60] 郭威，司孟慧. 新中国70年金融开放的逻辑机理与经验启示：兼论中美贸易摩擦下的开放取向 [J]. 世界经济研究，2019（10）：15 – 26.

[61] 郝斯莉. 欧元：欧洲货币一体化简介 [M]. 潘文译. 重庆：重庆大学出版社，2011.

[62] 韩骏，朱淑珍. 人民币国际化"升级"：由结算货币向投资货币推进 [J]. 人文杂志，2015（11）：41 – 48.

[63] 韩强. 论人民币自由兑换与国际化目标 [J]. 金融理论与实践，1999（7）：7 – 10.

[64] 韩玉军，王丽. "一带一路"推动人民币国际化进程 [J]. 国际贸易，2015（6）：42 – 47.

[65] 何正全，韦颖. 人民币纳入 SDR 风险分析——基于美国金融战略的视角 [J]. 亚太经济，2017（6）：38 – 43.

[66] 贺玲，徐景峰，李晓艳. 我国人民币国际化问题探析 [J]. 经济问题探索，2003（11）：25 – 28.

[67] 贺曲夫，徐习景，彭容. 超主权货币取向的国际货币体系改革背景下比特币发展展望 [J]. 经济师，2017（4）：15 – 17.

[68] 胡定核. 人民币国际化的构想 [J]. 国际贸易问题，1990（6）：32 – 35.

[69] 胡定核. 人民币国际化探索 [J]. 特区经济，1989（1）：21 – 22.

[70] 胡弘志，左海聪. 人民币国际化进程中的中欧货币合作：动因及前景 [J]. 国际贸易，2020（7）：89 – 96.

[71] 黄继炜. 日本资本项目开放与汇率政策研究 [J]. 现代日本经济，2010（2）：15 – 19.

[72] 黄茂兴，贾学凯. "21世纪海上丝绸之路"的空间范围，战略

特征与发展愿景 [J]. 东南学术, 2015 (4)：71 -79.

[73] 黄梅波, 熊爱宗. 国际货币体系与金融危机 [J]. 经济学家, 2009 (7)：57 -64.

[74] 黄益平, 国际货币体系变迁与人民币国际化 [J]. 国际经济评论, 2009 (3)：20 -25.

[75] 黄志平. 国家级贫困县的设立推动了当地经济发展吗？——基于 PSM -DID 方法的实证研究 [J]. 中国农村经济, 2018 (5)：98 -111.

[76] 霍颖励. 金融市场开放和人民币国际化 [J]. 中国金融, 2019 (14)：23 -24.

[77] 霍颖励. 人民币国际化是顺应市场发展的结果 [J]. 经济研究参考, 2017 (48)：36.

[78] 姜波克. 货币替代研究 [M]. 上海：复旦大学出版社, 1999.

[79] 姜波克. 人民币国际化问题探讨 [J]. 证券市场导报, 1994 (5)：30 -32.

[80] 姜凌. 人民币国际化理论与实践的若干问题 [J]. 世界经济, 1997 (4)：20 -23.

[81] 蒋序怀. 基于人民币国际化视角的亚投行 (AIIB) 与东亚货币金融合作 [J]. 学术研究, 2015 (7)：88 -93.

[82] 金发奇. 人民币国际化探讨 [J]. 四川大学学报 (哲学社会科学版), 2004 (1)：36 -38.

[83] 金雪军, 田霖. 金融地理学研究述评 [J]. 金融学动态, 2004 (4)：73 -77.

[84] 金莹, 张二震. 全球经济新格局下国际货币体系改革问题探讨 [J]. 江苏行政学院学报, 2019 (1)：44 -49.

[85] 景学成. 对未来人民币国际化战略框架的思考 [J]. 国际金融, 2012 (4)：3 -8.

[86] 菊地悠二. 日元国际化——进程与展望 [M]. 陈建译. 北京：中国人民大学出版社, 2002.

[87] 肯尼思·沃尔兹. 国际政治理论 [M]. 北京：北京大学出版社, 2004.

[88] 雷达, 马骏. 货币国际化水平的影响因素——来自国家层面多边

数据的经验证据 [J]. 经济理论与经济管理, 2019 (8): 45 - 57.

[89] 李超. "一带一路" 视阈下人民币国际化的运作与实施 [J]. 人民论坛·学术前沿, 2018 (11): 110 - 113.

[90] 李翀. 论人民币国际化的发展战略 [J]. 中山大学学报 (社会科学版), 1991 (3): 8 - 16.

[91] 李稻葵, 刘霖林. 人民币国际化: 计量研究及政策分析 [J]. 金融研究, 2008 (1): 1 - 16.

[92] 李稻葵, 刘霖林. 双轨制推进人民币国际化 [J]. 中国金融, 2008 (10): 42 - 43.

[93] 李华民. 铸币税区域扩展与人民币国际化 [J]. 南方金融, 2002 (8): 15.

[94] 李惠茹, 蒋俊. "一带一路" 对我国沿线地区的出口贸易效应研究 [J]. 河北经贸大学学报, 2019 (6): 67 - 74.

[95] 李建军, 甄峰, 崔西强. 人民币国际化发展现状, 程度测度及展望评估 [J]. 国际金融研究, 2013 (10): 58 - 65.

[96] 李建明. "丝路精神" 下的区域合作创新模式——战略构想, 国际比较和具体落实途径 [J]. 人民论坛·学术前沿, 2013 (12): 20 - 25.

[97] 李婧, 徐奇渊. 人民币国际化进程的市场驱动力探索 [J]. 上海财经大学学报, 2010, 12 (6): 74 - 80.

[98] 李俊久, 丘俭裕, 何彬. 文化距离, 制度距离与对外直接投资——基于中国对 "一带一路" 沿线国家 OFDI 的实证研究 [J]. 武汉大学学报, 2020 (1).

[99] 李俊久. 人民币国际化的推进: 历史逻辑, 理论逻辑与现实逻辑 [J]. 经济学家, 2022 (3): 66 - 76.

[100] 李骏, 李俊葶. 基于 "特里芬难题" 的国际货币体系改革探讨——兼论稳慎推进人民币国际化 [J]. 金融发展研究, 2022 (3): 3 - 7.

[101] 李梦阳. 我国资本项目可兑换对人民币国际化影响的实证检验 [J]. 财会月刊, 2020 (1): 139 - 145.

[102] 李巍. 伙伴、制度与国际货币——人民币崛起的国际政治基础 [J]. 中国社会科学, 2016 (5): 79 - 100.

[103] 李巍. 金融外交在中国的兴起 [J]. 世界经济与政治, 2013

（2）：77 - 98.

[104] 李巍. 人民币崛起的国际制度基础 [J]. 当代亚太，2014（6）：4 - 30.

[105] 李巍，苏晗. 从体系依赖者到体系改革者——中国参与国际货币体系的角色演变 [J]. 国际展望，2015（3）：44 - 66.

[106] 李巍，朱艺泓. 货币盟友与人民币的国际化——解释中国央行的货币互换外交 [J]. 世界经济与政治，2014（2）：130.

[107] 李维林，朱文君. 我国市场基准利率的选择与培育——基于价格型货币政策传导渠道的分析 [J]. 宏观经济研究，2017（8）：59 - 68.

[108] 李晓. 东亚货币合作为何遭遇挫折？——兼论人民币国际化及其对未来东亚货币合作的影响 [J]. 国际经济评论，2011（1）：109 - 128.

[109] 李晓. 国际货币体系改革：中国的观点与战略 [M]. 北京：北京大学出版社，2015.

[110] 李晓，李俊久，丁一兵. 论人民币的亚洲化 [J]. 世界经济，2004（2）：21 - 33.

[111] 李晓，李俊久. "一带一路" 与中国地缘政治经济战略的重构 [J]. 世界经济与政治，2015（10）：30 - 59.

[112] 李晓. 美元与大国竞争 [J]. 新金融，2022（1）：16 - 25.

[113] 李晓. "一带一路" 建设中推进人民币国际化进程研究 [M]. 北京：人民出版社，2021.

[114] 李艳丰. 人民币国际化的政治经济学分析 [J]. 当代经济管理，2015（6）：1 - 5.

[115] 李瑶. 非国际货币，货币国际化与资本项目可兑换 [J]. 金融研究，2003（8）：104 - 111.

[116] 李优树，张敏. 金融开放对中国系统性金融风险的影响研究 [J]. 暨南学报（哲学社会科学版），2021（11）：36 - 50.

[117] 李育，肖柏高，刘凯. 全球金融危机以来国际货币体系的演进与启示 [J]. 郑州大学学报，2020，53（1）：43.

[118] 李裕. 论人民币在我国周边地区流通的影响和国际化前景 [J]. 经济纵横，2003（2）：13 - 15.

[119] 李泽广，吕剑. 金融开放的 "数量效应" 与 "质量效应" 再检

验——来自跨国的经验证据 [J]. 国际金融研究, 2017 (4): 56 – 65.

[120] 林乐芬, 王少楠. "一带一路" 建设与人民币国际化 [J]. 世界经济与政治, 2015 (11): 72 – 90.

[121] 林乐芬, 王少楠. "一带一路" 进程中人民币国际化影响因素的实证分析 [J]. 国际金融研究, 2016 (2): 75 – 83.

[122] 刘辉, 巴曙松. 人民币国际化条件分析: 历史机遇与现实选择 [J]. 北京航空航天大学学报, 2014, 27 (2): 66 – 73.

[123] 刘辉. 人民币离岸市场与在岸市场互动机制的实证分析 [J]. 宏观经济研究, 2014 (1): 89 – 96.

[124] 刘建丰, 潘英丽. 人民币国际化的成功标志及其可行路径——一个 "有保有压" 具有中国特色的推进路径 [J]. 国际经济评论, 2018 (2): 52 – 67 + 5.

[125] 刘凯. "一带一路" 与人民币国际化: 风险, 步骤及其货币战略 [J]. 郑州大学学报, 2017 (11): 79 – 83.

[126] 刘玲. 国际货币竞争视角下的人民币国际化博弈分析 [J]. 北京理工大学学报, 2012, 14 (2): 58 – 64.

[127] 刘玲. 货币替代与融合发展: "一带一路" 区域人民币国际化影响因素与推进机制研究 [J]. 现代财经 (天津财经大学学报), 2019, 39 (11): 89 – 99.

[128] 刘曙光. 人民币国际化条件 [J]. 国际经济合作, 2009 (4): 78 – 84.

[129] 刘伟. 国际货币体系与世界经济金融危机的爆发——兼论人民币国际化战略选择 [J]. 华南师范大学学报, 2022 (2): 83 – 92.

[130] 刘伟. 渐进式社会主义市场经济改革中的人民币国际化问题探析 [J]. 学术研究, 2018 (3): 89 – 95.

[131] 刘玮. 国内政治与货币国际化——美元、日元和德国马克国际化的微观基础 [J]. 世界经济与政治, 2014 (9): 129 – 155 + 160.

[132] 刘艳靖. 国际储备货币演变的计量分析研究——兼论人民币国际化的可行性 [J]. 国际金融研究, 2012 (4): 69 – 76.

[133] 刘一贺. "一带一路" 倡议与人民币国际化的新思路 [J]. 财贸经济, 2018 (5): 103 – 112.

［134］刘越飞. 货币国际化经验与人民币国际化研究［D］. 大连：东北财经大学，2015.

［135］卢季诺，孟辰. 离岸金融市场建设的国际经验借鉴与启示［J］. 价格理论与实践，2016（1）：126 – 128.

［136］卢林. 国际相互依赖理论的发展轨迹［J］. 世界经济研究，1990（3）：49 – 52.

［137］卢伟，李大伟."一带一路"背景下大国崛起的差异化发展策略［J］. 中国软科学，2016（10）：11 – 19.

［138］卢周来，大国金融博弈与军事力量建设［J］. 经济导刊，2017（8）：78.

［139］陆长荣，崔玉明. 日元国际化重启及其对人民币国际化路径选择的启示［J］. 日本学刊，2017（5）：105 – 129.

［140］罗斌，王雅楠. 货币国际化的影响因素及其传导路径分析［J］. 中国软科学，2018（11）：41 – 49.

［141］罗伯特·基欧汉，约瑟夫·奈. 权力与相互依赖［M］. 北京：北京大学出版社，1977.

［142］马涛. 人民币国际化的空间结构演化研究［D］. 昆明：云南师范大学，2018.

［143］马小芳，李佳杰."一带一路"高质量发展下的人民币国际化进程［J］. 理论视野，2022（2）：73 – 78.

［144］门洪华，刘笑阳. 中国伙伴关系战略评估与展望［J］. 世界经济与政治，2015（2）：65 – 95 + 157 – 158.

［145］孟刚. 人民币国际化与"一带一路"［J］. 中国金融，2019（8）：27 – 28.

［146］潘宏胜，武佳薇. 畅通"大宗商品贸易—期货市场—人民币国际使用"循环体系的思考［J］. 国际经济评论，2022（3）：89 – 101 + 6.

［147］潘英丽，论人民币国际化的战略目标［J］. 财经智库，2016（2）：20 – 34.

［148］潘英丽. 全球跨境投资的共同挑战与中国的特殊应对［J］. 国际金融，2017（11）：36 – 42.

［149］彭红枫，谭小玉. 人民币国际化研究程度测算与影响因素分析

[J]. 经济研究, 2017 (2): 125 – 139.

[150] 彭红枫, 谭小玉, 祝小全. 货币国际化: 基于成本渠道的影响因素和作用路径研究 [J]. 世界经济, 2017, 40 (11): 120 – 143.

[151] 祁文婷, 刘连营, 赵文兴. "一带一路" 倡议助推人民币国际化政策选择研究——基于货币转换成本理论的分析 [J]. 金融理论与实践, 2018 (12): 26 – 32.

[152] 钱圆圆, 沙文兵. 人民币国际化: 程度测算及影响因素分析——基于境外存量视角 [J]. 会计与经济研究, 2018, 32 (5): 99 – 112.

[153] 乔纳森·科什纳. 货币与强制——国际货币权利的政治经济学 [M]. 上海: 上海人民出版, 2020.

[154] 乔纳森·科什纳, 李巍. 货币与强制 [M]. 上海: 上海人民出版社, 2013.

[155] 乔依德, 李蕊, 等. 人民币国际化: 离岸市场与在岸市场互动 [J]. 国际经济评论, 2014 (2): 93 – 104.

[156] 曲凤杰. 构建 "一带一路" 框架下的人民币国际化路线图 [J]. 国际贸易, 2017 (8): 66 – 67.

[157] 人民币国际化研究课题组. 人民币国际化的时机, 途径及其策略 [J]. 中国金融, 2006 (5): 12 – 13.

[158] 任志宏. "一带一路" 战略与人民币国际化的机遇, 障碍及路径 [J]. 华南师范大学学报, 2016 (3): 28 – 34.

[159] 萨米尔·阿明. 世界规模的积累——欠发达理论批判 [M]. 北京: 社会科学文献出版社, 2008.

[160] 沙文兵, 钱圆圆, 程孝强, 等. 人民币国际化程度再评估及其影响因素研究 [J]. 财贸研究, 2020 (12): 19 – 35.

[161] 单杨杰. 人民币在岸市场与离岸市场联动效应研究 [D]. 苏州: 苏州大学, 2019.

[162] 沈炳熙, 沈剑岚. 人民币国际化若干问题研究 [J]. 金融论坛, 2021 (12): 14 – 18.

[163] 沈悦, 戴士伟, 樊锦琳, 等. 人民币国际化: 进程, 影响因素及前景分析——基于与欧元, 英镑, 日元及美元的对比 [J]. 经济问题, 2019 (1): 27 – 34.

［164］盛松成. 稳步推进人民币国际化时机成熟［J］. 中国房地产，2017（29）：8.

［165］石建勋，刘宇. 法定数字人民币对人民币国际化战略的意义及对策［J］. 新疆师范大学学报（哲学社会科学版），2021（7）：136－144.

［166］石磊，李明泽. 人民币国际化路径新方式探讨［J］. 知识经济，2018（2）：48－49.

［167］石巧荣. 国际货币竞争格局演进中的人民币国际化前景［J］. 国际金融，2011（7）：34－42.

［168］宋璐. 文化外交与人民币国际化发展：以孔子学院为例［J］. 现代经济信息，2015（14）：7－8.

［169］苏治，李进. 人民币区域化的现状与发展战略——以东盟和东亚地区为例［J］. 财贸经济，2013（4）：50－57.

［170］隋广军，黄亮雄，黄兴. 中国对外直接投资，基础设施建设与"一带一路"沿线国家经济增长［J］. 广东财经大学学报，2017（1）：32－43.

［171］孙丹. 人民币离岸市场战略布局研究［D］. 上海：上海社会科学院，2017.

［172］孙海霞，谢露露. 国际货币的选择：基于外汇储备职能的分析［J］. 国际金融研究，2010（12）：38－49.

［173］孙海霞，杨玲玲. 货币国际化进程影响因素研究——基于外汇储备职能的实证分析［J］. 上海财经大学学报，2020，12（6）：81－88.

［174］孙杰. 跨境结算人民币化还是人民币国际化？［J］. 国际金融研究，2014（4）：39－49.

［175］孙少岩. 中俄支付领域"去美元化"与人民币国际化分析［J］. 人民论坛，2022（6）：96－99.

［176］孙小娟. 中心—外围视角下汇率对股票价格的影响研究［D］. 北京：对外经济贸易大学，2015.

［177］覃延宁. 中国——东盟自由贸易区与人民币国际化［J］. 东南亚纵横，2003（5）：1－5.

［178］谭小芬，王睿贤. 人民币国际化的进程，经验借鉴与路径选择［J］. 新视野，2020（5）：42－48.

[179] 唐裕德. 日本篠原三代平预测 2000 年亚太地区经济发展 [J]. 科技导报, 1986 (4): 80 - 81.

[180] 陶士贵, 胡静怡, 周冠男. 稳慎推进人民币国际化的策略选择 [J]. 经济纵横, 2021 (7): 110 - 117.

[181] 陶士贵. 人民币区域化的初步构想 [J]. 管理现代化, 2002 (5): 56 - 60.

[182] 田巧雨. 中亚人民币区域化的可行性分析 [D]. 北京: 首都经济贸易大学, 2017.

[183] 田涛, 刘侣萍, 许泱. 主权货币国际化的演变轨迹与人民币国际化路径——基于马克思货币理论的分析 [J]. 商业研究, 2021 (1): 59 - 65.

[184] 涂永红, 吴雨微. 人民币国际化亟需增强金融推动力 [J]. 理论视野, 2017 (8): 37 - 40.

[185] 王冰玉, 吴俊玲. 利率市场化对人民币国际化的作用机制与反馈效应 [J]. 经济研究参考, 2017 (30): 42 - 43.

[186] 王博, 范小云. 货币国际化的典型模式及人民币国际化的现实路径选择 [J]. 苏州大学学报, 2015 (5): 120 - 127.

[187] 王超, 陈乐一. "利率走廊" 模式的国际经验及启示 [J]. 经济纵横, 2015 (9): 107 - 111.

[188] 王春桥, 夏祥谦. 人民币国际化: 影响因素与对策建议——基于主要国际货币的实证研究 [J]. 上海金融, 2016 (3): 38 - 43.

[189] 王国刚. 人民币国际化的冷思考 [J]. 国际金融研究, 2014 (4): 3 - 14.

[190] 王立勇, 祝灵秀. 贸易开放与财政支出周期性来自——PSM - DID 自然实验的证据 [J]. 经济学动态, 2019 (8): 40 - 55.

[191] 王珊珊, 黄梅波, 陈燕鸿. 金融市场发展对一国储备货币地位的影响与人民币国际化——基于 PSTR 模型的实证分析 [J]. 重庆大学学报 (社会科学版), 2018 (1): 22 - 33.

[192] 王颂吉, 谷磊, 苏小庆. "一带一路" 引领新型全球化: 变局研判与建设任务 [J]. 西北大学学报, 2019 (2): 148 - 154.

[193] 王文章. 维持社会稳定性的根本要素及其重要支撑 [J]. 人民

论坛, 2021 (8): 34 – 37.

[194] 王晓芳, 胡冰. 丝绸之路经济带人民币国际化问题研究——基于金融合作下的货币选择与竞争博弈 [J]. 河南师范大学学报, 2016, 43 (6): 108 – 116.

[195] 王孝松, 刘韬, 胡永泰. 人民币国际使用的影响因素——基于全球视角的理论及经验研究 [J]. 经济研究, 2021 (4): 126 – 142.

[196] 王昱清. 以坚定的文化自信建设社会主义文化强国——学习习近平关于文化自信重要论述 [J]. 党的文献, 2020 (6): 36 – 41.

[197] 王元龙. 关于人民币国际化的若干问题研究 [J]. 财贸经济, 2009 (7): 16 – 22.

[198] 王泽. 人民币离岸市场与在岸市场联动的实证研究 [D]. 上海: 复旦大学, 2013.

[199] 网澄宇, 黄志良. 资本账户开放对货币国际化的影响: 基于制度环境视角 [J]. 世界经济研究, 2019 (6): 17 – 27.

[200] 翁东玲. 国际货币体系改革进程中的人民币国际化 [J]. 亚太经济, 2016 (6): 30 – 37.

[201] 沃勒斯坦·伊曼纽尔, 罗荣渠. 现代世界体系 第一卷 [M]. 北京: 高等教育出版社, 1998.

[202] 吴锦顺. 中国货币替代程度及其对福利的影响估计 [J]. 经济评论, 2013 (3): 96 – 108.

[203] 吴舒钰, 李稻葵. 货币国际化的新测度——基于国际金融投资视角的分析 [J]. 经济学动态, 2018 (2): 146 – 158.

[204] 吴婷婷, 肖晓, 李东耳. 金融市场开放与货币国际化: 国别案例与比较启示 [J]. 西南金融, 2018 (12): 37 – 44.

[205] 夏雨. 交易效率视角下的货币国际化问题研究——兼论人民币国际化 [D]. 南京: 南京财经大学, 2016.

[206] 谢晓光, 周帅. 包容性国际金融体系与中国策略选择——国际货币权力结构视角 [J]. 东北亚论坛, 2015 (2): 77 – 84.

[207] 熊爱宗, 戴金平. 欧债危机与国际货币体系多元化 [J]. 广东社会科学, 2012 (6): 36 – 43.

[208] 熊彬, 刘泽宇. 制度质量视角下 "一带一路" 沿线国家金融开

放度空间差异和收敛性研究 [J]. 世界经济研究, 2019 (5): 5–13.

[209] 徐步云, 倪禾. 自组织神经网络和 K–means 聚类算法的比较分析 [J]. 新型工业化, 2014 (7).

[210] 徐建国. 币值稳定与人民币国际化 [J]. 上海金融, 2012 (4): 3–7.

[211] 徐奇渊, 李婧. 国际分工体系视角的货币国际化: 美元和日元的典型事实 [J]. 世界经济, 2008 (2): 30–39.

[212] 徐奇渊, 刘力臻. 人民币国际化进程中的汇率变化研究 [M]. 北京: 中国金融出版社, 2009.

[213] 徐珊, 潘峰华, 曾贝妮, 等. 人民币国际化的地缘空间格局研究 [J]. 经济地理, 2019 (8).

[214] 徐伟呈, 王畅, 郭越. 人民币国际化水平测算及影响因素分析——基于货币锚模型的经验研究 [J]. 亚太经济, 2019 (6).

[215] 许勇, 张焕明. 伙伴、制度和政治领导下的人民币国际化研究 [J]. 湖北经济学院学报, 2017, 14 (6): 48–51.

[216] 宣文俊. 国际货币体系改革研究——以后金融危机时代与人民币国际化为视角 [J]. 上海经济研究, 2012 (12): 54–67.

[217] 严佳佳, 辛文婷. "一带一路" 倡议对人民币的影响研究 [J]. 经济学家, 2017 (12): 83–90.

[218] 杨晨姊. 基于聚类主成分分析的人民币国际化测量方法研究 [J]. 当代金融研究, 2018 (5): 57–67.

[219] 杨丹丹, 沈悦. 对外直接投资, 科技创新与货币国际化 [J]. 金融论坛, 2021 (5): 40–49.

[220] 杨荣海, 杜林丰. 人民币国际化背景下资本账户开放风险测度研究 [J]. 国际金融研究, 2021 (10): 67–75.

[221] 杨荣海, 李亚波. 资本账户开放对人民币国际化 "货币锚" 地位的影响分析 [J]. 经济研究, 2017 (1): 134–148.

[222] 姚大庆. 欧元诞生后国际货币体系的演化: 基于二倍体模型的 Markov 链分析 [J]. 世界经济研究, 2019 (12): 121–130.

[223] 姚山, 古广东, 杨继瑞. 对外直接投资: 促进人民币国际化机理与优化路径探讨 [J]. 西南民族大学学报, 2016 (12): 142–147.

[224] 叶芳. 金融市场发展，币值稳定与货币国际化——基于引入信息成本的资产选择模型 [J]. 财经科学，2017 (6)：26 – 36.

[225] 叶前林，刘海玉. "一带一路" 倡议下人民币国际化的新进展、新挑战与新举措 [J]. 对外经贸实务，2019 (2)：56 – 59.

[226] 叶亚飞，石建勋. 中国资本项目开放：进程、影响与实现路径 [J]. 经济学家，2021 (8)：71 – 80.

[227] 殷剑峰. 美国居民低储蓄率之谜和美元的信用危机 [J]. 金融评论，2009，1 (1)：37 – 49.

[228] 殷剑峰. 人民币国际化："贸易结算 + 离岸市场"，还是 "资本输出 + 跨国企业"？——以日元国际化的教训为例 [J]. 国际经济评论，2011 (4)：53 – 69.

[229] 尤佳. 存在交易成本的人民币货币替代进程分析 [J]. 宏观经济研究，2020 (2)：53 – 62.

[230] 于永臻，李明慧. 美元、日元、欧元和英镑国际化历程及对人民币国际化的启示 [J]. 经济研究参考，2013 (54)：5 – 10.

[231] 余翔. 人民币国际化与汇率的相互影响及政策协调 [J]. 金融论坛，2016 (1)：59 – 71.

[232] 余永定. 汇率形成机制市场化改革再启动 [J]. 财经，2015 (22)：53 – 55.

[233] 余永定. 再论人民币国际化 [J]. 国际经济评论，2011 (5)：7 – 13.

[234] 余振，李钟慧. 美元国际化的实现路径及其对中国的启示——基于体系积累周期理论的分析 [J]. 世界经济与政治论坛，2019 (5)：24 – 42.

[235] 袁志刚，林燕芳. 国际货币体系变局的拐点与中国战略选择 [J]. 探索与争鸣，2021 (8)：4 – 17.

[236] 原翠萍. 浅谈人民币国际化的模式选择和路径安排 [J]. 全国流通经济，2021 (29)：154 – 156.

[237] 约翰·穆勒. 政治经济学原理及其在社会哲学上的若干应用 [M]. 北京：商务印书馆，1991.

[238] 曾向红. "一带一路" 的地缘政治想象与地区合作 [J]. 世界

经济与政治，2016（1）：46－71.

[239] 张发林. 全球货币治理中的中国效应 [J]. 世界经济与政治，2019（8）：96－126.

[240] 张发林，杨明真，崔阳. 人民币国际化的国别策略与全球货币治理改革 [J]. 国际经贸探索，2022，38（2）：100－112.

[241] 张焕明，杨子杰. 人民币国际化水平测度及影响因素研究 [J]. 江淮论坛，2018（6）：74－80.

[242] 张建红，姜建刚. 双边政治关系对中国对外直接投资的影响研究 [J]. 世界经济与政治，2012（12）：133－155＋160.

[243] 张荔，张庆君. 人民币实际汇率波动与货币替代的实证研究 [J]. 金融研究，2010（2）：68－75.

[244] 张明，高卓琼. 原油期货交易计价与人民币国际化 [J]. 上海金融，2019（6）：44－49.

[245] 张明，何帆. 人民币国际化进程中在岸离岸套利现象研究 [J]. 国际金融研究，2012（10）：47－54.

[246] 张明，李曦晨. 人民币国际化的策略转变：从旧"三位一体"到新"三位一体"[J]. 国际经济评论，2019（5）：80－98.

[247] 张明. 全球货币互换：现状、功能及国际货币体系改革的潜在方向 [J]. 国际经济评论，2012（6）：65－88.

[248] 张明. 人民币国际化进程有所回暖 [J]. 中国外汇，2018（Z1）：6.

[249] 张群发. 美元霸权和人民币国际化 [J]. 经济经纬，2008（2）：42－45.

[250] 张艳红，黄泽民. 日元作为主要国际交易货币的成因及其启示 [J]. 华东师范大学学报（哲学社会科学版），2019，51（4）：143－153

[251] 张一平. 借力人民币国际化的东风——"一带一路"战略研究 [J]. 银行家，2015（4）：59－62.

[252] 张宇燕，张静春. 国际货币的成本和收益 [J]. 世界知识，2018（21）：58－63.

[253] 张原，宋晓玲. "一带一路"经贸发展是否促进了人民币国际化——基于人民币跨境结算影响因素的实证研究 [J]. 新金融，2020

(5)：17 – 21.

[254] 张志敏. 中俄货币合作、限制因素及改善的路径选择——基于人民币国际化视角 [J]. 俄罗斯学刊, 2014 (3)：46 – 54.

[255] 张志远, 王姝妍, 齐天贺. 人民币国际化博弈与中国政策选择 [J]. 商业研究, 2020 (11)：96 – 106.

[256] 章秀琴, 余长婧. "一带一路"基础设施建设的贸易效应研究 [J]. 国际商务, 2019 (1)：72 – 83.

[257] 赵海宽. 人民币可能发展成为世界货币之一 [J]. 经济研究, 2003 (3)：54 – 60.

[258] 赵天睿, 孙成伍, 张富国. "一带一路"战略背景下的区域经济发展机遇与挑战 [J]. 经济问题, 2015 (12)：19 – 23.

[259] 郑联盛. 人民币加入 SDR 货币篮子及其对金融改革的影响 [J]. 金融评论, 2016 (1)：67 – 80.

[260] 郑木清. 论人民币国际化的道路 [J]. 复旦学报 (社会科学版), 1995 (2)：29 – 35.

[261] 郑木清. 论人民币国际化的经济效应 [J]. 国际金融研究, 1995 (7)：34 – 35.

[262] 中国人民大学国际货币研究所. 人民币国际化报告 2019——高质量发展与高水平金融开放 [M]. 北京：中国人民大学出版社, 2019.

[263] 中国人民银行广州分行课题组. 以港澳地区为人民币自由兑换试点推进人民币区域化 [J]. 南方金融, 2006 (1)：37 – 39.

[264] 周凯. 人民币国际化为时尚早——兼与胡定核同志商榷 [J]. 特区经济, 1989 (4)：14.

[265] 周林, 温小郑. 货币国际化 [M]. 上海：上海财经大学出版社, 2001.

[266] 周天芸. "一带一路"建设对人民币国际化的影响机制研究 [J]. 求索, 2017 (11)：33 – 43.

[267] 周小川. 关于改革国际货币体系的思考 [J]. 中国金融, 2009 (7)：8 – 9.

[268] 朱隽. 新形势下的人民币国际化与国际货币体系改革 [M]. 北京：中国金融出版社, 2021.

[269] 朱小梅, 汪天倩. "一带一路" 倡议下货币合作与人民币国际化的实证分析 [J]. 江淮论坛, 2020 (5): 37 - 42.

[270] 庄太量, 许愫珊. 人民币国际化与国际货币 [J]. 经济理论与经济管理, 2011 (9): 40 - 47.

[271] 卓丽洪, 郑联盛, 胡滨. "一带一路" 战略下政策性金融机构支持企业 "走出去" 研究 [J]. 经济纵横, 2016 (4): 82 - 87.

[272] 宗良. "一带一路" 与人民币国际化协同效应研究 [J]. 国际金融, 2017 (3): 6 - 9.

[273] ALIBER R Z. The Costs and Benefits of the U. S. Role as Reserve Currency Country [J]. Quarterly Journal of Economics, 1964, 79.

[274] ARSLANALP S, EICHENGREEN B. Chima Simpson - Bell. The Stealth Eroson of Dollar Dominance: Active Diversifiers and the Rise of Nontraditiorial Reserve Currencies [R]. Washington DC: IMF Working Paper, 2022.

[275] BABETSKII I. Trade Integration and Synchronization of Shocks: Implications for EU Enlargement [J]. Economics of Transition, 2005 (13): 105 - 38.

[276] BANDHOLZ H, CLOSTERMANN J, SEITZ F. Explaining the US Bond Yield Conundrum [J]. MPRA Paper, 2007.

[277] BERGSTEN C F. The dollar and euro [J]. Foreign Affairs, 1997, 76 (4): 83 - 75.

[278] BERGSTRAND J H, BUNDT T P. Currency substitution and monetary autonomy: the foreign demand for US demand deposits [J]. Journal of International Money and Finance, 1990, 9 (3): 325 - 334.

[279] BORDO M D, CHOUDHRI E U. Currency Substitution and the Demand for Money: Some evidence for Canada [J]. Journal of Money, Credit and Banking, 1982, 14 (2).

[280] BOTTELIER P, DADUSH U. The Future of the Renminbi as an International Currency [N]. International Economic Bulletin, 2011 (2).

[281] BOYER R S. KINGSTON G H. Currency Substitution under Finance Constraints [J]. Journal of International Money and Finance, 1987, 6 (3).

[282] BRUNNER K, MELTZER A H. The Uses of Money: Money in the

Theory of an Exchange Economy [J]. American Economic Review, American Economic Association, 1971, 61 (5): 784 - 805.

[283] CALVO G, GRAMONT C. Currency Substitution in Developing Countries: An Introduction [J]. Revista De Análisis Económico, 1992, 7 (1): 79 - 88.

[284] CAMACHO, MAXIMO, CARO A, LOPEZ - BUENACHE G. The Two-Speed Europe in Business Cycle Synchronization [J]. Empirical Economics, 2020 (59): 1069 - 84.

[285] CARBAUGH R J, HEDRICK D W. Will the dollar be dethroned as the main reserve currency? [J]. Global Economy Journal 2009 (3): 1 - 14.

[286] CHEN C N. Diversified Currency Holdings and Flexible Exchange Rates [J]. The Quarterly Journal of Economics, 1973, 87 (1): 96 - 111.

[287] CHETTY V K. On Measuring the Nearness of Near - Moneys [J]. The American Economic Review, 1969, 59 (3): 270 - 281.

[288] CHEY H K. The Concepts, Consequences and Determinants of Currency Internationalization [J]. GRIPS Discussion Papers, 2013, 13 (2): 76 - 88.

[289] CHINN, ITO. A New Measure of Financial Openness [J]. Journal of Comparative Policy Analysis, 2008 (3): 309 - 322.

[290] CHINN M D, ITO H. What matters for financial development? Capital controls, institutions, and interactions [J]. Journal of development economics, 2006, 81 (1): 163 - 192.

[291] CHINN M, FRANKEL J A. Will the Euro Eventually Surpass the Dollar as Leading International Reserve Currency? [R]. NBER Working Paper No. 11510, 2005.

[292] CHRYSTAL K A, A Guide to Foreign Exchange Markets [J]. Federal Reserve Bank of St. Louis, 1984.

[293] COHEN, BENJAMIN J. The Future of Sterling as an International Currency [M]. Macmillan Press, 1971.

[294] COHEN B J, The Future of Money [M]. Princeton University Press, Princeton, 2004.

[295] COHEN, B J. The Geography of Money [M]. Cornell University Press, 1998: 12 – 55.

[296] COHEN B J. The yuan tomorrow? Evaluating China's Currency Internationalization Strategy [J]. New Political Economy, 2012, 17 (3): 361 – 371.

[297] COHEN B. Toward a Leaderless Currency System [J]. Paper Presented at Workshop, Wither the Key Currency? Cornell University, Ithaca, New York, October, 2007: 12 – 14.

[298] COOPER. Richard N. Dealing with the Trade Deficit in a Floating Rate System [C]. Brookings Papers on Economic Activity, 1986: 195 – 207.

[299] COOPER R N. The Economics of Interdependence [M]. McGraw Hill, 1968.

[300] COPPOL A M. The Future of Dolla as an International Currency [M]. New York: Frederick Praeger, Publishers, 1967.

[301] CRAINE R, MARTIN V L. Interest rate conundrum [J]. The BE Journal of Macroeconomics, 2009, 9 (1).

[302] CRUZ P C, GAO Y, SONG L L, The People's Republic of China's Financial Markets: Are They Deep and Liquid Enough for Renminbi Internationalization [J]. ADBI Working Paper Series, 2014 (477).

[303] CUDDINGTON J T. Currency substitution, capital mobility and money demand [J]. Journal of International Money & Finance, 1983, 2 (2): 111 – 133.

[304] DEGIANNAKIS, STAVROS, DAVID D, FILIS G. Business Cycle Synchronization in EU: A Time-Varying Approach. Scottish [J]. Journal of Political Economy, 2014 (61): 348 – 70.

[305] DOWD K, GREENAWAY D. Currency Competition, Network Externalities and Switching Costs: Towards an Alternative View of Optimum Currency Areas [J]. The Economic Journal, 1993, 103 (420).

[306] DOYLE. New World Disorder [J]. Dissent, 2017, 64 (1): 123 – 128.

[307] EICHENGREEN B, CHITU L, MEHL A. Stability or Upheaval?

The Currency Composition of International Reserves in the Long Run [J] IMF Economic Review, Palgrave Macmillan; International Monetary Fund, 2016, 64 (2): 354 – 380.

[308] EICHENGREEN B J. Global imbalances and the lessons of Bretton Woods [J]. 2005.

[309] EICHENGREEN B T, et al. Ever closer to heaven? An optimum-currency-area index for European countries [J]. European Economic Review, 1997.

[310] EICHENGREEN B. The renminbi as an International currency [J]. Journal of Policy Modeling, 2011, 33: 723 – 730.

[311] EICHENGREEN, FLANDREAU. The rise and fall of the dollar, or when did the dollar replace sterling as the leading international currency [R]. NBER working paper, 2008.

[312] FLEMING J. On Exchange Rate Unification [J]. The Economic Journal, 1971, (81): 467 – 488.

[313] FRANK A G. Capitalism and Underdevelopment in Latin America [M]. 1967.

[314] FRANKEL J A, ROSE A K. The Endogenity of the Optimum Currency Area Criteria [J]. The Economic Journal, 1998, 108 (449): 1009 – 1025.

[315] FRANKEL J A. The Japanese Cost of Finance: A Survey [J]. Financial Management, 1991, 20 (1).

[316] FRATZSCHER M, MEHL A. China's Dominance Hypothesis and the Emergence of A Tri – Polar Global Currency System [J]. European Central Bank Working Papers, 2011 (10): 7 – 8.

[317] FRED B C. The Dilemmas of the Dollar: the Economics and Politics of United States international Monetary Policy [M]. New York university press, 1975.

[318] GARTZKE E, Quan L. Economic Interdependence and International Conflict [J]. International Organization, 2001, 55 (2): 391 – 438.

[319] GASIOROWSKI M J. Economic Interdependence and International Conflict: Some Cross – national Evidence [J]. International Studies Quarterly,

1986 (1): 23.

[320] GEHRIG T. Cities and the geography of financial centers [M]. E-conomics of Cities: Theoretical Perspectives, 2000.

[321] GEHRINGER A, KNIG J. Recent Patterns of Economic Alignment in the European (Monetary) Union [J]. Journal of Risk and Financial Management, 2021, 14 (8): 362.

[322] GILPIN R. Economic Interdependence and National Security in Historical Perspective. [J]. Economical issue and national security, 1977: 19 – 66.

[323] GOWA J, MANSFIELD E D. Power Politics and International Trade [M]. 1993.

[324] GUPTA R. Curreney Substitution and Financial Repression [J]. International Economic Journal, 2011, 25 (1).

[325] HABERLER G. Reflections on the Economies of International Monetary Integration [J]. Harvard Institute of Economic Research, 1971: 269 – 278.

[326] HAMMOND G M S. Recent Developments in the Swap Market [N]. Bank of England Quarterly Bulletin, 1987: 72.

[327] HANDA J. Substitution Among Currencies: A Preferred Habitat Hypothesis [J]. International Economic Journal, 1988, 2 (2).

[328] HANS, G. Currency Internationalization: Analytical and Policy Issues [J]. BIS Papers, 2011, 61 (6): 1333 – 1339.

[329] HARISON B, VYMYATNINA Y. Currency Substitution in a De – Dollarizing Economy: The Case of Russia [R]. Bank of Finland Institute for Economies in Transition, 2007.

[330] HARTMANN P. Currency Competition and Foreign Exchange Market: the Dolor, the Yen and the Euro [M]. Cambridge University Press, 1998: 17.

[331] HAYEK F A. The Denationalization of Money [M]. London: Institute of Economic Affairs, 1970.

[332] HECKMAN, ICHIMURA, TODD. Matching as an Econometric Evaluation Estimator: Evidence from Evaluating a Job Training Programme [J]. The Review of Economic Studies, 1997, 64 (4): 605 – 654.

[333] HE D, LUK P, ZHANG W. Internationalisation of the Renminbi as an Investing and a Funding Currency: Analytics and Prospects [J]. Pacific Economic Review, Wiley Blackwell, 2016, 21 (3): 295 – 323.

[334] HE D, YU X. Network Effects in Currency Internationalisation: Insights from BIS Triennial Surveys and Implications for the Renminbi [J]. Journal of Iuteruatioual Money and Finance, 2016, 68 (10): 203 – 229.

[335] HEFEKER C, NABOR A. China's Role in East – Asian Monetary Integration [J]. International Journal of Finance & Economics, 2005, 10 (2): 157 – 166.

[336] HELLEINER E. Dollarization Diplomacy: US Policy Towards Latin America Coming Full Circle? [J]. Review of International Political Economy, 2003, 10 (3): 406 – 429.

[337] HELLEINER E. Political determinants of international currencies: What future for the US dollars? [J]. Review of International Political Economy 2018, 15 (3): 354 – 378.

[338] HELLEINER. Structural Power in International Monetary Relations [J]. EUI Working Papers. March, 2005: 1 – 15.

[339] HE Y, SHARMA S C. Currency Substitution and Exchange Rate Determination [J]. Applied Financial Economics, 1997, 7 (4).

[340] HUSSAIN E. China – Pakistan Economic Corridor: Will It Sustain Itself? [J]. Fudan Journal of the Humanities and Social Sciences, 2017, 10 (2): 145 – 159.

[341] INGRAM J C. The Case for European Monetary Integration [J]. Princeton Essays in International Finance No. 98, Princeton NJ, Princeton University, International Finance Section, 1973.

[342] ITO H, KAWAI M. Trade Invoicing in Major Currencies in the 1970s – 1990s: Lessons for Renminbi Internationalization [J]. Journal of the Japanese and International Economies, 2016 (42): 123 – 145.

[343] JONES M E F. The Regional Impact of an Overvalued Pound in the 1920s [J]. The Economic History Review, 1985, 38 (3).

[344] KANNAN P. On the Welfare Benefits of an International Currency

[J]. European Economic Review, 2006, 53 (5): 588 – 606.

[345] KAWAI M, TAKAGI S. The Renminbi as a Key International Currency: Lessons from the Japanese Experience [R]. Notes Prepared for the Asia-Europe Economic Forum, 2011 (1): 10 – 11.

[346] KENEN P B. The Theory of Optimum Currency Areas: An Eclectic View [M]. 2019.

[347] KING D, PUTNAM B, WILFORD S. A Currency Portfolio Approach to Exchange Rate Determination: Exchange Rate Stability and the Independence of Monetary Policy [J]. The monetary approach to International Adjustment, 1979 (1): 119 – 134.

[348] KIRSHNER J. Currency and Coercion: The Political Economy of International Monetary Power [M]. Princeton University Press, 1995.

[349] KRUGMAN, PAUL, OBSTFELD M, MELITZ M. International Economics: Theory and Policy [M]. Harlow: Pearson Education Limited, 2018.

[350] KRUGMAN P R. On the Relationship Between Trade Theory and Location Theory [J]. Review of International Economics, 1993, 1 (2): 110 – 122.

[351] KUBARYCH, ROGER M. Foreign Exchange Markets in the United States [M]. Federalreserve Bank of New York, New York, 1978.

[352] LANE P R, MILESI-FERRETTI G M. International financial integration [J]. IMF Staff Papers, 2003, 50 (1): 82 – 113.

[353] LANE P R, MILESI – FERRETTI G M. The external wealth of nations mark II: Revised and extended estimates of foreign assets and liabilities, 1970 ~ 2004 [J]. Journal of international Economics, 2007, 73 (2): 223 – 250.

[354] MANSFIELD E D, et al. The Study of Interdependence and Conflict: Rrecent Advances Open Questions, and Directions For Future Research [J]. Journal of Conflict Resolution, 2001.

[355] MARQUEZ J. Currency substitution and economic monetary aggregates: The U. S. Case [J]. Economics Letters, 1985, 19 (4): 363 – 367.

[356] MATSUYAMA K, KIYOTAKI N, MATSUI A. Towards a Theory of

International Currency [J]. The Review of Economic Studies, 1993, 60 (2):
283 - 307.

[357] MAZIAD S, FARAHMAND P, WANG S, SEGAL S. Internation-
alization of Emerging Market Currencies: A Balance between Risks and Rewards
[R]. IMF Staff Discussion Note, No. 11/17, 2011.

[358] MAZIAD S, KANG J S. RMB Internationalization: Onshore/Off-
shore Links [R]. IMF Working Paper, 2012 (133).

[359] MCKINNON R I. Currency Substitution and Instability in the World
Dollar Standard [J]. The American Economic Review, 1982, 72 (3).

[360] MCKINNON R. Optimum Currency Areas [J]. American Econom-
ic Review, 1963 (53): 717 - 725.

[361] MCNAMARA K R, The Currency of Ideas: Monetary Politics in the
European Union [M]. 1998.

[362] MILES M A. Currency Substitution, Flexible Exchange Rates, and
Monetary Independence [J]. American Economic Review, 1978, 68 (3):
428 - 436.

[363] MIZEN P, PENTECOST E J. Currency Substitution in theory and
practice [R]. The Macroeconomics of International Currencies: Theory, Policy
and Evidence, 1996.

[364] MUNDELL R A. A Theory of Optimum Currency Areas [J].
American Economic Review, 1961, 51 (4): 657 - 665.

[365] MUNDELL R A. The International Monetary System and the Case
for a World Currency [J]. The Journal of Finance, 2003 (4): 47 - 59.

[366] MUNDELL. The International Financial System and Outlook for Asi-
an Currency Collaboration [J]. Journal of Finance, 2003 (58): 43 - 70.

[367] MYRDAL G. Economic Theory and Underdeveloped Regions: Rich
Lands and Poor [M]. London: Duckworth, 1957.

[368] NAKAO S. The Political Economy of Japan Money [M]. Univer-
sity of Tokyo Press, 1995.

[369] ONEAL, JOHN R, FRANCES H. The liberal peace: Interdepend-

ence, democracy, and international conflict, 1950 – 85. [J]. Journal of Peace Research, 1996.

[370] PAUL K. Geography and Trade [M]. The MIT Press, 1992.

[371] POLOZ S S. Currency substitution and the precautionary demand for money [J]. Journal of International Money and Finance, 1986, 5 (1): 115 – 124.

[372] POSEN A S. It's Not Just About the Money [J]. International Economy, 2008 (55): 32 – 34.

[373] PRASAD E S, YE L. The Renminbi's role in the global monetary system [J]. Iza Discussion Papers, 2011 (11): 199 – 206.

[374] PRASAD E, YE L. The Renminbi's Role in the Global Monetary System [R]. Brookings, 2012 (2).

[375] PREBISCH R. The Economic Development of Latin America and its Principal Problems [J]. Economic Bulletin for Latin America, 1950.

[376] RODRIGUEZ C A. Money and Credit Under Currency Substitution [M]. Intenational Monetary Fund, 1992: 29.

[377] ROGERS J H. Foreign Inflation Transmission under Flexible Exchange Rates and Currency Substitution [J]. Journal of Money, Credit and Banking, 1990 (2).

[378] ROGOWSKI R. Commerce and Coalitions: How Trade Affects Domestic Political Alignments [M]. New Jersey: Princeton University Press, 1989.

[379] ROSECRANCE R, et al. Whither Interdependence? [J]. International Organization, 1977, 31 (3): 425 – 471.

[380] SAHAY R V, VÉGH C. Dollarization in Transition Economies: Evidence and Policy Implications [J]. Social Science Electronic Publishing.

[381] SHAMS, R. Dollar – Euro Exchange Rate 1999 – 2004: Dollar and Euro as International Currencies [C]. HIIE Discussion Paper 26228, 2005.

[382] STRANGE S. Sterling and British Policy: A Political Study of an International Currency in Decline [M]. Oxford: Oxford University, 1971.

[383] STRANGE S. The Politics of International Currencies [M]. World

Politics, 1971, 23 (2): 215 – 231.

[384] STURZENEGGER F A. Hyperinflation with Currency Substitution [J]. Journal of Money Credit and Banking, 1994, 26 (3).

[385] TAVLAS G S. More on the Chicago tradition [J]. Journal of Economic Studies, 1998, 25 (1): 17 – 21.

[386] TAVLAS G S. The International Use of Currencies: the Deutsche Market in Functioning of the International Monetary System [M]. Washington. Intemational Monetary Fund, 1997 (2).

[387] THIMANN C. Global roles of currencies [J]. International Finance, 2008, 11 (3): 211 – 245.

[388] THOMAS L R. Portfolio Theory and Currency Substitution [J]. Journal of Money, Credit and Banking, 1985, 17 (3).

[389] TRIFFIN R. Gold and the Dollar Crisis [M]. New Haven: Yale University Press, 1960.

[390] TROUTMAN K, GAGNON J E. Growth of CNH Deposits [J]. China's Foreign Trade, 2014 (07): 40.

[391] TUNG C, WANG G, YEH J. Renminbi Internationalization: Progress, Prospect and Comparison [J]. China and Word Economy, 2012, 20 (5): 63 – 82.

[392] TUNG C Y, WANG G C, YEH J. Renminbi internationalization: progress, prospect and comparison [J]. China & World Economy, 2012, 20 (5): 63 – 82.

[393] WALLENSTEEN P. Structure and war: On international relations, 1920 – 1968 [M]. Raben & Sjögren, 1973.

[394] WILLIAMS, Eric C. Restrictions on the Forward Exchange Market Implications of the Gold – Exchange Standard [J]. the Journal of Finance, 1968 (23): 899 – 900.

[395] XIA S. Path Selection of Renminbi (RMB) Internationalization under "The Belt and Road" (B&R) Initiative [J]. American Journal of Industrial and Business Management, 2018, 8 (3): 667.

[396] ZAVYALOVA N. BRICS Money Talks: Comparative Socio – cultural Communicative Taxonomy of the New Development Bank [J]. Research in International Business and Finance, 2017 (39): 248 – 266.

[397] ZHANG G P, MA J. The Accurate Measure of the Degree of Currency Internationalization [J]. Finance Forum, 2015.

[398] ZHANG. One Belt One Road: China's Nation – Building Initiative [M]. The George Washington University Press, 2017.